老科学家学术成长资料采集工程丛书

中国工程院院士传记

守护天使

胡亚美传

侯晓菊 刘永◎著

1924年 出生于北京

1941年 保送燕京大学

1947年 到北平私立儿童医院工作

1976年 开展白血病研究

1982年 任北京儿童医院院长

1994年 当选中国工程院院士

2019年 在京因病去世

老科学家学术成长资料采集工程丛书

中国工程院院士传记

守护天使

胡亚美传

侯晓菊 刘永◎著

中国科学技术出版社
·北 京·

图书在版编目(CIP)数据

守护天使:胡亚美传 / 侯晓菊,刘永著 . -- 北京:中国科学技术出版社,2025. 5. --(老科学家学术成长资料采集工程丛书)(中国工程院院士传记丛书).

ISBN 978-7-5236-1398-6

Ⅰ. K826.2

中国国家版本馆 CIP 数据核字第 2025B8N406 号

责任编辑	韩　颖
责任校对	邓雪梅
责任印制	徐　飞
版式设计	中文天地

出　　版	中国科学技术出版社
发　　行	中国科学技术出版社有限公司
地　　址	北京市海淀区中关村南大街 16 号
邮　　编	100081
发行电话	010-62173865
传　　真	010-62173081
网　　址	http://www.cspbooks.com.cn

开　　本	710mm × 1000mm　1/16
字　　数	232 千字
印　　张	15.25
版　　次	2025 年 5 月第 1 版
印　　次	2025 年 5 月第 1 次印刷
印　　刷	北京顶佳世纪印刷有限公司
书　　号	ISBN 978-7-5236-1398-6 / K · 483
定　　价	106.00 元

老科学家学术成长资料采集工程
专家委员会

主　任： 韩启德

委　员：（以姓氏拼音为序）

陈佳洱　方　新　傅志寰　李静海　刘　旭

齐　让　王进展　王礼恒　赵沁平

老科学家学术成长资料采集工程
丛书组织机构

特邀顾问（以姓氏拼音为序）

樊洪业　方　新　谢克昌

编 委 会

主　编： 老科学家学术成长资料采集工程领导小组办公室

编　委：（以姓氏拼音为序）

艾素珍　陈维成　定宜庄　董庆九　胡化凯

胡宗刚　吕瑞花　孟令耘　潘晓山　秦德继

阮　草　谭华霖　王扬宗　熊卫民　姚　力

张大庆　张　剑　张　藜　周德进

编委会办公室

主　任： 董　阳　董亚峥

副主任： 韩　颖

成　员：（以姓氏拼音为序）

高文静　胡艳红　李　梅　刘如溪　罗兴波

王传超　张珩旭　张佳静

老科学家学术成长资料采集工程简介

老科学家学术成长资料采集工程（以下简称“采集工程”）是根据国务院领导同志的指示精神，由国家科教领导小组于2010年正式启动，中国科协牵头，联合中组部、教育部、科技部、工信部、财政部、文化部、国资委、解放军总政治部、中国科学院、中国工程院、国家自然科学基金委员会等11部委共同实施的一项抢救性工程，旨在通过实物采集、口述访谈、录音录像等方法，把反映老科学家学术成长历程的关键事件、重要节点、师承关系等各方面的资料保存下来，为深入研究科技人才成长规律，宣传优秀科技人物提供第一手资料和原始素材。

采集工程是一项开创性工作。为确保采集工作规范科学，启动之初即成立了由中国科协主要领导任组长、12个部委分管领导任成员的领导小组，负责采集工程的宏观指导和重要政策措施制定，同时成立领导小组专家委员会负责采集原则确定、采集名单审定和学术咨询，委托科学史学者承担学术指导与组织工作，建立专门的馆藏基地确保采集资料的永久性收藏和提供使用，并研究制定了《采集工作流程》《采集工作规范》等一系列基础文件，作为采集人员的工作指南。截至2021年8月，采集工程已启动592位科学家的学术成长资料采集项目，获得实物原件资料132922件、数字化资料318092件、视频资料443783分钟、音频资料527093分钟，具有重要的史料价值。

采集工程的成果目前主要有三种体现形式，一是建设“中国科学家博物馆网络版”，提供学术研究和弘扬科学精神、宣传科学家之用；二是编辑制作科学家专题资料片系列，以视频形式播出；三是研究撰写客观反映老科学家学术成长经历的研究报告，以学术传记的形式，与中国科学院、中国工程院联合出版。随着采集工程的不断拓展和深入，将有更多形式的采集成果问世，为社会公众了解老科学家的感人事迹，探索科技人才成长规律，研究中国科技事业的发展历程提供客观翔实的史料支撑。

总序一

中国科学技术协会主席　韩启德

老科学家是共和国建设的重要参与者，也是新中国科技发展历史的亲历者和见证者，他们的学术成长历程生动反映了近现代中国科技事业与科技教育的进展，本身就是新中国科技发展历史的重要组成部分。针对近年来老科学家相继辞世、学术成长资料大量散失的突出问题，中国科协于2009年向国务院提出抢救老科学家学术成长资料的建议，受到国务院领导同志的高度重视和充分肯定，并明确责成中国科协牵头，联合相关部门共同组织实施。根据国务院批复的《老科学家学术成长资料采集工程实施方案》，中国科协联合中组部、教育部、科技部、工业和信息化部、财政部、文化部、国资委、解放军总政治部、中国科学院、中国工程院、国家自然科学基金委员会等11部委共同组成领导小组，从2010年开始组织实施老科学家学术成长资料采集工程。

老科学家学术成长资料采集是一项系统工程，通过文献与口述资料的搜集和整理、录音录像、实物采集等形式，把反映老科学家求学历程、师承关系、科研活动、学术成就等学术成长中关键节点和重要事件的口述资料、实物资料和音像资料完整系统地保存下来，对于充实新中国科技发展的历史文献，理清我国科技界学术传承脉络，探索我国科技发展规律和科技人才成长规律，弘扬我国科技工作者求真务实、无私奉献的精神，在全社会营造爱科学、学科学、用科学的良好氛围，是一件很有意义的事情。采集工程把重点放在年龄在 80 岁以上、学术成长经历丰富的两院院士，以及虽然不是两院院士、但在我国科技事业发展中作出突出贡献的老科技工作者，充分体现了党和国家对老科学家的关心和爱护。

自 2010 年启动实施以来，采集工程以对历史负责、对国家负责、对科技事业负责的精神，开展了一系列工作，获得大量反映老科学家学术成长历程的文字资料、实物资料和音视频资料，其中有一些资料具有很高的史料价值和学术价值，弥足珍贵。

以传记丛书的形式把采集工程的成果展现给社会公众，是采集工程的目标之一，也是社会各界的共同期待。在我看来，这些传记丛书大都是在充分挖掘档案和书信等各种文献资料、与口述访谈相互印证校核、严密考证的基础之上形成的，内中还有许多很有价值的照片、手稿影印件等珍贵图片，基本做到了图文并茂，语言生动，既体现了历史的鲜活，又立体化地刻画了人物，较好地实现了真实性、专业性、可读性的有机统一。通过这套传记丛书，学者能够获得更加丰富扎实的文献依据，公众能够更加系统深入地了解老一辈科学家的成就、贡献、经历和品格，青少年可以更真实地了解科学家、了解科技活动，进而充分激发对科学家职业的浓厚兴趣。

借此机会，向所有接受采集的老科学家及其亲属朋友，向参与采集工程的工作人员和单位，表示衷心感谢。真诚希望这套丛书能够得到学术界的认可和读者的喜爱，希望采集工程能够得到更广泛的关注和支持。我期待并相信，随着时间的流逝，采集工程的成果将以更加丰富多样的形式呈现给社会公众，采集工程的意义也将越来越彰显于天下。

是为序。

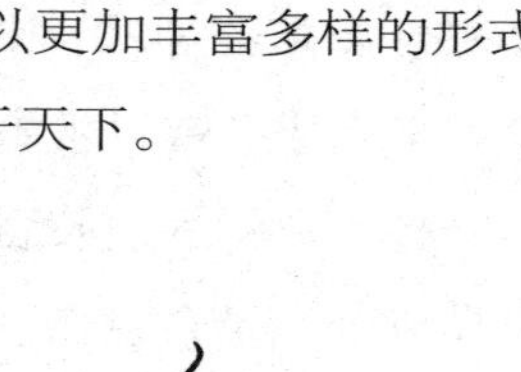

总序二

中国科学院院长　白春礼

由国家科教领导小组直接启动，中国科学技术协会和中国科学院等 12 个部门和单位共同组织实施的老科学家学术成长资料采集工程，是国务院交办的一项重要任务，也是中国科技界的一件大事。值此采集工程传记丛书出版之际，我向采集工程的顺利实施表示热烈祝贺，向参与采集工程的老科学家和工作人员表示衷心感谢！

按照国务院批准实施的《老科学家学术成长资料采集工程实施方案》，开展这一工作的主要目的就是要通过录音录像、实物采集等多种方式，把反映老科学家学术成长历史的重要资料保存下来，丰富新中国科技发展的历史资料，推动形成新中国的学术传统，激发科技工作者的创新热情和创造活力，在全社会营造爱科学、学科学、用科学的良好氛围。通过实施采集工程，系统搜集、整理反映这些老科学家学术成长历程的关键事件、重要节点、学术传承关系等的各类文献、实物和音视频资料，并结合不同时期的社会发展和国际相关学科领域的发展背景加以梳理和研究，不仅有利于深入了解新中国科学发展的进程特别是老科学家所在学科的发展脉络，而且有利于发现老科学家成长成才中的关键人物、关键事件、关键因素，探索和把握高层次人才培养规律和创新人才成长规律，更有利于理清我国科技界学术传承脉络，深入了解我国科学传统的形成过程，在全社会范围内宣传弘扬老科学家的科学思想、卓越贡献和高尚品质，推动社会主义科学文化和创新文化建设。从这个意义上说，采集工程不仅是一项文化工程，更是一项严肃认真的学术建设工作。

中国科学院是科技事业的国家队，也是凝聚和团结广大院士的大家庭。早在 1955 年，中国科学院选举产生了第一批学部委员，1993 年国务院决定中国科学院学部委员改称中国科学院院士。半个多世纪以来，从学部委员到院士，经历了一个艰难的制度化进程，在我国科学事业发展史上书写了浓墨重彩的一笔。在目前已接受采集的老科学家中，有很大一部分即是上个世纪 80、90 年代当选的中国科学院学部委员、院士，其中既有学科领域的奠基人和开拓者，也有作出过重大科学成就的著名科学家，更有毕生在专门学科领域默默耕耘的一流学者。作为声誉卓著的学术带头人，他们以发展科技、服务国家、造福人民为己任，求真务实、开拓创新，为我国经济建设、社会发展、科技进步和国家安全作出了重要贡献；作为杰出的科学教育家，他们着力培养、大力提携青年人才，在弘扬科学精神、倡树科学理念方面书写了可歌可泣的光辉篇章。他们的学术成就和成长经历既是新中国科技发展的一个缩影，也是国家和社会的宝贵财富。通过采集工程为老科学家树碑立传，不仅对老科学家们的成就和贡献是一份肯定和安慰，也使我们多年的夙愿得偿！

鲁迅说过，“跨过那站着的前人”。过去的辉煌历史是老一辈科学家铸就的，新的历史篇章需要我们来谱写。衷心希望广大科技工作者能够通过“采集工程”的这套老科学家传记丛书和院士丛书等类似著作，深入具体地了解和学习老一辈科学家学术成长历程中的感人事迹和优秀品质；继承和弘扬老一辈科学家求真务实、勇于创新的科学精神，不畏艰险、勇攀高峰的探索精神，团结协作、淡泊名利的团队精神，报效祖国、服务社会的奉献精神，在推动科技发展和创新型国家建设的广阔道路上取得更辉煌的成绩。

总序三

中国工程院院长　周　济

由中国科协联合相关部门共同组织实施的老科学家学术成长资料采集工程，是一项经国务院批准开展的弘扬老一辈科技专家崇高精神、加强科学道德建设的重要工作，也是我国科技界的共同责任。中国工程院作为采集工程领导小组的成员单位，能够直接参与此项工作，深感责任重大、意义非凡。

在新的历史时期，科学技术作为第一生产力，已经日益成为经济社会发展的主要驱动力。科技工作者作为先进生产力的开拓者和先进文化的传播者，在推动科学技术进步和科技事业发展方面发挥着关键的决定的作用。

新中国成立以来，特别是改革开放30多年来，我们国家的工程科技取得了伟大的历史性成就，为祖国的现代化事业作出了巨大的历史性贡献。两弹一星、三峡工程、高速铁路、载人航天、杂交水稻、载人深潜、超级计算机……一项项重大工程为社会主义事业的蓬勃发展和祖国富强书写了浓墨重彩的篇章。

这些伟大的重大工程成就，凝聚和倾注了以钱学森、朱光亚、周光召、侯祥麟、袁隆平等为代表的一代又一代科技专家们的心血和智慧。他们克服重重困难，攻克无数技术难关，潜心开展科技研究，致力推动创新发展，为实现我国工程科技水平大幅提升和国家综合实力显著增强作出了杰出贡献。他们热爱祖国，忠于人民，自觉把个人事业融入到国家建设大局之中，为实现国家富强而不断奋斗；他们求真务实，勇于创新，用科技为中华民族的伟大复兴铸就了辉煌；他们治学严谨，鞠躬尽瘁，具有崇高的科学精神和科学道德，是我们后代学习的楷模。科学家们的一生是一本珍贵的教科书，他们坚定的理想信念和淡泊名利的崇高品格是中华民族自强不息精神的宝贵财富，永远值得后人铭记和敬仰。

通过实施采集工程，把反映老科学家学术成长经历的重要文字资料、实物资料和音像资料保存下来，把他们卓越的技术成就和可贵的精神品质记录下来，并编辑出版他们的学术传记，对于进一步宣传他们为我国科技发展和民族进步作出的不朽功勋，引导青年科技工作者学习继承他们的可贵精神和优秀品质，不断攀登世界科技高峰，推动在全社会弘扬科学精神，营造爱科学、讲科学、学科学、用科学的良好氛围，无疑有着十分重要的意义。

中国工程院是我国工程科技界的最高荣誉性、咨询性学术机构，集中了一大批成就卓著、德高望重的老科技专家。以各种形式把他们的学术成长经历留存下来，为后人提供启迪，为社会提供借鉴，为共和国的科技发展留下一份珍贵资料。这是我们的愿望和责任，也是科技界和全社会的共同期待。

周济

胡亚美

（1998 年 2 月胡小明拍摄）

2013 年 7 月 31 日，采集小组采访胡亚美的朋友刘小沁
（左起：解虹、刘小沁、胡亚美、侯晓菊）

2013 年 4 月 13 日，采集小组采访胡亚美的弟弟胡亚东、胡亚鲁
（左起：胡亚鲁、胡亚东、侯晓菊、谷建国、卢曦）

2013 年 1 月 19 日，采集小组整理关于胡亚美的报道
（左起：董连旭、刘永、侯晓菊）

序　一

胡亚美比我小三岁，我们是燕京大学的同学，虽然她入学时恰值我转入北京协和医学院，但新中国成立后，每年燕京大学返校节都在燕园聚会，从未间断。毕业后又同做儿科，成为同行，一生同为儿童健康服务。新中国成立后，新儿童医院建成后又成为同事，在诸福棠老院士麾下先后入选中国工程院院士，分别成为该院小儿内外科两大骨干。她是中共地下党员，我也于 1956 年入党，我们是同学、同行、同事，又是同志，称得起“四同兄妹”。双双年逾九旬，仍在同一间办公室，互相关照。世间朋友至交莫过于此。

新中国成立之初，她以地下党的关系得到彭真、刘仁、崔月犁等领导同志的帮助，使诸福棠院长的私立小型儿童医院无偿献予国家，并由诸院长主持，在北京兴建国内第一座现代化大型综合性儿童医院。胡亚美以诸福棠助手及代表的身份，始终与各届总理及市委领导保持联系，对北京儿童医院的发展起着别人代替不了的作用。她毕生致力于北京儿童医院的建设，不遗余力，力求保持北京儿童医院的国际领先地位，直到年老发声困难，仍在关心翘望尚未动工的白血病肿瘤大楼。

在医学技术方面，她最大的贡献是引进号称“小儿绝症”——白血病的治疗技术。当时我国社会对小儿恶性肿瘤存在严重偏见，认为小儿白血病毫无治疗价值。企业对儿童医院不供应化疗药物，更谈不上放疗设备，更何况西方疗法昂贵惊人，在我国经济困难条件下很难适用。她为了给患儿争取治疗条件，借连任全国人大代表之便，到处疾声呼吁求助，与此同时，带领团队努力钻研，探索出适合我国国情的治疗方案，短短几年就使我国小儿白血病疗效达到国际公认的先进水平，得到我国医学界乃至科学界的认可和支持。在她的带动下，全国各地纷纷开展小儿白血病的治疗，使不少所谓不治之症的患儿得到重生。然而，由于多年来的社会偏见，不少白血病患儿虽然治愈，仍受到社会歧视。有的孩子升学难、择业难，甚至结婚难。于是，她积累了大量的治愈患儿多年随访资料，把那些大学毕业的、各处工作的、娶妻生子的患者照片编成相册，亲自到处宣讲介绍，不放弃任何机会，不厌其烦，反复宣传呼吁，直到最近耄耋之年后发声困难。

胡亚美在新中国成立前，原是阔家小姐出身，但她有惊人的坚毅素养，能吃苦，有耐力。她在“文化大革命”时期受到不公正的迫害，依然刚正不阿，称得起“贫困不移、威武不屈”。她为人诚恳热情、谦虚礼让、路见不平、勇于相助，与全院乃至全国认识不认识的人都是朋友。她在学术方面毫无保留，培养了很多接班人，多能达到国际水平。桃李遍全国，朋友满天下。这也是她在困难时期能够奋斗成功的有力保证。

胡亚美的一生是奉献的一生、无私无畏的一生。她的历史值得骄傲，值得提倡学习。

张金哲

2014 年 6 月 1 日

序　二

欣闻“老科学家学术成长资料采集工程”已经完成了对胡亚美女士的资料收集整理工作，并在书写传记，我感到非常高兴，特别是采集小组邀我作序时，既兴奋又忐忑，作为晚辈实在不敢在前辈面前班门弄斧。用传记的形式将院士们的人生历程记录下来是一项很好的工程，能让后代了解老一代科技工作者兢兢业业的敬业精神。

我与胡亚美女士早就相识。1988 年年中，我结婚后就与胡亚美女士成了邻居，我们住在一个楼里。她的爱人与我的岳父于志先生是同事，胡亚美夫妇相敬如宾、形影不离。

20 世纪 90 年代我的女儿出生后，有时遇到感冒发烧的情况，我们夫妇都会几乎破门而入地请她帮助医治，他们夫妇俩都会热情地接待我们。尽管是在家里，她也像在医院里一样认真仔细地为孩子做检查，向家长询问病情，我们从中能深切地感受到医学界前辈对患儿的尊重。记得有位医学大家曾说过：“我要感谢所有我看过的病人，有了他们，我的医术才能不断提高。”

经胡亚美女士的引荐，我认识了北京儿童医院的前任院长李仲智先生，了解到医院里有众多的白血病患儿。我的二哥小六龄童三岁登台演出，八岁从艺，曾为毛泽东、周恩来等党和国家领导人演出过，被《中国戏剧艺术家辞典》誉为中国最有名的戏曲小神童，其艺术成就被载入多部中国名人传记。1966 年，他因患白血病去世。由于二哥的原因，我对白血病更加关注，多次参加北京儿童医院的白血病康复儿童联谊会。2002 年，在庆祝北京儿童医院建院 60 周年晚会上，我接受医院的邀请，担任了北京儿童医院唯一的形象大使，在拍戏之余投入更多的精力来支持儿童医疗卫生事业。我还经常与迟重瑞、马德华、闫怀礼等朋友一起为医院的孩子们义务演出，参加医院的各种庆祝活动。此外，我经常去病房看望白血病患儿，给他们带去书籍、孙悟空玩偶，鼓励他们要“苦练七十二变，笑对八十一难”，以“猴王精神”战胜病魔、早日康复。我还多次主持北京儿童医院的儿童新年音乐会，与孩子们欢聚一堂。

胡亚美女士很喜欢看我主演的《西游记》，她说青少年儿童最喜欢孙悟空，希望患儿们能从孙悟空身上汲取养分，希望小朋友们学习孙悟空顽强、拼搏的意志，用积极的心态面对各种困难。出任北京儿童医院的形象大使后，在胡亚美女士的建议下，我将已注册商标的由我扮演的孙悟空形象授权给北京儿童医院，并专门制作了以我扮演的孙悟空形象为原型的小吉祥物。今年 6 月，我当选北京扶助贫困儿童就医健康基金会副理事长后，为白血病患儿捐赠了一批六小龄童童装，希望孩子们像胡亚美女士希望的那样，用“猴王精神”战胜病魔。

作为北京儿童医院的老院长、中国工程院院士，胡亚美女士从医多年来，在医、教、研、防的实践中积累了丰富经验，带领医院血液病专业组攻克严重危害小儿健康的血癌（即白血病）成绩卓著，五年以上无病存活率达 74.4%，达到世界水平，为全国甚至世界所瞩目。在从医 60 多年的职业生涯中，她曾发表学术论文百余篇，有关血液病治疗及其他科研课题曾获北京市科委一、二、三等奖，北京市卫生局科技成果二等奖及军事医学科学院卫生科技三等奖，并曾多次出访美国、日本、英国、法国、加拿大等国进行学术交流，积极宣传中国卫生界及儿科界取得的巨大成绩，加深了各国对中国的了解及医学交流。曾获全国五一劳动奖章，被评为全国三八红旗手，获得北京市有突出贡献专家等荣誉。

自胡亚美女士在北京儿童医院开始研究白血病工作以来，极具慈母心肠的她治愈了千余名白血病患儿，200多个曾经患病的儿童考入大学或走上工作岗位。1996年，胡亚美女士把她荣获的“诸福棠奖”奖金15000元全数捐给了白血病基金会。我每次参加基金会活动，都能见到胡亚美女士，她在孩子们面前一直是笑容满面、和蔼可亲、慈祥友善的胡妈妈。

在胡亚美女士的感召下，我于2003年作为发起人之一，发起成立了北京市扶助贫困儿童就医健康基金会，募集、管理、使用、筹集资金，扶助贫困儿童就医。基金会成立十年来，已成功救助上百名来京看病的疑难重症患儿，我也从发起人、理事成为副理事长。在第三届理事会上，我认识了北京儿童医院现任院长、基金会名誉理事长倪鑫先生及副院长、基金会理事长张建先生，希望北京儿童医院在倪鑫院长的领导下不断发展，提高全国儿童的健康水平，希望北京市扶助贫困儿童就医健康基金会在张建理事长的领导下救助更多疑难重症患儿。

胡亚美女士不仅是国家公认的院士，还是人民的医生，她勇于创新、医德高尚、医术精湛，为保障广大儿童的生命健康作出了重要贡献。我愿以胡亚美女士为榜样，为北京市扶助贫困儿童就医健康基金会的繁荣和儿童医疗事业的发展作出自己的贡献，也希望全社会共同关注儿童医疗事业。

胡亚美女士已年过九十，衷心祝愿她寿比南山、健康长寿。

六小龄童
（章金莱）
2014年6月20日

目 录

老科学家学术成长资料采集工程简介

总序一……………………………………………………韩启德

总序二……………………………………………………白春礼

总序三……………………………………………………周　济

序　一……………………………………………………张金哲

序　二……………………………………………………六小龄童

导　言……………………………………………………1

第一章　从“大小姐”到革命者……………………………9

国与家……………………………………………………9

胡家有女初长成…………………………………………11

无法平静的中学时光……………………………………14

从燕大到北大 …… 17
红色情怀 …… 20
迎接解放 …… 23

第二章　踏入儿科事业 …… 27

儿童医院的前世与新生 …… 27
知遇与榜样 …… 32
初入儿科的那几年 …… 35
以身作则 …… 38
研究小儿肺炎 …… 40

第三章　闯　关 …… 44

初探血液病 …… 44
救助麻疹患儿 …… 48
攻关腹泻难题 …… 51
“文化大革命”中的不屈灵魂 …… 55
医疗队的老大姐 …… 58

第四章　刺向血癌的利剑 …… 63

现代病 …… 63
向血癌宣战 …… 66
艰难探索 …… 70
白血病家庭的希望 …… 75
白血病儿童康复联谊会 …… 80
敬畏生命　消除偏见 …… 84

第五章　老骥伏枥 …… 88

继续闯关 …… 88

承师志　铸辉煌 …… 93
新世纪的号角 …… 97
北京儿童血液肿瘤中心 …… 100
医院的好领导 …… 105
行为人师 …… 110
中国的骄傲 …… 113

第六章　参与编写《实用儿科学》 …… 117

传世经典泽后人 …… 117
身承师教铸华章 …… 119

第七章　为人民发声 …… 125

政府和人民心中的“桥” …… 125
坚持正义的力量 …… 129
远虑近忧 …… 131
宣传禁烟 …… 134
关爱后辈 …… 135
死亡的权利 …… 137
关心下一代 …… 139
下乡义诊 …… 143

第八章　生活中的胡亚美 …… 147

家人眼中的胡亚美 …… 147
朋友眼中的胡亚美 …… 152
学生眼中的胡亚美 …… 156

第九章　一生辉煌 …… 158

无私奉献的敬业精神 …… 158

一心为民的仁爱之心……161
不断探索的钻研精神……163
一视同仁的平等精神……166
著书立说　硕果累累……168
大爱无疆　爱的勋章……170

结　语……175

附录一　胡亚美年表……180

附录二　胡亚美主要论著目录……197

参考文献……210

后　记……213

图片目录

图 1-1　1938 年 6 月，胡亚美在家中留影……………………………………12
图 1-2　1939 年 8 月，胡亚美与同学在学校合影 ……………………………13
图 1-3　北京市私立慕贞女子中学校毕业班合影 ……………………………16
图 1-4　1945 年 6 月，胡亚美在北大医学院留影 ……………………………19
图 1-5　1947 年 7 月，胡亚美大学毕业照………………………………………24
图 1-6　1948 年 6 月，邓金鎏、诸福棠、吴瑞萍在医院合影…………………25
图 2-1　1948 年 6 月，胡亚美与同事在医院合影 ……………………………29
图 2-2　北京市儿童医院府前街门诊部…………………………………………29
图 2-3　胡亚美、诸福棠、吴瑞萍、朱美英等出席北京儿童医院三十
　　　　周年院庆…………………………………………………………………31
图 2-4　1986 年 9 月，胡亚美与女儿解虹、外孙女、诸福棠在一起合影……34
图 2-5　1952 年 3 月，胡亚美和解志一合影 …………………………………37
图 3-1　1960 年 3 月，胡亚美在中国医学科学院的进修证书…………………47
图 4-1　1995 年 6 月，胡亚美带领同事分析细胞 ……………………………68
图 4-2　1983 年 6 月，胡亚美在国外医院参观学习……………………………70
图 4-3　20 世纪 80 年代，诸福棠带着胡亚美等医护人员给患儿会诊………71
图 4-4　1983 年 8 月，胡亚美培训医务人员 …………………………………72
图 4-5　1995 年 6 月，胡亚美和同事共同看切片 ……………………………75
图 4-6　1997 年 9 月，胡亚美在北京－香港儿科学术研讨会上发言………79
图 4-7　1993 年 8 月，胡亚美在第八届白血病康复儿童联欢会上发言 ……83
图 5-1　1991 年 10 月，胡亚美获得国务院政府特殊津贴证书………………89
图 5-2　1995 年 6 月，胡亚美在显微镜下观察细胞……………………………89
图 5-3　2000 年 8 月，胡亚美接待外宾 ………………………………………92
图 5-4　1989 年 2 月，胡亚美看望诸福棠 ……………………………………93
图 5-5　1995 年 12 月，胡亚美获第五届“诸福棠奖”…………………………93

图 5-6 1999 年 6 月，胡亚美为北京儿童医院血液肿瘤中心正式成立揭幕 …… 95
图 5-7 1985 年 7 月，胡亚美与同事商讨急救中心业务楼建设事宜 …… 101
图 5-8 2014 年 9 月，胡亚美参加北京儿童血液肿瘤中心拆迁工作完成庆典仪式 …… 104
图 5-9 1995 年 8 月，胡亚美认真查阅病历 …… 106
图 5-10 1985 年 7 月，胡亚美在急救中心业务楼建设工地指导工作 …… 109
图 5-11 2003 年 11 月，胡亚美获得“亚洲杰出儿科医师奖” …… 116
图 6-1 1992 年 7 月，胡亚美与诸福棠商讨修改《实用儿科学》 …… 121
图 6-2 1984 年 4 月，胡亚美与诸福棠、吴瑞萍讨论《实用儿科学》 …… 122
图 6-3 1985 年 6 月，胡亚美向来宾介绍新版《实用儿科学》 …… 123
图 7-1 1986 年 5 月，胡亚美与崔月犁、诸福棠交谈 …… 127
图 7-2 2000 年 3 月，胡亚美出席九届全国人大三次会议 …… 128
图 7-3 1998 年 6 月，胡亚美与张金哲在延庆义诊 …… 144
图 7-4 2004 年 9 月，胡亚美带领同事查房 …… 144
图 8-1 1995 年 3 月，老伴解志一贺胡亚美七九华诞 …… 148
图 8-2 1997 年 3 月，胡亚美的“夫唱妇随” …… 148
图 8-3 2002 年 5 月，医院同事看望胡亚美 …… 157
图 9-1 2000 年 7 月，胡亚美在第十二届白血病康复儿童联谊会上留影 …… 162
图 9-2 1993 年 5 月，胡亚美与老伴解志一合影 …… 164
图 9-3 1999 年 3 月，胡亚美在病房讨论病历 …… 165
图 9-4 胡亚美主编的《新编儿科临床手册》 …… 168
图 9-5 2012 年 9 月，胡亚美获得北京儿童医院“终身成就奖” …… 173

导言

传主简介

胡亚美（1924.4.27—2019.10.3），女，我国著名儿科医学专家、社会活动家，中国现代儿童血液病学的开拓者之一，中国工程院院士。1941 年就读于燕京大学特别生物系（医预），1947 年 7 月毕业于北京大学医学院。随后就职于北平私立儿童医院，历任住院医师、内科主任、副院长、院长等职务，曾任北京儿童医院名誉院长、首都医科大学教授。她从医 60 余年，为我国儿科医学事业的发展作出了巨大贡献，其医技、医德堪称医学界楷模。

胡亚美 1924 年 4 月 27 日[①]出生在北京的一个富商家庭，拥有一个幸福、快乐的童年，年幼的她十分同情、怜悯那些贫苦的孩子，并且逐渐对贫富悬殊现象产生了怀疑与不满。大学期间，胡亚美逐渐接触到进步思想。1946 年 5 月，在同学孙振洲的引导下，胡亚美加入中国共产党。1947 年 7 月，从北京大学医学院毕业后，胡亚美进入北平私立儿童医院工作。在丰富的临床实践中，她掌握了扎实的基本功，医学理论和医疗技术日益精进。从

① 胡亚美的出生日期在一部分档案材料中记载为 1923 年 3 月。此处出生日期为 1924 年 4 月 27 日，是以绝大多数档案记载的日期和其身份证上的日期为准。

20 世纪 50 年代开始，胡亚美对当时严重危害儿童健康和生命的疾病开展了不懈的研究和治疗工作。20 世纪 50 年代初期，总结出缺铁性贫血及巨幼红细胞贫血的临床特点与治疗后血象恢复的规律，制订了适合中国儿童的治疗方案及预防措施，并将其推广到全国，取得了显著的治疗效果。50 年代末，通过研究小儿中毒性消化不良的病因学、病理生理和临床特点等，制订了有效的补液方案，并向业内推广补液理论和多种脱水性质的补液方案，使这种疾病的死亡率由 20% 下降到 1%，其治疗方法至今仍在儿科界沿用。

20 世纪 80 年代，据《北京市 1974—1976 年儿童健康调查报告》报道：城市儿童死亡的主要原因已不再是各种传染病和营养不良，而是恶性肿瘤。在 1~5 岁儿童的死亡原因中，恶性肿瘤占第 2 位；到 5~15 岁时则跃居第 1 位，其中白血病又占致死性恶性肿瘤的 1/3。当时国内尚无一例治疗小儿白血病的成功经验。于是，胡亚美在邓金鍌教授的指导下，开始了小儿白血病的研究工作，并成为胡亚美从医生涯中最重要的科研方向。经过多年的不懈努力，北京儿童医院 1956—1982 年的白血病患儿康复状况得到明显改善。至 1982 年，胡亚美的科研团队已将儿童急性淋巴细胞白血病的五年无病存活率提高到 50.6%，改变了白血病是“不治之症”的传统观念。到 20 世纪 90 年代，患儿五年无病存活率已达 74.4%，跻身世界先进水平。除了在白血病方面的卓越贡献，胡亚美还与血液组医师一起系统研究了小儿组织细胞增生症 X、溶血性贫血、小儿特发性血小板减少性紫癜、小儿缺铁性贫血等有关课题，均取得较好成绩。

为了增加孩子们治疗的信心，胡亚美于 1979 年提倡并组织了第一次白血病儿童联欢会，让已经痊愈和正在治疗中的孩子一起交流、联欢。此后，北京儿童医院几乎每年都举行一次这样的联欢活动，一直持续至今。同时，为了让全国更多的白血病患儿从病痛中走出来，她又和同事一起倡导儿童白血病全国联网，制订统一的化疗方案。这是我国在白血病患者治疗方面的首创。晚年的胡亚美更是致力于北京儿童血液肿瘤中心的筹建工作。为了让更多的肿瘤患儿能够得到及时救治，她不断地在人民代表大会和社会媒体上奔走呼吁。在相关国家领导人的推动下，北京儿童血液肿瘤中心项目于 2003 年 6 月申请立项后很快得到批复。但因拆迁工作推进缓慢，直至

2014 年 9 月 3 日，北京儿童血液肿瘤中心项目选址的拆迁工作才得以完成，彼时已经 90 岁高龄且患有阿尔茨海默病多年的胡亚美参加了拆迁工作完成庆典仪式。在庆典仪式上，她面带微笑，开心得像个孩子。

从 20 世纪 70 年代初至今，胡亚美协助诸福棠教授 5 次修订《实用儿科学》。这部 400 万字的大型儿科参考书的出版和再版历时近半个世纪，是我国儿科医疗救治技术最高水平的体现，曾荣获全国优秀科技图书一等奖、国家科委科技进步奖二等奖。此外，胡亚美还主编了《新编儿科临床手册》《实用儿科临床手册》和《婴幼儿保健全书》等著作。

作为第七、第八、第九届全国人大代表，胡亚美时刻牢记着人大代表的崇高责任。20 世纪 70 年代，胡亚美在人民代表大会上要求对"还阳草"骗局进行立案调查，揭露"还阳草"的真实面目。在第八届人大会议上，胡亚美以一个医务人员高度负责的精神提出"安乐死"议案。虽然此提议因涉及诸多法律和伦理问题，尚未立法通过，但是她一心为患者身心健康考虑的慈悲胸怀是值得肯定的。

胡亚美的一生是为新中国儿科医疗卫生健康事业不断奋斗的一生，她时刻心系儿童的健康，情愿为之奉献一生所有。胡亚美院士心中有大爱，但对家庭所有事情几乎不上心，其爱人解志一默默承担起了家里大大小小所有的事情。2006 年 3 月，解志一因病逝世，这对胡亚美的打击十分沉重，82 岁的胡亚美仿佛失去了精神依靠。同年 8 月，胡亚美罹患乳腺癌，后来又患上阿尔茨海默病。她忘记了家人，忘记了学生，忘记了自己，唯独没有忘记白血病患儿和北京儿童血液肿瘤中心，时常喃喃自语"白血病患儿都是我的好孩子"。

2019年10月3日17点7分，胡亚美因病医治无效在京逝世，享年95岁。10 月 7 日，胡亚美院士的遗体告别仪式在北京八宝山殡仪馆举行，前来送行的人排成了很长很长的队伍。一生钟爱儿科医学事业的"胡奶奶"走了，离开了她一心牵挂的白血病患儿。她的家人按照其遗愿，把遗体捐献给首都医科大学用于医学研究，延续生命价值，传承人间大爱。

大音希声，大象无形；大爱无疆，千古流芳。胡亚美用其一生诠释了德艺双馨的高尚情操与大医精诚的医者之道。她开创的儿童血液肿瘤学科改变了千千万万白血病患儿的命运，也在中国儿科医疗卫生健康事业的历史上留下了浓墨重彩的一笔。

采集过程

2010年老科学家学术成长资料采集工程正式启动后，胡亚美被列入第三批采集对象。北京儿童医院对胡亚美学术成长资料采集工作高度重视，根据中国科协老科学家学术成长资料采集工程领导小组办公室的有关要求，迅速组建了采集小组。采集小组于2012年9月正式开始胡亚美学术成长资料采集工作。

胡亚美自2006年先后罹患乳腺癌、肝部肿瘤、阿尔茨海默病，到2011年丧失语言功能，无法亲自接受采集小组访谈。胡亚美的爱人解志一是最了解和最支持胡亚美工作的人，但他已于2006年3月病逝。胡亚美的女儿解虹长期生活在国外，只有近几年回国照顾胡亚美的日常生活起居，对胡亚美的工作情况几乎一无所知。胡亚美目前的身体状况、家庭情况使采集工作遇到了前所未有的困难。但在北京儿童医院的鼎力支持、医院同事学生的积极响应、胡亚美近亲属的无私配合下，胡亚美学术成长资料采集工作还是取得了一定的成绩，特别是关于胡亚美的各种档案资料。这些复杂繁多的档案资料正是我们开展胡亚美院士传记撰写的重要基础之一。

在采集过程中，采集小组也遇到了一些早期文书档案个别细节前后矛盾、照片年代久远无法辨识人物、重要资料记录不完整不规范等问题。这些档案、照片、重要资料的见证人已很难找到或者已经去世，采集小组成员在庆幸资料采集成果颇丰的同时，也感慨无法完整复述历史的遗憾。

采集成果

为做好胡亚美学术成长资料采集工作，采集小组成员竭尽全力采集了目前能够搜集到的资料。采集资料的种类丰富，包括口述访谈、传记、证书证件、信件、手稿、学术著作、学术论文、媒体报道、社会评价、音视频、实物、电子照片、纸质照片等13类。采集资料的数量也非常大，其中上报给馆藏基地的数字化资料高达649G。在这里，我们选择几种比较有代表性、对我们重建传主生平经历起到很大帮助的成果。

传记性资料。胡亚美一生为人热情、待人豪爽、宽以待人、淡泊名利，从小见不得别人遭遇困难，工作后经常为经济拮据的患者垫付医药费，也经常为白血病患者治疗药物奔走呼吁，是一位活跃的社会活动家。国家新闻媒体、期刊、网络平台等对胡亚美的报道数不胜数，但胡亚美个人传记类资料不是很多。采集小组搜集到六本介绍胡亚美事迹的传记著作，分别是 1997 年北京医科大学出版的《北京医科大学杰出校友事迹介绍》、2000 年北京儿童医院出版的《院士的风采》、2000 年燕京研究院出版的《燕京大学人物志（第一辑）》、2002 年中国人事出版社出版的《生命的意蕴——迎接医学科学的新时代》和 2005 年商务印书馆出版的《大医精诚》。这些传记著作从不同角度、不同侧面用专门的章节记录了胡亚美的成就和社会影响力。

学术著作与学术论文。采集小组共采集到 28 部由胡亚美主编的著作，内容涉及儿科学、内科学、临床手册、婴幼儿保健、家庭保健、生理保健、合理用药、少儿健康等方面，甚至还编写了英汉医学分科词典。其中，影响力最大的是《实用儿科学》，从第二版一直更新到第七版，是儿科医生的案头书、教科书、必备书。胡亚美将毕生精力都奉献给了中国儿童医疗卫生事业，尤其是白血病患者的治疗和救助。她在探索总结临床疾病诊治的同时，承担大量科研课题，总结中国儿童白血病治疗方案。采集小组通过国家图书馆、万方知网医学数据库，采集到胡亚美的科研论文 136 篇，这些学术文章为全国儿科同道共同攻克白血病起到了非常重要的指导作用。

报道资料。采集小组采集到关于胡亚美的各种媒体报道 261 件，报道的媒体有人民日报、北京日报、经济日报、健康报、中国青年报、光明日报等。这些资料详细报道了胡亚美用平生所学全力攻克儿童白血病的艰难过程，以及儿童白血病中国方案对中国白血病患者的治疗效果和经济价值；也报道了胡亚美积极筹建中国儿童白血病防治研究基金会，并与温家宝总理多次深入交流筹建北京儿童血液肿瘤中心的感人故事。胡亚美还是一名热心的社会活动家、全国人大代表、全国党代表，她利用自己的医学专业知识为老百姓揭露“还阳草”的骗局，为“安乐死”多次提交人大代表议案等。这些媒体报道为采集小组复原传主的生平提供了丰富的素材。

照片与视频资料。照片是历史最直接的见证。采集小组的采集工作得到胡亚美女儿解虹的大力支持，她捐赠了很多有关胡亚美的珍贵历史照片，其中实物照片和电子照片共计 323 张。采集小组如获至宝，对纸质照片进行了扫描、编码，对照片的拍摄时间和合影人物进行了梳理、整理。美中不足的是，由于照片拍摄日期过早，很多具体拍摄时间无法考证，很多合影人物已经无人辨识了。在视频资料方面，采集小组在采访胡亚美的家人、领导、同事、朋友、学生的同时，还收集到央视《大家》栏目对胡亚美的专访《胡亚美：白血病儿童的福音》、中华医学音像出版社出版的《挑战“血癌”——胡亚美院士谈小儿白血病》。在这些视频里，胡亚美回顾了自己的成长历史、学术成绩、白血病救治情况等内容，为采集小组回顾胡亚美的一生及其学术成长的重要阶段提供了真实素材和重要参考。

写作框架

本传记以章回体、白描式的手法，结合胡亚美所处的历史年代、学校教育、医学发展的背景，在不影响主体叙事结构的前提下，尽最大能力利用所采集的各种资料、成果，将胡亚美的学术成长经历栩栩如生地展现在读者面前，形成一部内容翔实、资料丰富、结构完整、史实准确、可读性强的人物传记。

本书共分九个章节，每个章节分为若干个小节，一个小节描写一个主题，按照主题展开叙述。整篇传记力求实事求是、准确表述，坚持客观立场、不偏不倚，尽量做到表述流畅，不失思想性和文学性。

第一章主要介绍胡亚美的家庭出身、求学经历及在求学道路上的思想转变。第二章讲述胡亚美在恩师诸福棠的带领下逐渐成长为儿科专家。第三章讲述胡亚美对当时威胁儿童健康的主要疾病进行探索的故事，以及面临人生考验时对党的坚定意志。第四章讲述胡亚美学术生涯的一个重要转折点，即 50 多岁时决定对导致儿童死亡率第二高的儿童白血病发起攻关。第五章讲述胡亚美为挽救更多白血病患者，积极奔走呼吁建立北京儿童血液肿瘤中心，其探索的白血病治疗方案达到世界水平。第六章讲述胡亚美与恩师一起编写《实用儿科学》，将儿科学的医疗技术编辑成册推广到全国儿科医生，造福全国儿童。第七章主要讲述作为全国人大代表、全国党代表的胡亚美为国家建言献策的经历。第八章主要讲述了生活中的胡亚美在家人、朋友、学生心中的形象。第九章主要讲述胡亚美一生的辉煌成就。

传记试图通过以上九个章节的内容，较为完整地反映胡亚美院士学术成长历程的主要脉络，展示一位坚守救死扶伤高尚医德、践行悬壶济世崇高精神、心怀救死扶伤仁心情操、毕生奉献儿科事业的医学家形象。

传记即将付梓，我们虽然逐字斟酌、修改数稿，但亦诚惶诚恐。诚盼读者批评斧正，以便及时更正，再次躬身致谢！

第一章
从“大小姐”到革命者

国 与 家

在北京城热闹的鼓楼东大街上，临近街的北侧有一条东西走向的胡同。它东起安定门大街，西至北锣鼓巷，南与东公街、小经厂胡同相通。明、清两代的顺天府署就在这条胡同的南侧，这条胡同就是分司厅胡同。清朝后期，一个商人买下了这个胡同里的20多套住宅。此后的岁月里，这位胡姓商人一家便在这里生根发芽、开花结果。而这位胡姓商人，就是胡亚美的祖父。

胡亚美的祖父是当时清朝的蒙文通事。“通事是中国古代朝贡体系中的重要组成部分，封建国家利用通事通晓外国或其他民族语言的技能，互通双方语言，宣扬王朝谕令，以达远情，从而使中外互通，无隔阂之患。从这一意义上说，通事一职虽不甚贵，但其责颇不轻。”[①] 用现在的话讲，通事如同翻译官一般，在国家与国家、民族与民族之间起到重要的沟通和促进作用。虽然这个职位不高，但却是朝廷进行外事必不可少的。到了清

---

① 徐雪梅，丁维国：浅议清朝的“通事”。《黑河学院学报》，2011年第2卷第1期，第116–120页。

朝末年，通事一职的性质及其功能发生了微妙的变化。特别是在鸦片战争之后，官方使用传译语言者，称为“翻译”，而“通事”则成为市场中翻译语言之人的专称。

胡亚美的祖父利用当时的政治关系，到喀尔喀蒙古经商，并在北京郊区及张家口等地开设了几个同喀尔喀蒙古通商的店铺，赚了不少钱。然后，他又在北京市内开了5家粮店，其中一家店使用电机磨粉，这比当时粮店普遍使用的人力与畜力合作磨粉的技术要先进很多，既省时又省力，降低了不少成本，自然受到了顾客的欢迎。后来，胡亚美的祖父又买了20多套住宅和90亩地，收入很多，全家的生活也因此富足、安定。

清朝灭亡后，胡亚美祖父的官做不成了；民国初年，蒙古王公宣布“自治”后，中华民国政府与外蒙古的通商也断绝了。胡亚美的祖父有一大批货物丢在了外蒙古，导致资金冻结，家中进款顿时大减，不比往昔日进斗金时的兴盛场面。好在祖父之前置办了400多间房子，出租了一大部分，同时胡家又有几个店铺在经营，仅靠这两笔进项，就足以保证家人生活富足。

1929年，胡亚美的祖父离开了人世，祖父的精明与能干为胡家后人创造了良好的物质基础。胡亚美的父亲胡显民，就是在这种富裕的环境下成长起来的富家子弟。他是家中独子，从小娇生惯养。家人舍不得送他到学校读书，就聘请先生来家中教书。但是胡显民对念书根本没有兴趣。后来，他到朝阳大学[①]混了一个文凭，毕业后就在银行找个差事，但很快离职了，之后便一直闲在家里。

胡显民对钱的事很不上心，从不过问家里的几个粮店，而是交给别人打理，就等着店里的人送钱来。他整天与一帮朋友玩字画、古玩、花草和练习拳脚，附庸风雅。由于对钱很不在意，且为人慷慨大方，胡显民经常救济他人。虽然胡亚美反感父亲的懒惰，但对于他的慷慨却是非常敬佩。新中国成立后，胡显民因思想比较进步，曾任北京市东城区政协委员，也为北京市的建设尽了自己的一分力量。

胡亚美的母亲戴鸿珠是一个典型的贤妻良母，虽出生在地主家庭，但

① 朝阳大学是1912年由汪有龄等人创办的私立法科大学，是民国时期法学教育的重镇。1949年更名为“北平政法学院”，后易名为“中国政法大学”。

生活却十分俭朴。胡家雇着十几个用人，但她也每日操持家务、不畏辛劳。戴鸿珠的脾气很好，总怀着感恩的心态待人处事，虽然对胡显民的肆意挥霍很不满意，但也说服不了他，也就睁一只眼闭一只眼了。

民国时期通货膨胀，胡家的400多间房子卖掉了很多，最后只剩下100多间，除了留下一部分自己居住，其余的都出租了，仅靠房屋的租金维持生活。由于胡显民不善经营，加上战争的影响，胡家的日子一天不如一天。粮店相继倒闭，后来只剩一家代销店。新中国成立后，胡显民就再也没有来过这家店，自然也就没有拿到过一分钱。

无论是清朝末年还是民国时期，在旧中国的体制下，必然会因贫穷、富贵之分而衍生出一大批旧时的富贵大族。但即使阶级之间的差异无法抹去，也不能否认，在富贵家庭中有那么一群不计金钱利益、慷慨解囊的人。他们拥有慈悲之心，用自己的身体力行教育子女该如何做人、如何行事。胡亚美正是在这种良好的家风之中，慢慢地受到了济世情怀的感召，为她日后选择救死扶伤的医疗事业奠定了最初的信念与坚持。

胡家有女初长成

胡亚美曾有六个兄弟姐妹，她排行老二，上面有一个1919年出生的哥哥。1927年，两岁的妹妹胡亚丽不幸夭折。随后，胡亚美十岁的哥哥，也在1929年因患猩红热去世。在当时那个动荡不安的社会，早夭似乎是一件再平常不过的事了。然而，对于家庭来说，每一个生命的离世都是痛彻心扉的。胡亚美后来选择儿科医疗卫生事业，正是因为对自己兄妹早夭的遗憾。

此后，母亲又给胡亚美添了四个弟弟，分别是大弟胡亚东（1927年生）、二弟胡亚元（1930年生）、三弟胡亚铨（1932年生）、四弟胡亚鲁（1937年生）。这四个兄弟在成人之后，与胡亚美一起为新中国的建设贡

图 1-1　1938 年 6 月，胡亚美在家中留影

献出了自己的一分力量。不得不说，正是他们的父亲胡显民在外的慷慨助人和母亲戴鸿珠在家事上的亲力亲为，才使胡家的孩子养成了有礼有节、毫不骄纵的良好修养；也正因如此，在新中国的建设中，旧社会的这几位“小姐”“少爷”能够及时地摆正自己的心态，不失落、不放弃，努力地用自己的双手创造美好未来，为国家和社会尽心尽力。

由于妹妹的过早离世，胡亚美成了家中唯一的女孩，深受父母宠爱，一直过着幸福的生活。大弟胡亚东回忆道：

因为家中只有一个女孩，所以我们家和别人家不同，我们家是“重女轻男”。在长辈眼中，姐姐是宝贝，她穿的衣服和住的屋子以及用的一整套家具都是我们中最好的。我们对她都是各种羡慕、嫉妒。我们家花园里有很多枣树，枣特别好吃，叫郎家园枣，姐姐想吃，大家都必须给她留着。我们吃的，都是她从外面买来的。[①]

当时正值新旧思潮不断冲击、碰撞，各种新式的教育理念为中国女子带来了很多受教育的权利和空间。辛亥革命后，孙中山领导的南京临时政府为了顺应社会时代的要求，也为了国家的富强和民族的独立，在国家建设的方方面面革故鼎新。教育上，在第一任教育总长蔡元培的领导下，南京临时政府颁布了新的教育宗旨，并制定了《壬子癸丑学制》，对各年龄阶段的学习课程（包括学前教育制度）进行改革。在科学与民主的召唤

① 胡亚东访谈，2013 年 4 月 13 日，北京。资料存于采集工程数据库。

下，学前教育领域开展了对错误儿童教育观的批判，并大量引入西方先进的学前教育思想。

然而，虽然女子受教育已经在20世纪20年代慢慢普及开来，但“女子无才便是德”的封建思想依然存在。胡亚美的父母没有接受过先进教育理念的学习——父亲从小就不好读书，母亲也没有受过文化教育，但思想开明的他们仍然支持胡亚美读书，并让她接受最好的教育。胡亚美5岁时进入分司厅幼稚园接受学前教育，6岁就读于河北省立第三模范小学①，接受了在当时来说较为先进的小学教育。

在胡亚美的同学中，有些是穷苦人家的孩子，吃穿用度都比不上胡亚美。他们嫉妒胡亚美的衣服漂亮，便经常讽刺她。随着年龄和知识的增长，胡亚美逐渐了解到朴素、勤劳等新式学生的美德，因此她的着装越发朴素起来。

图1-2　1939年8月，胡亚美（左）与同学在学校合影

小学三年级以后，胡亚美常常让家里人给她买一些课外书来看，其中安徒生童话《卖火柴的小女孩》让她感触颇深，她开始同情穷苦人，经常拿自己的零用钱给要饭的孩子和拉洋车的人。当时胡亚美的家就在学校对门，每天上学时都能看见一个老头在要饭，旁边还有一个跟她年纪相仿的小孩，脖子上挂一个挂篮——旧时卖烧饼、油条，就往脖子上挂一个挂篮，烧饼和油条放在里面。无论冬夏，这个可怜的小孩都站在那儿。胡亚美觉得他很可怜，便给了他一张30大枚的票子

① 河北省立第三模范小学，始建于1914年10月，原名“京兆模范小学”，1929年4月更名为“河北省立第三模范小学”，1935年更名为“北平市分司厅小学”，现为“北京分司厅小学”，位于北京市东城区。

（彼时，一个大枚或一个小枚，都是铜钱的代称）。胡亚美施舍给穷人的这些钱都是平时母亲给的零花钱，她一般都不花，而是攒起来帮助别人。能用自己的一点小力量帮助那些需要的人，让她感到很自豪。

当时流行一句话：“少爷、小姐是废物”，胡亚美对这种评价非常不满。天生叛逆的胡亚美在家里面贴起了“大字报”：我不要当小姐，我应该跟大家一样，跟老百姓一样，大家都是平等的！不仅如此，她还要求仆人直呼她的名字，坚决不在家里摆小姐的做派。

无法平静的中学时光

1931 年 9 月 18 日，古老的中国大地正被一场蓄谋已久的阴谋慢慢推向耻辱的深渊。在随后的两年时间里，整个东北三省全部沦陷，完全被日军占领。

但是，总有人知道北平即将面对什么灾难，总有声音在爱国人士的耳畔回响。在提及这一段历史时，胡亚美这样讲道：“那天离上课的时间已经过了很久了，老师才慢慢推门走进教室。很快，大家发现老师的眼睛红了，同学们都不知道发生了什么，就静静地看着老师。讲台上的老师是位长者，他哽咽地告诉大家‘东北沦陷了’，同学听到这个消息，顿时哭了起来。”虽然这次事件发生在东北，但是报纸的宣传、老师们的交流，在胡亚美年幼的心灵上留下了深刻的烙印。

1935 年 9 月，胡亚美小学毕业，升入北平私立崇慈女子中学校初中部[①]。北平私立崇慈女子中学校是美国基督教长老会在中国创办的一所教会学校，始建于 1870 年。西方传教士在中国创办教会学校的最初目的，是希望通过建立学校拥有一批固定的听众，扩大基督教在中国的影响。20 世纪的前二十年是教会中学发展的黄金时段，随着教会中学持续增多，学

① 北平私立崇慈女子中学校是北京市第一六五中学的前身。

生人数也不断上涨。到1922年，全国基督教会中学共有291所，包括82所女子中学，其中就有胡亚美所在的北平私立崇慈女子中学校。教会中学的课程设置跟中国本土的中学课程是有很大区别的。教会中学依其办学宗旨，主要开设圣经、外语、国文、自然科学、职业技能、体育、音乐等课程。

两年后，“七七事变”爆发，古老的北平城在1937年7月29日彻底沦陷。沦陷后的北平，无法再安放下一张平静的书桌。据有关史料记载，“1936年，北平市公私立中学共71家，比较中国其他地区而言，仍有为数甚多的学校教育机构，具有较为厚实的现代化教育事业基础。但自‘七七事变’之后，所有这些机构，随着北京地区的沦陷，在日寇的践踏下纷纷停止正常的教学活动，或迁转或解散或完全停办”。[①] 而沦陷区的北平教会学校中学均不同程度地停办了一段时间。即使那些“恢复开课”的学校，其性质也大多改变，或是改成圣经学校，专门用来培养神职人员；或是变更课程以“适应”环境。由于胡亚美所在的私立崇慈女子中学校是由美国教会开办的，所以在太平洋战争开战之前的一段时期里，学校仍然坚持着自己的教学，因此胡亚美的初中学习并没有因为北平的沦陷而受到较大影响。

1938年，胡亚美开始在私立慕贞女子中学校的高中部读书。私立慕贞女子中学校是一所非常美国化的学校，宗教气氛非常浓郁。同学们大多出身富裕家庭，生活上追求美国式的生活方式，比较奢华。一开始，胡亚美对那些打扮妖艳的学生很看不惯，这样的情感一方面来自母亲的教育，另一方面是胡亚美认为做人应该朴素。学校里的传教士看到胡亚美功课好，外表朴素、整洁，就很喜欢她。“当时有个叫党美编的美国传教士劝我信教，请我到她的宿舍去玩儿……当时我看不起浮华、不好好念书的同学，也看不起死读书的同学，可是学校又缺乏政党的课外活动，只有浓厚的宗教气氛，在课程中也包括宗教一门，我渐渐觉得耶稣的精神是伟大的……我当时喜欢唱歌，礼拜堂里的歌声很好听，因此我就跟着大家一起信基督

① 纪彦：沦陷时期北平中学的教育概况。《首都师范大学学报》，2007年增刊，第63–70页。

教，并加入了唱经班。”少女的爱美之心是无法阻挡的，加之美国的生活方式太诱惑人了，因此胡亚美逐渐开始喜欢美国货，想到美国去生活。

1941 年 9 月，成绩优异的胡亚美从北京市私立慕贞女子中学校毕业，并被保送到燕京大学医预系。之所以选择学医，胡亚美对此有着非常清楚的认识。幼年时的胡亚美身体很弱，经常因为生病去医院。在治疗过程中，她很羡慕大夫们整齐、干净与神气的样子，而且他们既能帮助患者解除病痛，又能够得到患者的拥护和感激。在中学读书期间，私立慕贞女子中学校对面就有一所教会办的妇婴医院。她常见大夫在其中出入，心中想要学医的念头也变得越来越强烈。当时父亲胡显民也鼓励她学医，因为他后悔自己没有一技之长，不能名扬于社会。当时的胡亚美也认为名声很重要，学医不仅可以出名，还可以解决生活问题，是女性最好的出路。

1942 年 12 月 7 日，承载着胡亚美六年中学时光的私立崇慈女子中学校和私立慕贞女子中学校，在日本政府的授意下，被彻底取缔。直至抗日战争胜利后，这些私立教会中学才迎来重新开课。

图 1-3　北京市私立慕贞女子中学校毕业班合影（摄于 1941 年 6 月）

从燕大到北大

1834年，西方教会派遣的第一位传教士医生抵达中国，“医学传教”事业自此正式拉开帷幕。中国最早的西医人才培养与教会医院有着莫大的关系，“开始的时候，传教士并不想办医学教育，而仅为医疗上的需要，在医院或诊所招收一两名学徒，课以浅近的医学知识，目的是训练他们担任护理工作或传教士”。[①]

随着教会在华医疗事业的发展，医学教育也成为传播基督教的方式和手段，逐渐受到传教士们的重视。早期教会学校师徒授业的教育方式培养出来的学生，从数量和质量上都无法满足当时医疗的需要，也不能满足传教及政治上的需求。这就驱使传教士寻求以教育为切入点，通过培养服从于教会的中国人来满足政治和经济上的需求。

1925年后，我国的一些教会大学已经具备了培育医预科学生的能力。教会大学的医学教育采用精英教育模式，课程设置系统且全面，重视课堂实验和临床见习、实习，考核标准严格，对学生要求极高。可以说，教会大学为中国培养了第一批西医人才，使这些医学精英成为中国现代医学的“火种”，他们在医学领域发挥着领军作用，为中国现代医疗事业的发展奠定了基础，作出了不可磨灭的贡献。

燕京大学是中国近代以来最著名的教会大学之一，成立于1916年，是近代中国规模最大、质量最好、环境最优美的大学之一。1919年，司徒雷登出任校长。他上任后，立即对学校进行改革，并把学校更名为燕京大学。1925年，燕京大学创办医预系，当时的北京协和医学院停办医学预科学制，将其大部分设备直接转给了燕京大学美国洛克菲勒基金会，同时给予燕京大学医预系数量可观的资金帮助；美国医学名家博爱理（Alic M.Boring）博士亦由协和医学院转到燕京大学医预系任系主任。因此，燕

---

① 朱潮:《中外医学教育史》。上海：上海医科大学出版社，1988年，第66页。

京大学医预系很快成为我国最好的医预系之一，并吸引了很多优秀的高中毕业生前来报考。

胡亚美进入燕京大学后，看到燕京大学校园之美、同学们洋味儿十足，十分欢喜。在大学期间，教授们与同学们的关系很好。有位和蔼的教授常邀学生们到家里喝茶，并知道胡亚美对这种生活方式很是羡慕，就启发她好好学习、埋头苦干，争取有所成就。

“团契（Follow ship），是一小群志同道合的人为了彼此交流、互相激励，组合在一起，故定名团契。”[①] 它本来是一个带有宗教色彩的学生组织，参加者互称为契友。在中国近代史中，它伴随着教会大学的发展而不断成长，是教会大学中最广泛、最基本的学生组织。当时的燕京大学里有很多团契组织，胡亚美就参加了其中一个名叫“启明”的团契组织。在团契的活动中，胡亚美见识了各种人，也聆听了他们丰富多彩的思想见解。每当活动时，看着他们在一起高谈阔论，讨论时事、政治，胡亚美就很羡慕。她觉得他们的知识相当丰富，自己能够跟他们学到不少东西。

然而，北平沦陷区人民的生活毕竟时刻受到来自日本殖民主义者的残暴威胁，即使是在象牙塔内生活的新一代，他们的生活也并非风平浪静。日军铁骑下的教会大学，一直处在风雨飘摇之中。到了 1941 年年底，太平洋战争爆发，日军占领了燕京大学校园，一些英、美籍教师被关进集中营，司徒雷登也未能幸免。就读的燕京大学被关闭了，胡亚美很是郁闷，不知道自己的未来将通向何处。

燕京大学被迫关闭后，不少留在北平的燕大学生辗转到北京大学各学院学习。1941 年太平洋战争爆发后，北京大学医学院吸收了北平协和医学院的部分师资，并接收燕京大学和协和医学院的师生继续学院的教学活动。因此，学习成绩优秀的胡亚美进入北京大学医学院医学系，继续完成学业。

当胡亚美接到入学通知后，全家人都非常高兴。去学校报到时，母亲

---

① 四川宗教志办公室:《四川基督教》。成都：巴蜀书社，1992 年，第 285 页。

特意给她的新书包绣上“北大”两个字。然而，在北大医学院的学习并未像胡亚美想象的那样。“当时北京大学医学院的教员有很多是日本人，日本教员经常迟到、早退、请假不来，有些教员又都是按老一套的方法教学，所以除了病理学、细菌学、寄生虫学外，其他基础课都是马马虎虎学过来的。”但是，也有一些对学生高度负责、教学态度非常认真的老师，如生物老师海伦女士、数学老师卞汉克、化学老师张子高等，他们都给胡亚美留下了深刻印象。

当然，胡亚美的大学生活中也留有很多美好而深刻的记忆。在北京大学严谨治学的学术氛围中，胡亚美不断积累着扎实的专业知识基础。“北京大学医学院第一任校长胡传揆对我们要求可严了。上学实习那会儿，是每天 24 小时一班制，每个星期有半天休息，每两个星期才休息一天……虽然对我们要求严格，但他也是我最敬佩的人。他死后把自己的遗体捐献了，制成了一副骨架供学生们学习，我也去北医看过他的骨架，是老师给我们作出了表率。”

课余生活中，年轻、活泼的胡亚美时刻展现着当时青年特有的朝气与活力。“胡传揆校长对我们说‘P.M.OFF’，就是让我们上图书馆。虽然那会儿没有时间玩儿，但我们也常常偷偷跑出去玩儿，滑冰、游泳……儿童医院对面就是中山公园，我们晚上偷偷跑到公园里湖上滑冰。我们还去看电影，那时也有晚场电影，我们怎么也能赶上一场。”

美好的大学时光，是胡亚美人生中最宝贵的回忆。她时刻保持着对学业的热爱和对美好生活的向往，即使身在沦陷区，胸中的力量之火也永远不会熄灭。

图 1–4　1945 年 6 月，胡亚美在北大医学院留影

红色情怀

朱自清在《北平沦陷那一天》中这样写道：“等着瞧罢，北平是不会平静下去的，总有那么一天，咱们会更热闹一下。那就是咱们得着决定的胜利的日子！这个日子不久就会到来的！”

在年轻的胡亚美心中，这个信念是任何事物都无法动摇的！而她对于和平和反战的内心坚守，终于使她在大学时期走向了革命的道路。

回顾胡亚美的革命之路源头，不得不提起她小时候的家教，以及从其内心自然萌发出的对弱小和贫苦人民的同情之心。胡亚美喜欢看书，幼年时读过的《卖火柴的小女孩儿》让她对穷苦人产生了同情心。后来，她又阅读了《家》《春》《秋》等一些进步小说，对当时的生活产生了疑问，对社会贫富差距很是不平。她想，为什么自己能吃饱饭、穿好看的衣裳，甚至能上学，而有的人就得去要饭、挨冻呢？这种最朴素、自然的情感，是没有被金钱和物欲所锈蚀的宝贵财富，并直接影响到胡亚美在大学里的社会活动。

在燕京大学时，即使专业学习再忙碌，胡亚美也仍会挤出时间去参加学校里的社会活动。在团契活动中，她结识了日后成为她丈夫的解志一。

解志一比胡亚美高一年级，也是进步学生，他在“启明”团契里当秘书，经常组织辩论会和讨论会，组织大家对一些时事问题进行辩论。当时胡亚美还是个小姑娘，不懂政治，就是觉得这些人很了不起，懂得那么多的理论知识。胡亚美这样回忆道：“幼时所处的环境及母亲的影响，把我造就成一个软弱、无斗争性且好虚荣、好表现的人。我的生活圈子很小，接触的也是和我相同的人，从不关心政治。”尽管胡亚美不关心政治，但只要一有空，她就去参加团契活动，并且她感觉每次都能有所收获。解志一也注意到了胡亚美，慢慢地接触多了，两个人就熟识了。燕京大学被迫关闭后，胡亚美感觉非常迷茫。解志一经常开解她，还送给胡亚美一些历史唯物论等哲学书籍。但是当时的胡亚美对理论书籍不感兴趣，对解志一的政治面貌也不清楚，只是认为他是一个像巴金的人，对他有些好感而已。

孙振洲是解志一的中学同学，他们两人经常传阅一些进步书籍。他和解志一将一些进步书籍存在胡亚美家里。因为胡亚美家是富商，不会引起别人的猜疑，书放在她家比较放心。不但胡亚美对这种秘密工作很感兴趣，胡亚美的家人也很通达，对胡亚美经常拿进步书籍回来的事并不干涉。因为胡亚东单独住一处房子，所以很多书籍就存放在弟弟胡亚东的屋子里，那里藏书会更安全。在传书过程中，解志一、孙振洲开始向胡亚美宣传爱国思想，告诉她什么是爱国、怎么爱国。胡亚美第一次深刻地认识到，原来思想不开阔，就永远找不到自身矛盾的出口；自身的矛盾解决不了，就永远无法等到解放的那一天。

1943 年，重庆国民政府加紧了对北平教育机构的监管与严查，大批爱国青年被日军囚禁、杀害。在日益浓重的恐怖气氛下，解志一被迫离开北平回到山东。此后，孙振洲经常找来一些小说给胡亚美，如屠格涅夫的《前夜》《贵族》、辛克莱的《石炭王》等。由此，胡亚美开始了解工人阶级生活的痛苦根源，对屠格涅夫描写的几个典型场景很是崇拜，“我幻想的革命是美丽的，我愿意参加革命去解放劳苦大众，但我对阶级的认识很模糊，不了解共产主义，幻想着国共合作能救中国”。但是，胡亚美很快就发现自己错了。

1945 年 8 月 15 日，日本无条件投降。同年 9 月至 10 月，日军从城内撤至城郊，交出了北平防务。听说国民党军队要来接收北平，胡亚美高兴极了。孙振洲就跟她说：“嘿，你看吧，你要失望的。”胡亚美反问说：“你怎么不爱国啊？”孙振洲并没有向胡亚美解释，因为这个疑问等到国民党军队正式进入北平城后，就有了一个不言自明的答案。

1945 年 10 月 10 日，华北战区受降仪式在故宫太和殿广场举行。这次北平受降仪式是中国战区 16 个受降仪式中规模最为盛大、隆重的。至此，满目疮痍的北平，似乎终于可以从遍体鳞伤中喘息过来，似乎可以看到没有战争、没有压迫的美好明天。然而，当日军交出北平城的防务后，国民党军人与美国军人给这个城里的人民所带来的，似乎是另一场无休无止的麻烦。

一天夜里，一个国民党军人突然闯进胡亚美家里住下。等到他走后，胡家人发现家里的一些金银首饰都被拿走了，这件事情让胡亚美对国民党的印象非常不好。尤其是后来，当她看到接收大员和美国兵开着吉普车在街上横冲直撞，车上又坐着妖艳的摩登女郎时，极度的反感情绪瞬间而生："不是说美国打了日本吗？怎么到处看到的都是开着吉普车、抱着女郎跑的美国兵呢？"看到时机成熟，孙振洲就开始做胡亚美的思想工作。

在胡亚美接受进步思想的洗礼，产生对国民党不满情绪的同时，学校地下党组织也早就注意到胡亚美，并及时吸收她参加了地下党的外围组织。孙振洲把《社会发展史》《论联合政府》《马克思传》等小册子秘密地传给她，并向她讲述自己在解放区的所见所闻。了解了国民党和共产党之间的巨大差别后，胡亚美又将和平、民主的希望寄托到共产党身上。当时，胡亚美看到共产党员们工作的热情，以及他们不怕危险为党工作、为人民不惜牺牲自己生命的精神后，非常感动，于是她也开始积极参加进步活动。

1945 年 9 月 27 日，重庆国民政府教育部颁布《政府教育局拟定甄审收复区中等以上学校学生之办法》，要求对沦陷区的教员和青年学生通过考试三民主义、英文、国文、数学、史地、理化六门功课进行甄别，这一措施激起广大青年学生的极大不满。党组织根据群众要求，领导广大学生开始了轰轰烈烈的"反甄审运动"。各校的地下党员和进步学生骨干都主动、积极地投入这一斗争中，胡亚美也参与其中。她帮着孙振洲发放宣传小册子、张贴宣传标语。就这样，胡亚美对共产党逐渐有了新的认识。从此以后，她为党的事业投入了自己的全部热情。

1946 年 5 月的一天，孙振洲来到胡亚美家里，带着胡亚美宣读了入党誓词。胡亚美回忆当时的情况时说道："当时只有我们两个人，没有党旗，什么都没有。那时候地下党都是单线联系，后来组建了党小组。"在胡亚美的影响下，父亲也开始亲近共产党。她家的深宅大院变成北平地下党的掩护所，时任北平学生工作委员会委员兼秘书长、职员工作委员会书记负责人的崔月犁（后曾任卫生部长）等人曾在她家开过秘密会议。

成为一名为无产阶级奋斗的共产党员，使胡亚美终于能在当时思想混乱的重重迷雾中，找到真正属于自己的一盏明灯。在这盏明灯的指引下，胡亚美迅速成长为一名合格的中国共产党党员。

迎接解放

北平私立儿童医院是 1942 年新成立的一家儿童医院，是由诸福棠、吴瑞萍和邓金鍌三个人共同成立的北京市第一家私立儿童医院，当时由诸福棠任院长。在诸院长的带领下，这所医院很快成为全市最好的儿童医院。

1943 年春，胡亚美的三弟胡亚铨因患黑热病住进了北平私立儿童医院。当时正在北京大学医学院读书的胡亚美，经常去儿童医院探望弟弟。在与医院医生接触过程中，胡亚美结识了当时北平私立儿童医院的副院长吴瑞萍。正是他为患儿耐心和负责的治疗场景，深深地感染了胡亚美。她觉得替儿童解除病痛，帮助那些可怜的小生命，就是帮助一个家庭的未来与希望。所以，胡亚美在那时便决定进入儿童医院实习。

由于医院的业务日益兴旺，以前的院址根本无法满足医院发展的需要。抗日战争胜利后，院长诸福棠的一位朋友和前辈方石珊决定将曾经的“首善医院”原院址租给儿童医院使用。1946 年年中，北平私立儿童医院扩院并搬入新址。正好医院当时需要一名实习医生，于是，北大医院①儿科的住院总医师赵锡祉大夫便介绍胡亚美过去工作。胡亚美收到录用通知后，将这件事汇报给了时任北大医院支部书记的孙振洲。医院党支部研究后，认为当时北平私立儿童医院及教会医院党的力量薄弱，于是，交给胡亚美到北平私立儿童医院学习业务并开展党的工作等任务。

1946 年 7 月，北平市委以实习医师名义，派胡亚美到北平私立儿童医院工作。胡亚美的到来令几位专家非常高兴，因为在北大教书时，诸福棠

① 北大医院前身为国立北京医科专门学校附设诊察所，曾更名为北平大学医学院附属医院等。1946 年，医院随北平大学医学院并入北京大学，由此得名“北大医院”。

图1-5 1947年7月，胡亚美大学毕业照

就很欣赏学习认真、成绩优秀的胡亚美，希望她毕业后能来儿童医院工作。于是，在1947年7月实习期结束后，胡亚美便继续留在儿童医院担任医师。

1948年7月，同为地下党员的江载芳作为实习医师，开始了在北平私立儿童医院的工作。胡亚美和江载芳这两位年轻却有着共产主义思想觉悟的女医生，与后来到儿童医院进行工作的另外一名地下党员李同一起成立了地下党小组。他们积极向医生和护士宣传先进思想，让一部分医护工作者对共产主义和中国共产党有了初步的了解。

1948年下半年，平津战役打响。与此同时，为了保全北平这座文化古都和人民生命财产不受损失，中共中央、中央军委命令野战部队对北平久围不攻，并指示北平地下党从内部密切配合，以期用和平方式解放北平。1948年11月，中共中央华北局城市工作部（简称城工部）部长刘仁，召集北平地下党学生工作委员会（简称学委）书记佘涤清到解放区城工部驻地开会，部署迎接北平解放的准备工作。北平地下党的其中一项任务就是力争在北平解放时，尽可能留下更多的知识分子、技术人员和公职人员等有用人才；提高群众政治认识，使之了解和拥护党的政策、拥护人民解放军。

就在共产党用最大努力挽留北平城的众多知识分子和技术专家之时，国民党把东单广场开辟为临时飞机场，拉拢这些知名人士去南京。儿童医院中一些受国民党欺骗的专家在去留问题上犹豫不决，一方面担心解放军入城后对他们进行迫害，另一方面又害怕离开熟悉的环境使自身的境遇难以保障。共产党一次又一次地去争取这些立场不坚定的优秀医生，并派各个医院的地下党组织抓紧一切机会让这些人才留下来，为广大人民服务。一次，崔月犁在胡亚美家召开支部会并布置任务时，要求胡亚美等人去做诸福棠等知识分子的统战工作。据北京同仁医院著名眼科专家傅守静教授回忆，当时的北大医院、儿童医院、东华医院和同仁医院同属于一个党支部。地下党员们除了通过各种渠道挽留那些专家、教授外，还连夜赶写书信，阐明共产党对知识分子的政策，详细介绍党重用知识分子的实例。信写好后，党员们在夜幕的掩护下，将一封封信投递到北平城各处的邮筒中。

当时诸福棠、吴瑞萍全家已经买好了去美国的飞机票，正在整理行李。诸福棠对胡亚美说：“你也走吧，去美国吧。”面对恩师对中国共产党及中国军队的担心与误解，胡亚美、李同和江载芳这三个年轻的地下党员开展了积极的挽留工作。她们借着跟专家一起学习和工作的机会，对他们说：“我不相信国民党说的话，共产党才是为百姓做事的。”她还经常趁着送资料、请教问题时，偷偷地把《共产党宣言》等一些进步书籍和宣传共产党真实情况的资料放到他们的办公桌上。

正是在这种坚持不懈的努力下，专家们逐渐转变了对共产党的看法。胡亚美回忆道：“当时我们还不知道北平要和平解放的消息，听到大炮声响得厉害，我们就偷偷爬上楼顶去看。这时我们特别高兴，希望共产党能赶快打进来，解放北平。我们一直做着攻城的准备，一旦攻城就让专家们藏起来，我们来守护医院，这是我们的任务。另外，我们还有一个任务，一旦国民党攻城，就会有伤员。到那时，我们就要负责救护伤员，所以我们还特地学习了战地救护方面的知识。”

图 1–6　1948 年 6 月，邓金鍌（右）、诸福棠（中）、吴瑞萍（左）在医院合影

当时，胡亚美、江载芳和李同三位年轻医生是诸老、吴老、邓老的学生，医院也是“三老”带“三小”的情形，师生之间非常信任。当老教授们看到年轻大夫守护医院的举动非常感动，加

上舍不得他们精心创建的医院，诸福棠、吴瑞萍、邓金鍌三位院长终于选择放弃已经买好的飞机票，决定留下来。正是由于胡亚美、江载芳以及那些青年医生的不断努力，才在解放战争的后期，为新中国挽留下大量的医护工作者，缓解了新中国建设初期北京卫生医疗事业的困境。

1949 年 1 月 31 日，北平和平解放。诸福棠带着北平私立儿童医院的职工一齐涌上街头，欢迎人民解放军入城。同年 2 月 4 日，中共北平市委在国会街北京大学四院礼堂（现宣武门新华社院内）召开全市地下党党员会师大会，公布地下党员的身份。当胡亚美、李同、江载芳以共产党员的身份站到三位老师面前时，诸福棠等三位院长感慨万分："原来我身边最得意的学生都是共产党员啊。"

新中国成立后，所有公立医院都由人民政府接管，因府前街北平私立儿童医院是私立医院，所以未被接管，但也相继建立了党支部、工会和共青团组织，由江载芳任党支部书记、胡亚美任工会主席、李同任团支部书记，全院政治生活十分活跃。

第二章
踏入儿科事业

儿童医院的前世与新生

在我国古代，儿科作为古代中医体系中的分支之一，曾发挥着重要的作用和影响。但与整个中医学相比，儿科学仍处于落后状态。宋金时期，儿科在基础理论、诊治水平上都取得了大幅进步，在许多关键之处有了突破性的进展，形成了一套理论体系。在已形成的框架上，元、明、清的医学家做了进一步的充实，使儿科学不断进步、逐步发展、趋于完善。而近现代，随着大量庸医误诊以及传统医学认识的局限性，中医儿科在与西方医学的较量中逐渐被后者替代。特别是到了民国时期，多数人越来越偏向于去西医院治疗患儿疾病。

1949 年以前，整个北京的妇幼卫生工作非常薄弱，尤其是少年儿童的救助医疗更是不完善。1915 年 8 月，国立北京医学专门学校[①]附设产婆养成所（1920 年改名助产讲习所）开学，招收学生 24 名，效仿日本学制，修业期限一年半，开创了中国开办助产学校之先例。至 1922 年停办，共培

① 北大医学院的前身。

养毕业生 125 名。之后，妇婴保健事业停滞不前。直到 1925 年，当时的协和医学院和警察署合作，在北平东城内一区成立了第一卫生事务所，妇婴卫生工作只搞了包括几万人的一片地段。1930 年，警察署又设立了保婴事务所，并在第二、第四卫生事务所中设立妇婴保健科，这些就是当时北京仅有的妇幼卫生专业机构。

抗日战争爆发后，日军侵占北平，保婴事务所被撤销，其他机构的妇婴工作处于停业状态。而抗战胜利后，国民党只热衷于接收医院，对广大妇女、儿童的健康漠不关心。截至 1949 年新中国成立以前，中国的妇幼医疗设施不但质量差，而且分布十分不合理。据统计，当时（1949 年年初）全北京市共有妇产科病床 504 张、儿科病床 194 张，妇产科医师 125 人、儿科医师 69 人。这些医疗设施主要集中在城区，其中的大部分又集中在东、西城区，郊区根本没有任何医疗设施。到北平解放前为止，婴儿的死亡率平均为 250‰，即使是全北京最富裕的东城区，死亡率也将近 112‰。

北京协和医院创建于 1921 年，是由美国洛克菲勒基金会资助、按美国约翰斯·霍普金斯医院模式建立的医院，也是北京协和医学院的附属医院。20 世纪 20 年代，它从内科分设了小儿科。1936 年，由诸福棠担任小儿科主任。诸福棠成为协和医院开办小儿科以来，第一位担任协和临床主任的中国人。

太平洋战争开始后，协和医院被日军迅速占领。1942 年 1 月 31 日，学校、医院及宿舍全被日军侵占，患者被迫全部出院。这样的突然变故使得全校医护员工只能自谋生计，诸福棠也因此失业不得不另谋出路。怀着对千千万万患儿的高度责任心，诸福棠决定开办一家私立儿童医院。于是 1942 年春，诸福棠与协和医院同事吴瑞萍、邓金鋈在北平东城区东堂子胡同 13 号建立了北平私立儿童医院。

北平私立儿童医院最初设在吴瑞萍家的一座住宅里，他们把院内一座西式二层小楼改建成医疗用房。医院用的桌椅、家具是由三家一起凑出来的，诸福棠夫人朱定一的亲戚把卖房子的钱拿来当作他们的买药资金。1942 年 2 月，医院先开设了门诊部，后来又安排了 6 张病床。4 月 4

日（旧中国的儿童节），北平私立儿童医院正式对外营业，由诸福棠任院长。但是，办一个医院谈何容易？当时医院里只有 13 名职工（后来增加到 18 个人），大家都是身兼数职的“多面手”，医生兼管财务，护士也做采购，他们见活就干、任劳任怨，很快就把医院的名声打响了。医院每天接诊 200 多位患者，医生上午坐门诊，下午出诊。这些医护工作者忙里忙外地为孩子们操劳，医生们高超的医术和认真负责的态度在患者间口耳相传，使得医院很快就走向正规发展的道路。中国现代儿科事业，就是在这样的环境下孕育、成长起来。

1946 年，北平私立儿童医院迁到了府前街。由于医院位于市中心，且使用面积扩大，日门诊量增到约 300 人次，病床增加到 30 张，其中有几张是免费的。同时，医院还为没钱医治的贫苦人提供免费治疗，因此深受百姓欢迎。迁入新址后的儿童

图 2–1　1948 年 6 月，胡亚美（前排左二）与同事在医院合影

图 2–2　北京市儿童医院府前街门诊部（摄于 1955 年 7 月）

医院，门诊量蒸蒸日上，外地患儿也纷纷赶来求诊。前门老火车站的三轮车工人不等患儿家长开口，就会主动把患儿拉到府前街的儿童医院来。

诸福棠根据自己行医多年积累起来的从业经验和心得体会，与另外两名副院长反复推敲，在1949年为儿童医院制订了“公、慈、勤、和”的四字院训，并亲自挥毫书写，将其悬挂在门诊大厅里。也正是从那时开始，这四个字的院训激励着儿童医院一代又一代的医务工作者想患者之所想、忧患者之所忧，在医疗战线上投入自己的全部热情。

北平解放后，所有公立医院都由人民政府接管了。因为府前街儿童医院是私立医院，所以未被人民政府接管，但儿童医院的政治生活十分活跃。新中国成立后，儿童医院医疗业务空前发展，在人民政府的支持下，医院扩建了门诊部，又增加了20张病床，同时，还加强了科研和保健工作。

时任北京市委书记兼市长的彭真同志很关心儿童医院的发展状况，对诸福棠本人也很了解。他来到儿童医院，亲自体验过拥挤的门诊部和有限的医疗设施。在经过深思熟虑之后，彭真市长便约诸福棠一起商议，准备建一座大型儿童医院。这个决定让诸福棠非常高兴。

1951年秋，彭真市长和诸福棠一同坐车来到复兴门外。当二人走下汽车后，彭真指着复兴门北侧的一片田野对诸福棠说：“可以在这里建一所大型儿童医院。”诸福棠担心地问：“这里方便吗？离城区是不是远了点？”彭真解释道：“用不了几年，这里会变成繁华地区！”彭真告诉诸福棠，将院址放在这里，对于患者来说将是很便利的一件事。于是，诸福棠接受了彭真的建议，把儿童医院新院址定在复兴门外的北侧，护城河以西的地方，占地约100亩。市政府将新院的筹备与建设工作全权交给诸福棠负责。彭真还提出了几点建议：新的儿童医院设计要科学，设施要先进；要建立先进的医疗制度，全心全意为祖国新一代服务；打破建筑费用预算管理规定，允许儿童医院的建设费用实报实销。

在旧中国多年未能实现的梦想，眼看要变成现实，诸福棠想：“现在刚刚解放、百废待兴，党和政府就把儿童的医疗事业放在如此重要的位置上，这是在新中国成立前连想都不敢想的事啊。”诸福棠认定共产党和人民政府比自己还要重视祖国新一代的健康成长，而国家的力量比个人力量大得多，所以他想把儿童医院交给国家。

胡亚美是这一历史决定的见证者，她永远记得那一天，老师诸福棠带着她到前门火车站迎接刚完成土改工作队任务的吴瑞萍。刚见面，诸福棠就迫不及待地将考虑多日的想法说了出来："咱们把医院交公吧！"吴瑞萍高兴地说："我举双手赞成！"邓金鍙也完全同意诸福棠的意见。之后，在诸福棠、吴瑞萍、邓金鍙三人的一再要求下，北京市人民政府批准了他们的请求。

1952 年 6 月 1 日儿童节，吴晗副市长代表政府来院接收儿童医院。市政府决定把医院改名为北京市第二儿童医院（东单三条原市立第三医院儿科已于 1951 年扩建为北京市第一儿童医院）。医院领导人员不变，保留三位院领导的私人住房和工资待遇。但三位院领导还是坚持主动把每月的 700 多元工资降为 300 多元。

1955 年儿童节，新的医院大楼在复兴门外宣告落成。新院建筑面积

图 2–3　胡亚美（左二）、诸福棠（左一）、吴瑞萍（右二）、朱美英（右一）等出席北京儿童医院三十周年院庆

35000 平方米，设有 600 张病床。在落成典礼上，彭真市长亲自剪彩，康克清、傅连暲、崔月犁等许多领导人和中外医学专家、儿科专家及著名人士出席了开院盛会。新中国成立前在艰苦逆境中创建的北平私立儿童医院，终于在此时获得了新生。

知遇与榜样

即使是在儿科医疗技术比较先进的北京，也无法救助所有患儿的生命。彼时，无论是城市还是乡村，儿童的死亡率一直居高不下。胡亚美就在 1927—1929 年的三年时间里，连续失去了哥哥和妹妹。两位亲人的离世，是胡亚美人生中最难接受的事情之一，这也让她对儿童疾病产生了强烈的憎恨之情。她希望上天能赋予她神圣的力量，让她从死神的手中救出她的哥哥和妹妹。让胡亚美决心上大学学习医学专业的，还有另外一件事——胡亚美的一位小学老师曾经带着女儿住在她们家后院，不幸的是，这个还没来得及学会说话的婴儿，因患结核性脑膜炎而夭折。经历过这些事，胡亚美决定要当一个为儿童解除病痛折磨的医生。

1943 年，北平私立儿童医院刚开诊不久，正在北京大学医学系读书的胡亚美来到医院，看望因患黑热病住院的弟弟胡亚铨。负责治疗她弟弟病症的主治医生，正是北平私立儿童医院的创始人之一吴瑞萍。当时胡亚美并不认识吴瑞萍，听说弟弟被诊断为黑热病，她问道：“大夫，您在我弟弟的骨髓里找到利朵氏小体了吗？”吴瑞萍一听十分惊讶，连忙反问：“你怎么知道应该找利朵体？难道你见过它的样子？”胡亚美说：“我是北医二年级的学生，刚刚学习了黑热病。”吴瑞萍十分赏识眼前这个女学生，“走，我带你去看看病原虫。”说完，他便带着胡亚美走进了一间实验室，指着桌子上的显微镜说：“来认识一下病原虫吧。”胡亚美对着显微镜仔细看，边看边向吴瑞萍询问一些相关知识。这次偶遇，使胡亚美与这所医院和几位老专家结下了不解之缘。吴瑞萍把胡亚美的事告诉了诸福棠，诸福棠也十分高兴，欢迎她毕业后来医院工作。

1947 年，胡亚美毕业后，进入了这所她向往已久的儿童医院。她与几乎同时进院的两位北大医学院毕业生江载芳、李同一起，成为北平私立儿童医院最富有朝气的青年医生。这三个人在工作、科研与生活上，都与三位院长结下了深厚的情谊。“我的老师对我的成长起到了非常重要的作用”，胡亚美这样说道。

诸福棠、吴瑞萍、邓金鍌三位老专家非常重视培养年轻医生。很多时候，诸福棠都是尽量用准确又不失形象的语言教导胡亚美，让她能够看到隐藏在患儿体内的症状，并准确地判断出病因。有一次，诸福棠在给胡亚美她们上临床示教课，当讲到一个肠套叠病例时，他说道：“我用温水泡手，轻轻地摸孩子的肚子，摸到了一个腊肠样的肿块。”为什么要温水泡手？如果冬天不用温水泡手的话，手会很凉，触摸孩子肚子时会导致腹肌痉挛，便很难摸到肿块，容易误诊。通过诸福棠细致和形象的描述，胡亚美了解到在作出诊断前一定要先具备细心的工作态度。

三位声名在外的院长不仅在工作上身体力行，给年轻的胡亚美和她的同事们起到了榜样作用，在生活上也非常关心这些年轻医生，呵护这些既是同事又是学生的心灵。胡亚美之前在儿童医院实习时，得了急性胰腺炎。当时重病卧床，还发着高烧。诸福棠不但悉心照顾她，还掏钱为她请来了一位经验丰富的“特别护士”，日夜精心地照顾着胡亚美。当她去北大治病时，正好成了张金哲的患者。在张金哲院士印象中，诸福棠等几位院长很重视胡亚美，诸院长不光亲自送她去医院治病，还一趟趟地去医院看望她。

诸福棠对这些新来的年轻大夫寄予厚望，亲自示范教导，尽量放手让他们锻炼提高处理病患的能力。他把胡亚美、江载芳等年轻人当成自己的儿女，每天带她们看门诊、查病房，培养她们独立工作的能力。儿童医院多年坚持每周一次的读书报告会和学术讨论会，给了胡亚美和其他年轻同事充分交流心得和经验总结的机会。胡亚美的第一篇学术论文是关于流感病毒性肺炎的报告，诸福棠就推荐她去中华儿科学会的大会上做《非典型肺炎》报告。大家都叹服这个二十几岁的小医生不但能治病，还会做临床医学研究和学术报告，真是名师出高徒啊！

对于胡亚美来讲，尊师重教是她一贯倡导的行为准则，她不但这样说，也这样做，可以称为当代的模范。当胡亚美自己成为儿科学术的中坚力量之后，她常常告诫年轻医生们要记住古人的话：一日为师，终身为父。胡亚美认为自己所作出的任何一个小小成绩，无一不浸透着三位院长对她的细心栽培和精心指导。特别是对于自己人生中最重要的恩师诸福棠，胡亚美将诸院长的知遇之恩始终铭记在心，也时刻体现在行动上。老院长在职期间，作为内科主任的胡亚美认真执行院内的一切决定，重大决定都向老院长请示。胡亚美的女儿解虹对此有着很深的印象，她回忆起“文化大革命”期间母亲和诸福棠的师生情谊时，这样说道：“她和诸爷爷（诸福棠）劳动改造时，非常担心诸爷爷的身体，就推着车帮诸爷爷掏垃圾。”①

直到诸福棠逝世前，胡亚美一直以学生的身份自居。为了纪念诸福棠为中国儿科学奠基的功绩，在胡亚美的倡导下，儿童医院在1989年诸福棠90岁寿辰之际，在院内树立了诸老的半身铜像。当铜像制作完成时，胡亚

图2-4　1986年9月，胡亚美（左三）与女儿解虹（右一）、外孙女、诸福棠（左一）在一起合影

① 解虹访谈，2013年1月23日，北京。资料存于采集工程数据库。

美亲自陪同诸福棠去看。1994 年，诸福棠病逝，她又帮助他的家属举行隆重且有意义的葬礼，将骨灰撒在铜像后的海棠树下，以示永久纪念。每年清明节和诸老的寿辰，人们总能在铜像前看到鲜花花篮，飘带上的第一署名必是“胡亚美”。

在之后几十年的行医生涯中，胡亚美始终遵循着三位院长的谆谆教诲，心中时刻挂怀的，是他们对自己的知遇之恩，脑中时刻萦绕的，是他们树立的榜样形象。正是在与恩师们这样的信任与合作中，胡亚美不断探索医学技术，创造了一个又一个医学奇迹。

初入儿科的那几年

1947 年 7 月，从北京大学医学院毕业后的胡亚美在儿童医院的第一个职位是住院医师。住院医师的职责主要是完成基本医疗工作，包括收治患者、记录病程、在上级医师指导下开医嘱、进行某些临床操作等，是对患者进行全程诊治的一线医生。来到医院的第四天，胡亚美获得了处方权，开始独立工作。在门诊看病时，胡亚美只要看到患儿骨瘦如柴、家长衣衫褴褛，便在处方笺上写上“Free”的字样。这样，患者家属就可以凭借这张处方笺免费取药、接受输液注射及抢救治疗，医院不会收取他们一分钱。

刚到医院时，年轻医生只有她一个人，除了看管 20 几个住院患者外，还要接诊 40 多个门诊患者。由于刚毕业，没有多少临床经验，所以遇到问题时，她只能靠书本寻求帮助。

胡亚美面对的第一个挑战是腰穿和胸腔穿刺。她在实践之前仔细看过书，对操作要领也记得相当熟悉。在具体操作时，她小心谨慎，很顺利地完成了这项工作。那时儿童医院每天的门诊患者多达 200 余人，医生们上午门诊、下午出诊，工作非常忙碌，很多事都要自己做，所有问题也需要自己想办法解决。比如一个新患者入院，医生要独立完成血、尿和大便常规检查，询问病情，书写病历，作出分析，对症治疗。为了尽快掌握医疗技术，胡亚美每天就睡六个小时，其他时间都用于工作和学习，这使她很快就熟悉了工作并能独当一面。

1948年，儿童医院引进了一台X光机，为提高医生的诊断准确率提供了有效保证。胡亚美对放射诊断很感兴趣，曾经自己做透视照片和写诊断报告。在学习使用和观察X光机及其成像中，凡是遇到自己解决不了的问题时，除了请教院内的老专家，她还特地跑到北大医院放射科找汪绍训大夫帮忙解疑。通过不断地钻研与探索，胡亚美学习了一般常见的胸、骨X光片诊断，工作也更为顺畅。

1949年年末，26岁的胡亚美开始担任儿童医院住院总医师。按照规定，住院总医师要24小时在医院值班。当时年轻的医生们就住在门诊。医生宿舍有一个大门，进去有一大一小两间屋子，江载芳和另外两个住院大夫住大屋，胡亚美一人住在小屋。住院总医师一周只能休息半天，即便是每周半日休息，也须向院方请假。即便这珍贵的半天自由时间，胡亚美也大都选择在图书馆度过。除了管理病房，胡亚美每天还要看门诊，工作时间很长，责任也很大。只要患儿病情发生变化，无论是白天还是夜里，负责医师必须马上到病房。那时的胡亚美昼夜都奔波在病房和门诊之间。当有重病患儿住进来，胡亚美经常是整夜陪伴着他们，以便时刻观察孩子的病情变化。

对于刚开始工作的胡亚美而言，这样的高强度工作与几乎为零的休息时间无疑是不够人性化的。但胡亚美很感激诸福棠老院长这样的规定：

> 24小时一贯负责制在理论和实验操作上都锻炼了青年一代。诸老师不但要求我们自己独立完成工作，而且24小时要对患者负责、随叫随到。现在看来，这种规定是很苦的，甚至有些残酷，但实际上却培养了青年医师独立工作的能力。不管在任何地方，条件有多艰苦、简陋，只要有一台显微镜、一个血球计数盘、几种试剂，就可以诊断出很多疾病。直至今日，基本功的积累对青年医师培养实际能力依然至关重要。

新中国成立前后，我国的儿童黑热病贫血非常严重，需要大量输血。当时血液很贵，很多患儿家里因为贫穷买不起。只要看到跟自己血型相符的孩子，胡亚美就挽起袖子、伸出胳膊为孩子无偿献血，少则100毫升，多则200毫升。

新中国成立初期，27岁的胡亚美还是北京医疗队伍里年轻的一员。她留着短发，一脸稚气，夏天经常穿着一件浅蓝色的布旗袍，背着布书包，手里总是抱着一摞厚厚的材料。她对每一个小患者都是那么和蔼可亲、满面笑容，是最受孩子欢迎的“胡阿姨”，家长心中的“小胡大夫”。

粟粒性肺结核在新中国成立前是非常严重的疾病，病情发展得很快，当时既没有链霉素、雷米封等特效药，也没有卡介苗作事前的防范，再高明的医生也束手无策。在那个年代，全中国每年死于结核病的孩子不计其数，就连诸福棠的爱子诸沛予也因感染这种病而不幸夭折了。1946年2月22日，美国罗格斯大学教授赛尔曼·瓦克斯曼宣布其实验室发现了应用于临床的抗生素——链霉素，这种抗生素对抗结核杆菌非常有效，人类战胜结核病的新纪元自此开始。1950年9月的一天，胡亚美正在坐诊，一个家属抱着咳嗽不止的孩子匆匆进屋，焦急的眼神中又带着几分不安。经过胡亚美的诊断，这个孩子患了粟粒性肺结核，需要入院治疗。但是她看家长的穿着，并不像可以支付足够医药费的样子。于是，胡亚美主动承担了孩子的全部医疗费用，帮助这个家庭渡过了难关。后来的几十年里，这两个家庭之间建立了亲密无间的感情。

1952年，市政府正式接收北京私立儿童医院，并将其改名为北京市第二儿童医院。同时，胡亚美开始担任北京市第二儿童医院主治医生和医务副主任，那年她才29岁。第二年2月14日，既是西方的情人节，又是中国传统的春节。在融化着暖暖春意的北京古城，30岁的胡亚美与大她两岁

图2–5　1952年3月，胡亚美和解志一合影

的解志一喜结连理。那个在胡亚美读书期间经常引导她接触红色思想，并指引她走向革命道路的青年人，那个在胶东抗日前线奋勇杀敌的八路军战士，那个在军事院校讲台上慷慨激昂的指导员，在此后五十三年的时光中，一直陪伴着胡亚美。他们先后养育了一双儿女，姐姐名叫解虹，寓意共产主义的革命理想是连接他们二人爱情的那道美丽彩虹；弟弟名叫解桥，寓意为祖国奋斗终生的共同目标是连接他们二人婚姻的那道绚丽桥梁。伉俪情深，是她此生最宝贵的财富；儿女绕膝，是她繁忙工作之余最美好的回忆。

以身作则

胡亚美在工作时，凡是遇到问题就记录下来，之后再结合问题有针对性地查找资料。她还经常利用外出和休假机会追踪出院患者，有人这样形容她："就像蜜蜂一样吸吮着花汁，带回蜂窝中酿出甜甜的蜂蜜。"日积月累下，胡亚美的临床经验和理论水平不断提高，开始在儿科领域崭露头角。

江载芳比胡亚美稍晚一些来到儿童医院工作，两人同为地下党员，共同为保卫医院和挽留专家做过大量工作。据江载芳回忆："那时，我是胡大夫的助手，无论多少年都是。因为我是胡大夫亲自带起来的。我做实习大夫的时候，胡大夫在这边已经快当主治医师了……胡大夫真的是我的良师益友。"[①] 良师益友——是江载芳对胡亚美最中肯的评价，两位时代的同龄人和同路人，在为新中国儿科医学的建设中相互扶持、共同进步。

1953 年后，儿童医院的业务不断扩大，前来就诊的患者越来越多。考虑到扩大规模，医院接收了不少新的青年医生。由于当时来到医院的大多是医学院刚毕业的实习大夫，胡亚美除了门诊和病房工作，还要分出很大

① 江载芳访谈，2013 年 6 月 27 日，北京。资料存于采集工程数据库。

精力带新人。在教学过程中，她的讲课生动、突出重点，还会举出很多实际案例，学生们都非常喜欢听她讲课。她还给同学们提供实习机会，就像她的老师们当初带她一样。那时，每个病房里都有一个化验室，患者住院后，血尿便常规都要大夫亲自检验，胡亚美就亲自教学生如何做标本、如何分辨异常细胞等，使实习大夫们能够很快掌握操作技术。另外，实习医生还要学习打针、抽血这样的护理操作，胡亚美就经常帮助他们沟通护理人员，保证实习大夫学习顺利。

胡亚美在工作中深刻地意识到，当医生一定要有高尚的品德，特别是身为儿童医院的医生，因为他们每天面对着的是天真无邪的儿童，是世上最脆弱的生命群体。胡亚美将对孩子的爱深深植入心间，又将对孩子的爱体现在与患儿的交流中和对家属的互动间。这样日复一日、年复一年地坚持下来，使胡亚美成为一个真正具有大爱精神的好医生。与此同时，在培养学生时，她也要求学生们具备这种大爱无私的精神。

> 我觉得做儿科医生，首先要爱孩子，只有真正喜欢孩子，才能体会他们的痛苦，才能站在他们的立场上去奋斗、去解除病痛。视病人如亲人这点是非常重要的，这也是老师教给我们的。我也是传承了老师的精神：要爱孩子，这一点非常重要。
>
> 我给学生们讲课，第一课就是医德教育，我是这样跟学生们说的："你要把病人当作自己的亲人，这样才能爱他们。"作为一名儿科医生，又苦又累、风险又大。因为孩子的病情变化很快，有时你值夜班……你总是闲不住。所以我一直跟我的学生讲："不要考虑自己，一定要无私奉献，把治好孩子作为你最大的乐趣和酬劳。"①

胡亚美所讲的医德，是医患关系中处理好医务人员与患者、社会之间关系的重要前提和保证。一个医生必须用自己不断修炼的医德来协调医患之间、医生之间的各种关系，依靠各方面的团结协作、相互尊重、相互支

---

① 中央电视台《大家》栏目:《胡亚美·白血病儿童的福音》，2005年4月30日。

持、相互配合，使整个工作有机统一，有节奏、有成效地进行下去。医德是一种自觉的信念，而这个信念就是一种自觉的力量，它能促使医务人员经常自觉地用医德规范来检点自己。

1954年8月，胡亚美当选北京市第一届人大代表，并出席了北京市第一届人民代表大会。根据1953年选举法的规定，当时的人民代表大会代表名额按照人口数确定，每5000～7000人中选1名代表。1954年3月，北京市根据选举法的规定和中央指示，首次开展普选，参加选举的选民达1588297人，占选民总数的92.18%，选出区首届人大代表2118人。在普选的基础上，1954年6月14—24日，北京市各区普遍召开第一届人民代表大会首次会议，选举产生了北京市第一届人民代表大会代表564人。在564名人大代表中，医药卫生工作者占26人，而胡亚美正是这26名医药卫生工作者中的一分子。光荣与责任，在胡亚美为党奉献的行动中并不少见；而当选人大代表，则象征着胡亚美真正被广大医疗工作者认可。自此，她开始马不停蹄地替那些奋斗在救死扶伤前线的白衣天使们的希冀而奔跑呼吁。

研究小儿肺炎

新生，是从婴儿吸入大自然的第一口空气开始。与此同时，新生也意味着此后的时光里，将有可能出现的伤痛和死亡与这个孩子如影随形。病毒、细菌、粉尘……种种危险似乎在警告着每一位母亲，宝贝们所吸入、呼出的空气，并非都如希望中的那样干净。对于母亲来讲，眼睁睁地看着维持生命的必需之物中带着可怕的传染物，那是一种怎样的无可奈何啊。

病毒性小儿肺炎，是一种极具危害性的高传染病症。即使是在20世纪七八十年代，小儿肺炎仍然是我国城乡儿童死亡的首要病因。1977年6月，据《北京市城乡儿童死亡率及死因调查》数据显示，因为感染肺炎而夭折的0～2岁婴幼儿占婴幼儿死亡的27.07%，居致死病因的首位。要知道，当时距离新中国成立已经过去了二三十年，那是个生活水平和医疗能力都不断发展的时代，但小儿肺炎却仍然占据婴幼儿致死病因的首位，可见这种病对孩子的危害是多么巨大。

1953年1—4月，流感病毒性肺炎流行于北京城内。这次肺炎流行的特点是低年龄段的患儿较多，特别是在前两个月内，小儿肺炎的发病率呈急速增长趋势。这场小儿肺炎典型表现为小叶肺炎。可能读者对小叶肺炎这个名词比较陌生，但要是提到它的另外一个名字——支气管肺炎，那么大家就会觉得非常熟悉了。支气管肺炎是小儿肺炎中最为常见的一种，也是发展中国家高于发达国家的小儿常见病之一。患儿得此病的病状急骤或迟缓，骤发情况伴有发热症状，拒绝饮食，有时还伴有呕吐。除了上述典型特征，还会伴有嗜睡、烦躁、喘憋等症状。

大夫们拼尽心力从死神手中争夺患儿生命，当时的北京市第二儿童医院收治了3148例患儿，其中两岁以下患者就占到87.7%。在治疗过程中，胡亚美带领同事从其中的两例患儿鼻咽分泌物中，分离出了亚甲型流感病毒。虽然医院使用了磺胺和一般抗生素进行治疗，可还是无法阻挡病情发展。在这场持续几个月的战斗中，患儿的病死率达到52.6%。北京儿童医院在新中国成立后与小儿肺炎病魔的第一场大规模战斗，以半数以上患儿的死亡而告一段落。

在治疗过程中，胡亚美和同事们不分昼夜地守护在患儿身边，总结了大量的临床经验，为治疗和预防这种儿童常见传染病打下了坚实的基础。1954年，经过长期的临床观察与总结，胡亚美撰写了《小儿肺炎》并发表在《中级医刊》1954年第12号上。这篇文章成为胡亚美在国家级学术期刊上发表的第一篇重要论文。

胡亚美从婴幼儿时期胸部的生理特点、肺炎分类、治疗及预防等几个方面对小儿肺炎进行了多方位论述。她认为，在针对小儿肺炎的治疗中，虽然因“抗生素的应用使细菌性肺炎的死亡率大减，肺炎的各种并发症亦减少”，但“由于各种病原对不同抗生素的敏感性不同，因此在使用抗生素时必须加以选择”。[①] 在这段论述中，胡亚美提醒广大医务工作者要对症

① 胡亚美：小儿肺炎。《中级医刊》，1954年第12号，第30-33页。

下药，不能滥用抗生素。除此之外，在针对小儿肺炎的一般性治疗中，胡亚美更是从中国家庭育儿的实际情形出发，指出在治疗方面也应注意非微生物因素的影响。特别是我国儿童在冬季很少进行户外活动，尤其是婴儿，往往整日都待在屋中。“通常肺炎患儿的卧室，大都门窗紧闭、温度过高，这是不适当的。”从北方地区的家居习惯入手，分析影响患儿治疗的主要问题，是胡亚美结合实际总结治疗经验的重要思路。最后，胡亚美指出对小儿肺炎的预防应注意以下几点：“儿童之居室最好避免过分拥挤，以免带菌者之感染；已患呼吸道感染之成人及儿童，应受相当限制，勿与健康儿童接触；已患肺炎之儿童，因其抵抗力弱，易染其他疾病，应与其他儿童隔离，以防再受其他细菌的感染。”①

经过这次大规模肺炎治疗，胡亚美深知，正是由于北方生活习惯的弱点，导致了小儿肺炎疾病的突发与范围迅速扩大。她决定写一篇宣传性的文章，向广大人民群众宣传如何预防儿童呼吸道疾病及其护理知识。1957年10月28日，胡亚美所撰写的《预防和护理孩子的呼吸道感染病》一文发表在当天的《人民日报》上。由于《人民日报》属于党的重要宣传阵地，在全国有着广泛的阅读量和影响力，所以胡亚美的这篇文章让更多家长了解到小儿肺炎的相关知识。

1953年的这场流感病毒性肺炎，使数以千计的家庭遭遇丧子之痛。尽管大家都在努力遗忘因这场传染病带来的可怕后果，小心谨慎地守护着孩子的健康，然而病魔不会轻易罢手，致使小儿患有肺炎还有另外一种病因——腺病毒性肺炎。在1958—1959年短短两年时间里，这种肺炎带来的死亡阴影再一次笼罩北京城。

1958年，北京的9月由温暖、舒适变得闷热、压抑，气候的舒适度大幅降低。病毒性肺炎开始在婴幼儿中蔓延开来，部分病例与麻疹同时发生，住院病死率高达25%。当时，中国医学科学院病毒研究所、儿科研究所与北京儿童医院、长春生物制品研究所、白求恩医科大学儿科等机构同时对此病症进行研究，分别证明了3、7型腺病毒为其主要病原。

① 胡亚美：小儿肺炎。《中级医刊》，1954年第12号，第30-33页。

北京儿童医院共收治了感染腺病毒性肺炎的患儿3398例。这些患儿年龄普遍较小，最小的不到六个月，两岁以下患儿占病例总数的75%。

腺病毒性肺炎的临床表现除了婴幼儿肺炎的一般症状外，还有很多患儿出现心血管机能不全的症状，如手足凉、苍白、心跳快、心音钝、脸和四肢水肿、肝大以及神经系统症状。

彼时，对北京市五个医院535个重症病例进行的统计数据显示，腺病毒性肺炎患儿的病死率为33.6%。虽然相比1953年的那场肺炎，腺病毒性肺炎的死亡率较低，但它仍然是极难治疗的疾病。当时的治疗条件极其艰苦，现有的抗菌药均无效。患儿痊愈的病例多在患病第9～13天开始退热，而抢救无效的患儿多在8～15天内死亡，死亡患儿与全部患儿的比例一度达到了1∶6！这也就预示着，每六个腺病毒性肺炎患儿的家庭中，就有一个家庭要面对稚子夭折的生离死别之痛。

此时的胡亚美，也是两个四五岁孩子的妈妈。这样的严重情况急坏了胡亚美，她日夜不休地进行观察与研究。她推己及人，以母亲的心情去处理患儿的病情。每当她看到那一双双痛苦、可怜的眼眸，她总能想起自己的那双儿女。“若生病的是自己的亲生儿女……”胡亚美不敢继续想下去了。于是，她沉下心来研究、探索，思考着治愈患儿的有效疗法。

一开始便使用抗生素控制病情的方法行不通了，那就转变思路，努力从另外的路子上找到解决方法。想到在中国五千年的历史长河中，必然也有针对小儿肺炎的相关治疗方法，胡亚美的精神为之一振。正好儿童医院在扩大医院规模的时候，诸福棠院长聘请了一些知名的老中医坐诊。她找到这几位老中医，认真向他们请教中医治疗小儿肺病的方法和思路，努力从中找到适合治疗这次肺炎的有效手段。经过一段时间的试验与实践，胡亚美终于找到了一条中西医结合的治疗手法。经过儿童医院的不懈努力，胡亚美和同事们终于使腺病毒性肺炎患儿的病死率得到了有效控制。

第三章
闯　关

初探血液病

1954 年 10 月，胡亚美的女儿解虹出生。对于当上了母亲的胡亚美来讲，也许没有比这件事情更能让她切身感受患者家属的煎熬了。胡亚美决定主动出击，不再被动接诊，她要以一个战士的姿态主动向病魔发起挑战！

母乳喂养是中国婴儿传统喂养方式。20 世纪五六十年代，北京农村母乳喂养率达 80% 以上，城市为 60% 左右。虽然母乳喂养是常识，但在适当的时期及时添加婴儿辅食，以满足婴幼儿成长的营养需要，并不是尽人皆知的知识。特别是在新中国成立初期，群众生活贫困、知识匮乏，孩子出生后吃母乳到三岁是常态，甚至于七八岁的小学生还在吃母乳，致使当时营养不良和营养不良性贫血的患儿较普遍。

1955 年，胡亚美在诸福棠和秦振庭的指导下，开始对严重危害儿童健康的血液系统疾病进行研究，她选择的第一个研究对象就是最影响孩子生长发育的小儿营养不良性贫血。营养不良这个病症很好理解，可因为营养不良而导致的贫血，则是普通人在生活中无法接触到的知识。营养性贫血是指因人体造血所必需的营养物质（如铁、叶酸、维生素 D 等）相对或绝对地减少，使血红蛋白或细胞生成不足，导致造血功能低下的一种疾病。这种贫血多发于 6 个月至 2 岁的婴幼儿、妊娠期或哺乳期的妇女，以及因胃肠道等疾病导致营养物质吸收较差的患者。以缺铁性贫血为例，由于婴儿生长发育快，需铁量很高。母亲的乳汁中含铁量很低，单纯依靠母乳不能满足婴儿的生长需要。此时若未及时添加含铁的辅食，就会发生缺铁性贫血。无论缺少哪一种人体造血必需的物质，对于婴儿的成长发育来讲，都会造成难以想象的后果。胡亚美的课题是要看看在新中国成立后，营养条件好的情况下，托儿所孩子的生长发育水平是不是有所提高。

诸福棠非常支持她的研究，专门邀请从美国回来的北京大学医学院秦振庭副教授，帮助她做营养不良性贫血的调查。后来，由北京大学医学院和北京儿童医院共同承担小儿营养不良性贫血的研究项目。北京儿童医院特别开设了专科门诊，专门治疗小儿贫血。既然开了专科门诊，就应该有相对应的数值体系作为疾病的判断依据。由于当时我国没有中国小儿的血液标准值，临床上使用的小儿血液化验正常值数据都是参考的国外资料。但是，这样一套通过采集国外儿童的血液得出来的数据，其实并不符合中国儿童的实际情况，对准确分析、判断小儿血液化验正常值的帮助并不是很大，甚至连准确率是多少都不知道。如果要治疗我国儿童的贫血，一定要制定出一套中国儿童血液化验正常值的数据库。胡亚美知道此项研究困难重重，既无治疗方案可遵循，也无成功经验可借鉴，但是在诸福棠的支持下，她还是坚定地成立了血液专业组。

当时门诊化验做不了那么细，为了制定标准，医院开始成立血检室。任内科主任的胡亚美将本院的隋彩芹大夫，还有孟昭英、李菊等人调到血检室，让他们在秦教授的领导下工作。为了得到中国小儿血液的正常值，胡亚美和她的专业组组员们每天都带人到学校、幼儿园采集血样，回来后亲自化验，分析不同年龄儿童血细胞形态、计数、分类、统计等项目。当时医疗条件差，所有的细胞计数都要手动操作，发现一个细胞按动一下按钮，一天下来，成百份的标本统计使组员们的手指酸得伸不开。经过几个月的努力，他们终于成功总结出中国儿童外周血液细胞各项指标的正常值，这个标准就是我们现在使用的血常规标准。他们以此为依据，为我国儿童制订了相应的营养计划。

根据细胞的形态特点，一般贫血可分为四种类型，即小细胞性贫血、大细胞性贫血、混合性贫血和正常细胞性贫血。营养不良性贫血主要表现为前三种类型。在研究治疗小儿营养不良性贫血期间，胡亚美带领的研究小组还着重总结了小细胞性贫血的情况。自 1956 年 10 月至 1957 年 9 月底，胡亚美领导的血液研究小组总共完成了对 39 例检查项目完整、完成治疗疗程的营养不良性小细胞性贫血患儿的分析。他们通过观察末梢血在治疗中的不同变化，显示出治疗效果，并从母亲健康、喂养、添加辅食、贫血治疗前后末梢血和骨髓象的改变等方面进行分析，提出重视母亲健康、做好产前检查、加强宣传教育、使婴幼儿得到合理喂养、预防感染以及根除出血原因是预防小儿贫血的主要环节。

1959 年 11 月，胡亚美及其团队共同撰写的《营养性小细胞性贫血的临床研究》① 发表在《中级医刊》1959 年第 6 号刊物上。这篇文章与秦振庭所撰写的《营养性大细胞性贫血的临床症状和疗效观察》并行发表在同一刊物上，是师生二人共同研究的心血结晶。这篇长达 8 万余字的长篇论文，从病例选择、病例分析、讨论及总结四个方面，详细而精确地论述了 39 例营养不良性小细胞性贫血的统计数据，以及由此为基础而总结的一般性临床分析。

除了营养不良导致的贫血，还有一种是再生障碍性贫血。血液病里最危险的当数白血病，除此之外就是再生障碍性贫血。虽然再生障碍性贫血与白血病在本质上是不同的，但它与白血病有一点是相同的，即都是由环境污染、家庭装修不当引发。再生障碍性贫血的主要表现是进行性贫血、出血、反复感染；白血病的首发症状包括发热、进行性贫血、显著的出血倾向或骨关节疼痛等。如何区别出现进行性贫血症状的病因，到底是再生障碍性贫血还是白血病，一下子难住了胡亚美。当时白血病的临床研究

① 胡亚美，杨士元，隋采芹，等：营养性小细胞性贫血的临床研究。《中级医刊》，1959 年第 6 号，第 493 页。

工作在我国是一项空白。“诊断小儿白血病是有很大困难的。急性白血病的患儿在病情还没有最后发展到最严重的地步之前，常被当作其他疾患来治疗（风湿病、结核病、疟疾等），有时则被认为是慢性扁桃体炎、慢性阑尾炎而施行手术治疗。”[1] 要想尽早确定是不是白血病，最直接的方式就是进行骨髓穿刺检查。但由于人们对骨髓检查有各种顾虑，从而影响了白血病的早期诊断和治疗。白血病病死率高、治疗难度大，治疗一个患者最少要持续三年，还需要长期观察。可想而知，在当时的条件下，从事治疗白血病这项研究需要承担多大的风险。胡亚美将面对怎样的困难。

尽管工作很忙，胡亚美还是在技术工作中对自己提出了更高的要求。她觉得，“如果只停留在临床上，就很难再有所提高了，希望再学习一下基础课”。生化和生理学很难自学，于是她结合医院内血液病的患者，利用半年的时间钻研血液学。同时为了进一步打好基础，1960 年 1 月，胡亚美去中国医学科学院进修了三个月，初步熟悉了血液形态学，了解了凝血、溶血等方面的理论和化验知识。这一阶段的学习使她在各类型的白血病辨认及鉴别方面收获很大，对再生障碍性贫血的骨髓与血象有了进一步的认识。

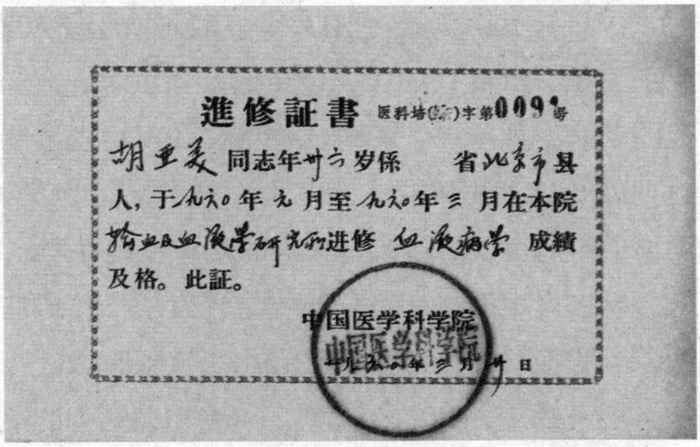

進修証書

胡亚美 同志年卅六岁係 省北京市县人，于一九六0年元月至一九六0年三月在本院输血及血液学研究所进修 血液病学 成績及格。此証。

中国医学科学院

图 3-1　1960 年 3 月，胡亚美在中国医学科学院的进修证书

当时的胡亚美应该没有想过，自己与白血病病魔的交锋才刚刚开始。血液病研究，将伴随她的整个人生。

① F. C. 穆哈麦德佳诺娃著，吕淑蓉译：小儿急性白血病的早期症状和诊断。《中级医刊》，1960 年第 1 号。

救助麻疹患儿

20世纪30年代初，南京国民政府曾经对全国主要八大城市的人口死因进行调查，最终得出的结论为：传染病是居民死亡的首要原因，其中鼠疫、天花、霍乱、赤痢、猩红热等传染病所造成的死亡率高达22.92%。民国时期传染病肆虐，出现无年不疫、无省不疫的现象，对社会造成巨大影响。

1956—1967年，全国基本上消灭了危害人民最严重的疾病，如血吸虫病、天花、鼠疫、疟疾、黑热病、钩虫病、血丝虫病和新生儿破伤风。其他的疾病，如麻疹、赤痢、伤寒、流行性乙型脑炎和脊髓灰质炎等，也在这期间开展了积极的防治工作。其中，20世纪50年代末期，胡亚美带领同事们对危害性、传染性极大的麻疹及其并发症发起了挑战。

麻疹是由麻疹病毒导致的急性发疹性传染病，经空气传染传播给其他人。麻疹在日常生活中一般经由患者眼睛或呼吸道的分泌物传播，主要途径是接触传染，如患者咳嗽、喷嚏和说话中的飞沫。主要症状为高烧、流鼻涕、咳嗽、烦躁等。麻疹在北京这样的大城市中，主要集中在冬春两季流行。在城市人口中，约有90%发生于15岁以下的儿童之中，其中半数以上为不满5岁的儿童。20世纪50年代初期，城市成年居民95%以上的人都曾经患过此病。在麻疹疫苗使用以前，我国麻疹发病水平很高。根据卫生部的统计资料，1950—1965年，在未进行麻疹疫苗大规模接种前，我国年平均麻疹发病率为590/10万。1959年发生的全国范围内的麻疹大流行，报告发病数约1000万，报告死亡人数约30万，年报告发病率高达1432/10万，病死率约为3%。

这种病在新中国成立初期尚无特效疗法，如果在潜伏期，用成人全血、血清等作肌肉注射，可减轻症状或避免发病；如果症状出现后再使用上述方法，则效果不佳。一般情况下，只有患儿出现了麻疹的相关症状，医院才能确诊孩子得了麻疹，而且儿童麻疹的传染速度更快。

其实麻疹本身并不凶险，可怕的是由于护理不当而引发的并发症。因为麻疹患儿身体极度衰弱或营养不良，身体抵抗力极弱，最易受其他传染病的侵袭。如果疹子出现两三天后高烧还不退去，或者体温明明已经下降又突然升高，这时极有可能是出现了并发症。其中最多见的并发症是呼吸道方面的疾病，尤其是支气管炎与支气管肺炎。

翻开《北京卫生大事记（1949—1990）》，我们会在1958年11月的那个时间点，看到以下几行论述：

> 11月，本市麻疹流行，来势迅猛，中共北京市委要求全市基层党委组成医务人员、干部、群众三结合的班子，实行地级负责制。卫生部门“把住三道关”：一、保护病、弱、幼儿童，尽可能不患麻疹；二、保护麻疹患儿不发生肺炎和其他并发症；三、抢救并发肺炎患儿。向群众提出“四早一好”的要求，即要早预防、早报告、早隔离、早治疗，做好家庭护理。在治疗方面采取中西医结合的方法，取得很大成绩。

看似普通的几行字，读者们读不到的是麻疹疾病的来势汹汹，读不到的是全城人民的诚惶诚恐，读不到的是当时患儿烧得通红的小脸，读不到的是医护人员紧张忙碌的治疗……由于当时还没有研发出麻疹疫苗，所以不少患儿在感染麻疹后引发了肺炎。根据北京儿童医院的统计，1958年11月至1959年1月，这三个月期间前来就诊的麻疹患儿最多。

胡亚美一提到那些麻疹患儿就难过。有一年，全国死于麻疹的孩子达到13万。“13万哪，13万无辜的孩子都被麻疹夺去了生命！”胡亚美一提到那些麻疹患儿心就揪紧了。当时还没有麻疹疫苗，为了救孩子，胡亚美一次又一次伸出了自己的胳膊，“我得过麻疹，血中有抗体，可以给孩子用”。胡亚美已经记不清究竟为多少个孩子伸出过胳膊了，“大概献过20次血吧，替病人垫付药费可能也有几十次了，年轻时经常36小时守在孩子床边。不过这些都不算什么，只要孩子醒过来，叫我一声阿姨或奶奶，我就太高兴啦！”胡亚美这样说。

胡亚美在临床工作中注重观察和总结，于1959年年初撰写了一篇名为《麻疹的预防》的文章，发表在《中级医刊》1959年第2号上。她在文章一开始便尖锐地指出1958年11月的那次麻疹流行给全国各地带来的严重后果："目前麻疹在全国各地多有流行，自1958年11月以后发病率有所上升，而且合并肺炎较多，病死率也较高。因此，大力减低麻疹发病率、预防合并症和防止病儿死亡，是当前最迫切的任务。"[①] 随后，她从易感人群、易感季节、发病后症状以及可能出现的并发症等方面对麻疹进行了介绍，其中着重论述了麻疹的并发病肺炎："并发肺炎的绝大多数在三岁以下，这与乳幼儿的生理解剖特点和免疫状态有关，说明必须想办法让孩子在三四岁以后再得麻疹。肺炎多发生在出疹期，疹后次之，前驱期最少。麻疹并发肺炎预后不良，病死率为10%～20%，特别是原有佝偻病和营养不良的婴儿预后更坏。"

胡亚美在文中驳斥了"迟早要得麻疹""晚得不如早得""麻疹不宜防，而待其自然发展"等错误思想；指出得麻疹的年龄越小，危险性越大，对儿童的影响也越大。文章从多个方面全面论述了如何对麻疹进行快速而有效的预防措施。胡亚美的这篇文章，对当时应对麻疹和预防麻疹后肺炎的治疗起到了积极作用，特别是针对具体治疗方法的介绍，对基层医疗人员有很好的指导作用。

1960年，胡亚美的另一篇关于麻疹预防和治疗的文章《麻疹和麻疹并发肺炎的预防和治疗》发表在当年1月出版的《中级医刊》上，这篇文章是1959年发表的那篇文章的升级版。文章中对于麻疹及其并发肺炎的论述有着更加严谨的结构和更加清晰的条理。她认为，麻疹肺炎是弥漫的间质性浸润，与一般的肺炎相比较为严重；其病原除麻疹病毒外，常有多种细菌混合感染。因此，胡亚美提出"应尽量提高机体的抵抗力，配合对症疗法，并使用抗菌素"的治疗原则[②]。随后提出了六种治疗麻疹肺炎的方法，从传统中医到现代西药均有涉及。

从1956年开始到1965年，北京儿童医院在北京市的组织领导下，

---

① 胡亚美：麻疹的预防。《中级医刊》，1959年第2号，第59页。

② 胡亚美：麻疹和麻疹并发肺炎的预防和治疗。《中级医刊》，1960年第1号，第16页。

参与了麻疹疫苗的研究，并进行了大量的相关工作。身为北京儿童医院的内科主任，胡亚美在一次次会诊与麻疹疫苗研究课题中起到了举足轻重的作用。在她和众多科研及医护人员的共同努力下，麻疹减毒活疫苗终于研发成功，并于 1965 年 1 月在北京市对麻疹易感儿童进行了广泛接种。经接种麻疹减毒活疫苗后，患儿麻疹的发病率及死亡率均明显下降。

可想而知，现在的宝宝们所使用的这枚小小的麻疹疫苗，背后有着多少令人难以忘记的故事。多少家庭的悲欢离合，多少医护人员的不懈奋斗，都凝聚在这一小瓶液体之中。自 20 世纪 50 年代末开始的一场场对抗麻疹传染病的全国性战斗，是胡亚美毕生难忘的回忆，也是无数奋斗在与病魔抗争第一线的老一辈医疗人毕生难忘的经历。

攻关腹泻难题

1960 年 2 月 26 日至 29 日，北京市教育和文化、卫生、体育等方面社会主义建设先进单位和先进工作者代表大会（亦称北京市文教群英会）在人民大会堂隆重举行。一共有 7400 余名先进工作者代表参加了这次大会，他们中间有大中小学、业余学校的教员、保育员、医护工作者、运动员和工勤人员等。这些代表是从北京市 22 万多名文教战线上的职工中评选出来的优秀人物。在这次大会上，市委和市人民委员会对参加这次群英会的先进单位和先进工作者分别授予红旗、奖状和奖章。获得红旗的先进单位共 257 个，获得奖状的先进集体 1912 个，获得奖章的先进工作者 5946 名。胡亚美正是在这一次文教群英会上被评为先进工作者的。

然而，荣誉不是终点，只是新的开始。人民赋予的荣誉和给予的认可，带给胡亚美的只有更多的责任感。胡亚美在 1955—1964 年这十年的时间里，做了大量的研究性工作。她第一步研究的是小儿肺炎；紧接着开始攻克小儿营养不良性贫血。麻疹流行之时，她又马不停蹄地钻研治疗麻疹与麻疹并发性肺炎的难题，参与了研制麻疹疫苗的重要课题研究。可以说，从胡亚美32岁当上北京市儿童医院的内科副主任开始，她便用一个女人的坚韧、细致的品格与无私奉献的职业操守，为挽救一个个稚嫩的生命付出了全部精力。

1958年开始的“大跃进”运动，直接影响到了社会民生的稳定与发展，牺牲农业、发展工业的政策终于显现了严重的后果，直接导致全国性的粮食短缺和饥荒。“三年困难”时期的北京，每人每天只有半斤（250克）蔬菜，没有蛋肉，更不要提糕点、面包了。从表面看，北京的粮食定量要比外地高一些，但问题是北京没有回旋的余地，没有大的物资来源。如果农村的亲戚有自留地，还能带一些白薯干和黄豆以解决燃眉之急。食品店里只有橘子汁，饭店里几乎清一色都是炒面。所谓的炒面，连一片菜叶都没有，只有少量的油和盐，有的饭馆索性卖起玉米面贴饼子。冬天稍好一点，有的饭馆会卖白薯馅烧饼，这在那个年代就算好东西了。在这样的条件下，即使身为首都的北京，也无法保证儿童的全面营养需求，从而导致那几年北京市的儿童普遍患有营养不良。

也正是在这样的一段时期内，我国每逢夏天就会流行严重的婴儿腹泻病。由于医疗水平低，医生找不到腹泻病的病因。由于一天腹泻十几次，甚至几十次吐泻，很多孩子到医院时已经表现为严重脱水。这些孩子双眼凹陷，皮肤一捏一个皱褶，手脚冰凉。有些孩子来不及救治就夭折了，当时腹泻的病死率高达20%以上。

早在1957年，胡亚美在《中级医刊》1957年第12号中的一篇名为《谈谈儿科领域中的几个新问题》的文章中，就提到了关于消化不良的病原菌和治疗问题。文章中不但指出了关于致病性大肠杆菌的传播途径和发病症状，更进一步强调了营养状态好和营养不良的患儿在发生消化不良病症时的不同状态。1958年，她又主持了小儿中毒性消化不良的研究课题。

中毒性消化不良症的病发数在小儿疾病中占有相当大的比例，尤其在婴幼儿阶段，往往成为小儿致死率高的重要原因之一。这种病与婴幼儿特殊的生理解剖特征有关，如其中枢神经发育不够成熟、分化不全；再加上婴幼儿正处于生长旺盛期，全身物质代谢紧张，消化腺的分泌形式不易迅速地适应饮食改变。在这样的前提下，如果喂养或护理不当、气候炎热、气道菌属改变，都很容易使婴幼儿患上中毒性消化不良。

1958 年，北京儿童医院传染科、内科、检验科等相关科室与北京友谊医院小儿科、协和医学院病理生理科、东单三条儿童医院以及中国医学科学院儿科研究所等单位进行大协作，对中毒性痢疾、中毒性消化不良、腺病毒性肺炎、麻疹后肺炎等常见病、多发病进行研究。在邓金鎏、秦振庭教授的指导下，胡亚美主持了这一课题，并与儿科研究所李家宜、江可明等医生组成攻关小组，收集患儿粪便、查找病因。

那时，内科病房每到夏季的主要任务是收治这类患儿。这些孩子多数具有呕吐、腹泻症状，且同时具有精神状态的改变，并伴有轻重不同的水及电解质紊乱。什么是水及电解质紊乱呢？人体内包含氯化钠、钾和钙等矿物质，它们以离子形态存在于人体内，人们通过消化食物和饮料获得它们。水和电解质广泛分布在细胞内外，参与体内许多重要的功能和代谢活动，对正常生命活动的维持起着非常重要的作用。体内水和电解质的动态平衡是通过神经、体液的调节实现的，血液和尿液等体液中都含有这些矿物质离子。水和电解质紊乱，用通俗的话讲，就是身体里的离子（如钠、钾等）或高或低，不在正常范围值内。

为了深入研究这个疾病、确切掌握每个病儿从大便丢失水分的数据，医护人员需要把每块尿布都放到秤上称重；将孩子的病床中间留个洞，把这些稀水接在一个容器内，测量每日的失水量。待掌握了第一手临床资料后，便可测算出不同程度脱水的患者丢失多少钠、钾和氯离子，以便为纠正电解质紊乱提供实验依据。通过临床实践，医生们总结出观察患儿脱水体征的要点，通过捏患儿腹壁或大腿部皮肤，观察前囟和眼球凹陷情况、皮肤干湿状态、血液循环状态、尿量等表现，即可初步判断出患儿的脱水程度。

在治疗脱水过程中，胡亚美她们遇到了一个特殊情况，有些孩子出现了麻痹性肠梗阻的并发症。经过观察，研究小组发现这是由于患儿营养不良，导致许多腹泻儿童中低钠低钾血症较多，使肠管蠕动出现异常造成的。要想解决这个问题，必须在饮食中适当补充钾元素，保持体内电解质的平衡，才能保证机体的正常生理运动。胡亚美带领专业组经过不懈努力，终于摸索出适合我国患儿的特效药物的口服剂量，制订了可行的治疗方案。当时，北京儿童医院制剂室专门配置了 2∶1 液（即两份 0.9% 氯化钠液，加上一份 1/6mol 的乳酸钠或 1.4% 碳酸氢钠），在患儿治疗上产生了良好效果，并在邓金鍌教授的指导下总结出针对严重脱水患儿补液疗法的十六字方针，即“先快后慢、先浓后淡、先盐后糖、见尿补钾”。在那个时期，十六字输液原则对指导儿科界对中毒性消化不良的治疗起到了重要的参考意义。最终，攻关小组查出引起小儿腹泻病的病因是致病性大肠杆菌。胡亚美和她的课题团队很快制订了治疗方案，在短短两年内，采用冬眠疗法及消除微血管痉挛药物，使儿童中毒性痢疾的病死率由 20% 下降到 1%。

1962 年，在邓金鍌教授的指导下，胡亚美带领江可明医生等人组成婴儿腹泻攻关小组，对小儿消化不良及电解质紊乱进行了专门研究。1962 年 10 月，胡亚美有关这项研究成果的论文《营养不良合并中毒性消化不良的体液疗法》在《中华儿科杂志》1962 年第 5 号期刊上发表。文中从理论上阐明了该病的发病机制，指出面对营养不良合并消化不良时，补液比较困难；入院 48 小时内死亡的患儿多与输液不当有关，在分清补液步骤、逐步补充各方面的液体损失后，取得了很好的疗效。

1963 年，胡亚美研究小组又对如何估计脱水程度，怎样合理补液，怎样计算和控制补液速度，对脱水严重的无尿患儿何时补钾，以及在静脉输液困难时是否应用胃管输液等问题进行研究。

1964 年 6 月 23—30 日，中华医学会第六届全国儿科学术会议在北京举行，参加会议的代表有 250 人。这次会议的任务是检阅八年来我国儿科工作的主要成果、交流学术经验，以便互相学习、共同提高，更好地保障第二代的健康成长。会上，胡亚美宣读了题为《营养性大细胞贫血、骨髓炎》的论文，引起了强烈反响。胡亚美也因其在医院工作中的出色表现，被北京儿童医院推荐为技术突出优秀人才。不得不说，胡亚美所作出的种种成绩，也包含着众多同仁志士的共同努力与辛勤劳作。集体的力量与永恒的信仰，永远是她向疑难病症挑战的坚强后盾。

“文化大革命”中的不屈灵魂

1965 年 2 月 6 日，中共中央下发了对卫生部关于组织高级医务人员下农村和为农村培养医生报告的批示。为了响应党的号召，卫生部组织高级医务人员分期、分批到农村开展巡回医疗，培训基层卫生人员。很多医疗专家纷纷响应，像著名的胸外科专家黄家驷、儿科专家周华康、妇科专家林巧稚都曾加入其中，深入农村巡诊。至 4 月初，全国各地就有 1500 个医疗队、18600 名医务人员下到农村。卫生部还委派两名司局长分赴四川、广西等地检查贯彻执行情况，全国上下掀起了下农村巡回医疗和为农村培养卫生人员的高潮。

1965 年 6 月，胡亚美参加了由北京市卫生局组织的第一支医疗队，在通县进行了加强农村卫生工作建设的试点。她被分配到通县胡各庄分团杨庄工作队，并担任医疗队副队长。她领导医疗队采取边带边教、病历讨论、专题讲座、开办训练班等方式，向当地卫生所的医务人员传授医疗经验、技术、验方等，提高当地医务人员的诊疗水平。在通县的四个半月中，胡亚美为广大农民和社员家庭看了不少病，也普及了很多正确的育儿知识。

1965 年 6 月 26 日，毛泽东主席发表了著名的“6・26”指示，即倡导全国的医务人员“把医疗卫生工作的重点放到农村去”。根据这一指示，从 1967 年开始，北京协和医院、北京医院、北京儿童医院等 20 多家北京医疗单位的 3000 多名医务人员组成北京医疗队，奔赴甘肃河西走廊，为当地群众巡回医疗、送医送药。胡亚美在第一批医疗队中，她回忆道：“当时毛主席、周总理号召我们到最艰苦的地方去，我觉得自己应该响应这一号召，就马上报名参加了第一批医疗队，到肃南裕固族自治县巡回医疗。裕固族是游牧民族，住在帐篷里，我们就骑着马去看望病人，那个时候我才真正明白什么叫游牧民族。”①

---

① 钟华，钟卫宁：“北京医疗队”又整装待发。《北京日报》，2004 年 8 月 25 日。

1966 年，正当祖国的儿科事业顺利发展的时候，“文化大革命”爆发了。当年 9 月，华东局向中央报告：“上海有些学生和红卫兵到医院进行串联，给当地医院带来了混乱。为了避免发生医疗事故，并保证医疗工作的正常进行，医院的文化革命运动，应该依靠医院内部的革命群众去进行。”中央很快作出回应，指出医院内部不成立红卫兵组织，不再进行内外串联。因此，在“文化大革命”刚刚开始的一段时间里，医院的外部环境还是比较安定的，并没有因为其他地方的混乱而干扰到正常的接诊治疗工作。然而，看似安静的白色院墙之内，却正在酝酿着更大的风暴。

1967 年 12 月，当胡亚美结束了医疗队的生活，从甘肃风尘仆仆地回到北京时，她的心情忐忑不安。她知道即将面对的是一种怎样糟糕的处境，因为她明白自己的出身会带来麻烦。回到家后，胡亚美发现父亲被抄了家，并被人赶出了自己的房子；她的爱人也被隔离审查；家中只有两个翘首盼母归的孩子。令胡亚美感到郁闷的，不仅仅是家庭的突然变故，她更痛心于医院环境的不断恶化。医院到处张贴着打倒某人的标语，而胡亚美的名字被打了一个大大的“×”挂在墙上示众。

由于政治运动波及医院内部，“文化大革命”风暴毫不例外地打乱了医疗秩序。胡亚美的教学、科研被迫停止，由内科主任被下放到科室当住院医师。造反派以为，职位的降低会给胡亚美带来名誉上的打击，会让她主动“承认”错误。可是他们想错了，胡亚美根本不在乎职位的高低，也并未被他们嚣张的气焰所吓倒。当住院医师对于她来说根本无所谓，只要能继续为患者看病，她心里就无比坦然和兴奋。

然而，她平静、淡然的心态并没有让她免受暴徒的折磨，而是遭受到变本加厉的打击、污蔑。一天深夜，一帮造反派高呼着口号冲进了胡亚美的家，一边翻箱倒柜地寻找“证据”，一边要她交代“特务”罪行。胡亚美急了，她一反文弱、恬静的常态，大声责问那些造反派：“你们说我是特务，请拿出证据来！”这几个人恼羞成怒，冲着胡亚美大打出手，并将她推出家门，把她那两个十一二岁的孩子独自留在家中。胡亚美作为专政对象，与诸福棠等 16 人一起被关在当时的“牛棚”——传染科地下室。

被关押的日子里不能为患者看诊，也不能看专业书，像坐牢一样到处都有人看着。因为胡亚美在燕京大学上学时，美国人司徒雷登是校长，造反派的人便说她是美国特务，天天逼她写交代材料。有一次，造反派半夜把她从床上抓走，胡亚美拼命反抗，于是被人用锤子打得头骨凹陷，致使颅内出血。由于无人问津，她整整昏迷了三天三夜，至今留下了头痛的病根儿。随着造反的升级，医院有一些同志不堪忍受非人折磨，先后寻了短见。但是胡亚美有对党最忠诚的信仰，她相信自己为党所做的一切都是光明磊落的、自己的行为是不容否定的。靠着这种坚定的信念，胡亚美挺过了被关在“牛棚”的黑暗时光。

不久，胡亚美等部分人被造反派从“牛棚”里解放出来，被安排扫厕所、倒垃圾这样的脏活儿、累活儿。按照当时造反派的说法，让那些有“问题”的人去做这样的工作是“洗脑筋”“脱胎换骨、洗涤灵魂”。然而，看似卑微的工作并不能压低挺直的脊梁。胡亚美每天来内科扫厕所，并把厕所清扫得干干净净。因为在胡亚美看来，自己在医院的任何岗位上的工作都是在为患者服务。只要是为人民服务，哪怕是脏活、累活，她也无怨无悔。

“读书越多越反动”“知识分子是臭老九”“知识越多越蠢”……这些流传于人们中间的错误意识使医生们陷入了不敢读书、不敢念外语、更不敢去图书馆的两难境地。可当医生们遇到疑难问题时，不查资料就束手无策。当时胡亚美被安排到内科病房扫厕所，每当她的一些学生遇到难题，又无处查书时，他们就偷偷溜进厕所向她请教。胡亚美也躲避着看管的人，认真、细致地帮助年轻大夫分析问题、提出治疗意见，一时间，厕所成了胡亚美的办公室。许多年轻大夫十分同情胡亚美的处境，她们知道胡亚美离不开她的患者，经常偷偷给她带去一些患者的信息。在胡亚美的帮助下，患儿们获得了及时、有效的治疗。

在那个异常痛苦的时期，胡亚美在精神和肉体上受到的折磨超出了常人能承受的程度。遭受这样非人性的待遇，是任何正常思考的知识分子都无法理解的。“士可杀不可辱”的传统意识，让很多知识分子选择了自杀，去保全自己身体与心灵的尊严。在那个动荡的岁月，很多著名的社会人士选择了离开这个混乱而疯狂的世界。胡亚美虽然对当时的政治局面困惑不解，可她并未因此而动摇自己对党的忠诚信念。她曾几次偷偷写下遗书：“如果我死了，希望遗体可以用来做解剖，以证明我不是自杀”，但又因无法传递出去而撕掉了。事后，她多次对同志们说：“党没有什么对不起我的，如果我不坚信党，早就不在人世了。”

“文化大革命”期间，医疗人才和医疗机构受到了强大的冲击，医学人才的培养和医学理论的研究被迫中断，原本逐步成长的西医研究也受到了极大影响，部分中、西医的领先人才受到迫害。但总的说来，经过二十年的改革与发展，全国各个医疗机构的医疗水准和医疗人才的培养已有了一定基础。在各级党委、政府的重视下，农村合作医疗进入迅速发展阶段，各县乡卫生机构正翘首期盼着城市里各大医院医生的到来，希望那些拥有丰富临床经验的专家们能够帮助他们开展卫生服务。于是，一大批城市、部队的巡回医疗队下到农村，为农民看病、治病，协助当地卫生单位进行医疗救治工作，为当地人民的生产生活作出了重要贡献。很多医院的专家、学者均被派往生活条件恶劣的边远地区，而胡亚美也正是在这一历史背景下，被下放到北京延庆县。

医疗队的老大姐

由于大量知识青年在“文化大革命”时期来到农村，政府将农村医疗事业提到“革命需要”的高度，开始大力建设农村医疗机构。与此同时，毛泽东同志的“6·26”指示不断深入，各地掀起了医疗服务队下乡的高潮。这些医务人员到农村以后，除了巡回医疗，还采取多种形式指导农村除害灭病工作，培养半农半医的医生，培训不脱产的卫生员。1970年前后，胡亚美恢复了医疗工作，但她被派到条件艰苦的延庆医疗队。下乡医疗，对于胡亚美来讲，是再熟悉不过的工作经历。当时医疗队有几十个人，除了胡亚美，还有儿童保健所的刘菊英大夫等。

胡亚美清楚地记得，走的那天刮着大风，风吹得人都喘不过气来。上车之前，大家三四个人一堆儿地谈论着。胡亚美看出了这些曾经被人尊重的医生们心中对未知环境的不安与怀疑，她就在几个人群中分别对大家说：“咱们执行毛主席的任务指示到农村去，要好好为贫下中农服务，千万不要带着派性去。”

几个小时后，敞篷大卡车将医疗队员带到了距北京城100多千米的延庆县大庄科乡。大庄科乡位于北京市延庆县县城东南部的深山区，全乡有29个行政村、40个自然村。在胡亚美被下放的那个时代，大庄科乡归东风公社所辖，那是个山清水秀、生物繁多、森林茂盛的世外桃源，全乡山场面积达18万亩。然而深山区，不仅意味着有着在城市中难以见到的绿水青山，更意味着这里的生活和交通极度不便。特别是当村民突然身体不适时，何来医护人员时刻守护他们的健康？即便是在21世纪，山区仍然是医疗体系最难以保障和维持的半盲区。

医疗队员要同时负责延庆几个医疗点的工作，于是便分成了几个医疗小组。胡亚美、刘菊英、霍美玲三人被分配在一个小组，她们要分别负责几个村落。这些地方距离较远，相对分散，并且条件艰苦。胡亚美选择了最远的一个村——铁炉村，那个村距离她们下车的地方还有二十多里路，要爬过两道梁、三道沟，才能走到村子里。

当时，村里也配了两个下放干部，是公安部的，他们对胡亚美医疗队员非常照顾。只要胡亚美她们三个女医生夜里出诊，那两个下放干部就一人拿着一个烟袋锅，坐在她们门口抽烟看着，保护她们的人身安全。医疗队员对下放干部也很关照，他们有一点头疼脑热，都是医疗队员管。就这样，这些下放的干部和医护人员在生活上相互帮助，结下了深厚的友谊。

医疗队的工作大概有两年多时间，据刘菊英回忆[①]：当时条件非常艰苦，尤其是乡下卫生条件差，胡亚美简直就是豁出去了，不怕脏、不怕累、泼辣极了。有一次，胡亚美和医疗队员们到另外一个村子出诊，需要诊治的是一个孤身老大爷。当时他发着高烧，家里也没人照顾。进了屋，胡亚美掀开大爷的被子检查，就闻到了一股浓浓的敌敌畏味。大爷告诉

① 刘菊英访谈，2013年10月16日，北京。资料存于采集工程数据库。

她，因为虱子太多，他就把敌敌畏撒在被子上了。胡亚美一听，马上抱起被子往院子里跑，把被子晒了起来。回到屋里，胡亚美她们就帮着大爷抓虱子。等处理完虱子，她们又帮大爷擦洗，换上干净的衣服，看着他把药吃了才离开。在回来的路上，刘菊英问胡亚美那个老大爷是什么原因引起的发烧，胡亚美说："老大爷是敌敌畏中毒了，那么多敌敌畏洒在被子上接触皮肤，很容易引起中毒，所以要及时清理残留的敌敌畏。"

在胡亚美住的那个村里，有个肝癌晚期的大娘出现腹水症状，肚子大得吓人，憋得喘不过气。霍美玲是护士，她在胡亚美的指导下开始为患者抽腹水。针头刚扎进去，腹水就把针栓顶出去了，腹水像小喷泉一样喷到胡亚美她们的身上和脸上。医疗队的药箱里只有一根 3cc 针和一根 5cc 针，她们就用 3cc 针和 5cc 针交替抽腹水，花费了近三个小时，为大娘抽出三盆腹水。大娘拉着胡亚美说："我舒服点了，你们是大娘的救命恩人哪！"

下乡医疗时是"吃派饭"，顾名思义，就是吃安排好的饭。这个词还包含着另一层含义：20 世纪五六十年代工作人员临时下乡，或搞运动的驻村工作队，在村子里面都要与贫下中农做到同吃、同住、同劳动。这也是我党干部的光荣传统，体现了我党与劳动人民同甘共苦的优良作风。但那个时候生活困难，家家少粮。她们去第一家吃派饭时，那家的大娘给蒸的老倭瓜和白薯。当大娘端上来这些东西时，对胡亚美她们说："闺女们，大娘委屈你们了。"胡亚美说："这可是好东西，又甜又软，多吃点。"可是这东西既不禁饿，又胀肚。她们吃不了多少就饱了，可到了下午就饿了，还不能喊饿。因为她们知道，在这样困难的条件下，饥饿已经是普通人最正常的生活状态了。

第二天，她们到另一家吃饭，早上起来煮的菜粥。菜粥是那种由小米、棒子渣，再放上好多菜混合在一起熬的粥，这样熬的粥显得很稠。那天大妈得了重感冒，但还是坚持给胡亚美她们做饭。大妈的肩膀上耷拉着个搌布，每当打了喷嚏，她就用那布擦擦鼻涕。吃饭前，刘菊英事先把大妈家的碗洗好摆在桌上。大妈把一锅粥端到炕上后，拉过肩膀上那块布把碗又擦了一遍，再给大家盛饭。趁着大妈出去取咸菜时，刘菊英偷偷和胡亚美说："我今天不想吃饭。"胡亚美当时眼睛一瞪说："你敢！不仅要吃，还要多吃！”胡亚美没用几口就把那个粥给喝完了，然后又主动盛了第二碗。在她的带动下，队员们也都大口大口地喝起粥来。

医疗队下乡还有一项任务，就是培养赤脚医生。赤脚医生是“文化大革命”中期没有经过正式医疗训练、仍然持有农业户口、在很多情况下处于半农半医状态的农村医疗人员。当时赤脚医生的来源主要有三部分：一是医学世家，二是高中毕业且略懂医术病理的人，三是一些上山下乡的知识青年。胡亚美她们在培养赤脚医生的过程中遇到了很多困难。由于赤脚医生半农半医的社会性质，导致有些人宁可不当医生也要下地劳动，因为下地干活是有工分的。没人愿意钻研医疗业务，胡亚美她们就要做工作，劝他们多为患者考虑，多为社会服务。终于，她们的劝说与教导得到了回馈，当地赤脚医生的业务水平得到明显提升，为当地医疗建设付出了很多努力。那时每一个村里都有赤脚医生，后来慈母川村的一个赤脚医生学得比较好，还当上了当地卫生院的院长。

有一次赶上过节，只有胡亚美一个人留在医疗点值班。忽然一个村民跑了进来，说村里有个生下来刚四天的女婴抽风了。胡亚美赶紧跑到村民家里，经过仔细检查，发现孩子得的是破伤风，必须赶紧注射抗毒素。可是在这缺医少药的大山沟里，上哪儿去找抗毒素呢？胡亚美找到村长，把电话打到公社，再联系县医院，终于找到了救命的抗毒素。药物随着这天的最后一班长途汽车送到胡亚美手上，小婴儿的病终于有救了。那天夜里，胡亚美就睡在这个患儿家里的炕头上，每隔 4 小时起来一次，给孩子打针、喂牛奶。那对老实巴交的夫妇说不出什么华丽的辞藻，但是在他们平实而简单的表述之中，那个在昏黄油灯下为了救治他们才出生不久的孩子而忙碌了一天一夜的女医生，是他们一生中最难忘记的好心人。十几年后，当胡亚美重新来到这个小村庄时，她惊喜地发现，当年那个差点死掉的孩子已经是高中毕业的大姑娘了。长大成人的女儿像她的农民父母一样不善言语，却永远在心里记着胡亚美的恩情。全家人硬是把早已准备好的核桃、栗子塞到胡亚美怀里，表达朴实农家最真诚的谢意。

1970 年隆冬季节，北京一所中学的拉练队伍路经延庆，有八名学生突然出现高烧症状，身上还出现了一些出血点。当地医生认为是流行性脑脊髓膜炎，这种病具有很强的传染性。当地卫生院报告上级后，要求拉练队伍停止前进，就地检疫，并给孩子们吃磺胺药。当时这些孩子都住在村子里，可村子里竟然没有一个孩子被传染流脑。胡亚美看到这些孩子们的精神状态很好，没有一点脑膜炎刺激症状，一顿饭能吃四五个馒头，而且出血点都在肩膀周围，似乎与背包带挤压有关。经过谨慎分析，她提出了否定流脑的意见，却遭到一些医生的反对。

胡亚美的倔强劲儿上来了，她利用卫生院仅有的一台显微镜为患病学生查血，结果检测出白细胞 6000 多，一点都不高。“没有这样的流脑！流脑都是白细胞相当高的！”胡亚美坚定地说道，“我看完全没问题！”检测的数据就是事实证据，它进一步证明了流脑的病症论断是错误的。可是当地好多不明真相的基层医生，不管胡亚美拿出什么证据，就是坚持流脑诊断，提出要隔离患病学生，对拉练队伍进行检疫。正在两种意见僵持不下时，市里派来了有关疾病的专家组，重新为孩子做仔细检查，并最终否定了“流脑”诊断。

当时有人劝她：“这个时候了，你干吗还这样坚持？”胡亚美说：“我觉得我不保护自己，我应该保护科学。我相信科学，所以我一定要坚持。”相信科学，坚持真理，这是胡亚美恪守一生的不变承诺。一个优秀的科研工作者对科学精神的最好实践，就是相信以事实为基础的理性判断。这是一种职业操守，更是一种理想的升华。在当时恶劣的自然环境与社会环境的裹挟下，一个柔弱的女科学家用她那执着而勇敢的职业道德，拯救了无数人的宝贵生命。

第四章
刺向血癌的利剑

现 代 病

人类在出生之后有两个造血器官，一个是骨髓，另一个是淋巴组织。人们为了维持生命而产生的血液，都由这两个造血器官源源不断地往外输送着。血液由红细胞、白细胞、血小板和血浆几部分组成，红细胞是为人的身体各处输送氧气和运出二氧化碳的“运输队”，而白细胞则是帮助我们抵抗外面侵略的“保卫者”。

在日常生活中有很多因素，如化学因素、物理因素、生物因素、环境污染等，都可以成为血液病发病的诱因或直接原因，而这些原因很多是近几十年现代工业的产物。随着血液病发病率有逐年增高的趋势，越来越多的人意识到血液病是一种现代病。每天的衣食住行，其实都有可能给孩子脆弱的身体造成致命的伤害。人们在享受着现代文明带来的便利的同时，也在承受着由无知和大意所带来的恶果。而白血病，只不过是最严重的恶果之一罢了。

治疗白血病，除了骨髓移植外，最常见的是用化学疗法进行治疗。早在 20 世纪初，国外就开始使用化学疗法进行白血病的治疗。化学疗法是将药物经血管带到全身，对身体所有细胞都有影响。这种疗法有时也称为“胞毒疗法”，因为所用药物都是有害甚至是带毒性的，体内细胞，无论是否属于恶性细胞，都会在药物作用下受到破坏。但是，就算使用再大剂量的化学药物，也不可能 100% 地将坏细胞完全杀灭，而残留的白血病细胞会引发白血病的复发。在我国的传统中医学中，并没有白血病这一病名，但对白血病的常见病症和并发症，中医的历代文献中有一些记载。新中国成立后，我国医务工作者对白血病的治疗一直采用中西医相结合的方法，取得了一定的效果和经验。

然而，中西医疗法也仅仅在一定程度上缓解了病症的发展，并不能完全治愈白血病。在 20 世纪 70 年代，小儿白血病是一种可怕的疾病。患上白血病就等于宣判了死刑，医生也只能眼睁睁地看着患者死去。根据 1975 年的统计数据，北京儿童医院的 200 例小儿白血病中，急性粒细胞白血病占 44%，急性淋巴细胞白血病占 40%，急性单细胞白血病占 11%，慢性粒细胞白血病仅为 6 例。小儿白血病多数为急性白血病，若不经特殊治疗，平均生存期仅为 3 个月左右，短者甚至在诊断数天后便死去了。由于人类白细胞抗原吻合系统的发现，促成了 1968 年的全球首例组织型完全吻合的血缘异体内髓移植，并为白血病患者带来了生的希望。尽管国外出现了白血病治疗的福音，但在 20 世纪五六十年代的中国，不仅医疗技术手段有限，而且治疗费用昂贵，对于普通家庭来说，白血病实在是不治之症。

当时北京儿童医院是全国接收小儿白血病较多的医院，每年都有很多患儿在这里确诊。在急性白血病中，急性淋巴细胞白血病是儿童和青少年时期最常见的恶性肿瘤，是一种进行性恶性疾病。其特征为体内充满大量的、类似淋巴母细胞的未成熟白细胞，这些细胞可在血液、骨髓、淋巴结、脾脏和其他器官中发现。这种白血病占儿童急性白血病的 80%，发病率高峰在 3～7 岁。急性淋巴细胞白血病是儿童期排第一位的致死疾病，每年有一万多儿童发病。这种病的三种最典型的表现有贫血、出血和发热，还伴随有肝脾及淋巴结肿大、骨关节疼痛等体征。

由于治疗难度大、病死率高，从事这项研究需要承担极大的风险，所以几乎很少有医院愿意接收此病患儿。再加上确诊白血病需要进行骨髓检查，当时的人们对这项检查有很大顾虑，因此更加影响了白血病的早期诊断和治疗。北京儿童医院的医生们都遇到过确诊患有急性淋巴细胞白血病，却被家长带回家的患儿。

有一次，当时任住院医师的臧晏大夫检查出一个12岁的女孩得了急性淋巴细胞白血病。家长知道诊断后，要领孩子回家，可孩子不愿意走，因为她知道走出医院就意味着死亡。看到这样辛酸、悲凉却无力改变命运的场景，在场的医生、护士都哭了。刘菊英大夫也曾在门诊看到一个孩子，家长说孩子得了腮腺炎，让大夫给开点药。刘大夫就给他开了药，但也开了化验单，让患儿做进一步检查。一会儿检验科的人告诉刘大夫，那孩子得了淋巴癌。当时胡亚美正好在门诊，刘大夫就找胡亚美签字将这个患儿收住院。但由于当时治疗技术水平不行，家长第二天就带孩子出院了。事后，胡亚美回忆说："很漂亮的一个孩子，太可惜了。"

如果说急性淋巴细胞白血病的症状是无声无息地蚕食着孩子们的脆弱生命，那么由于恶性细胞在骨髓内大量增生而引起的骨疼和关节疼痛，则让患儿及家长更加直接地感受到病魔的罪恶。一个9岁的男孩在治疗期间，病房里时常会传出他因身体疼痛而发出的刺耳叫喊声。父亲听着孩子的哭喊声心如刀绞，流着泪对孩子说："好儿子，咱们不治了，咱回家去！"懂事的孩子对爸爸说："爸爸您别哭，我再也不喊疼了！"在接下来的治疗中，小男孩真的再也没有喊过一声。由于病情加重，这个孩子最终还是离开了人世。临终前几天，孩子为妈妈擦去脸上的泪水，说自己的病让妈妈受了许多累。

胡亚美清楚地记得，一个9岁的农村女孩儿给她写信说："胡奶奶，救救我吧，我才9岁，我不想死，我还要养我的爸爸、妈妈啊！"看着信中那稚嫩的笔迹，胡亚美的心像撕裂般难受。那天，胡亚美拿着孩子的信念给大家听，每个人都掉下了眼泪。胡亚美伤心地说："多么可爱的孩子就这么没了！"她心里感觉到无比的酸楚与压抑，酸楚的是这些可怜的孩子本该是无忧无虑、欢声笑语的年纪，怎么能患上这样无法治愈的恶性疾病；压抑的是她绝对不相信白血病是无法战胜的恶魔，她无法容忍自己不能用双手从死神那里抢回一条条弱小的生命。

时间一分一秒地逝去，在这一分一秒中有多少患儿在承担着连成人都难以忍受的病痛折磨，又有多少患儿的心脏停止了跳动，有多少家庭陷入了绝望的悲伤之中……科学技术的发展，难道不是让人感受到更加幸福、更加舒适吗？和平时代的到来，难道不能使祖国的花朵生活在希望与未来之中吗？倔强的胡亚美不相信无法改变的命运，更不相信无法实现的未来。她下定决心向血癌宣战！

向血癌宣战

“文化大革命”中期，胡亚美恢复了内科主任的职务，这对于她进行医疗科研工作来说是一件极大的好事，毕竟在当时的条件下，一个领导岗位的工作可以让她接触到更多外面的医疗资讯。1973 年 3 月，胡亚美参加了中华医学会负责人谢华会见马来西亚医学会代表团的活动。同年 6 月，胡亚美又随同邓颖超、谢静宜、康克清及申健会见智利社会党妇女联合会代表团的活动。与国际来访团体的交流活动为胡亚美打开了更宽广的眼界，她深知要想使国内儿科医疗水平得到提高，进行国际交流与合作必不可少。特别是小儿白血病的治疗，西方发达国家的相关经验和科研药物更是当时国内所亟须补充和学习的。

1976 年 1 月 8 日，周恩来总理因患膀胱癌在北京逝世。从 1974 年 6 月 1 日的第一次手术到逝世前，周恩来总理一共做了 13 次手术，癌症让一个 70 多岁的老人在去世时体重仅剩 30.5 千克。膀胱癌是常见的恶性肿瘤，发病率占泌尿系统恶性肿瘤的首位，其发病原因被认为与经常接触致癌物有关，人们生活中常见的染料、橡胶、塑料制品、油漆和洗涤剂等都是潜在的致癌物质。1976 年 3 月《北京医学院学报》上，刊发了由北京市肿瘤防治研究所的一篇文章《化悲痛为力量，一定要攻克癌症》。向癌症宣战——已经成为医疗战线上科研人员的共同决心。

1977 年 6—9 月，北京市组织了一次包括四个城区和通县在内的1974—1976 年儿童死亡率及死因调查。调查结果显示，在导致 1～4 岁儿童死亡的主要病因中，肺炎占第一位，占比 27.07%；第二原因是恶性肿瘤，占比 13.53%。在 5～9 岁这一年龄段，城区儿童主要死因的第一位是恶性肿瘤，占 15%；10 岁以上组的城区主要死因也是恶性肿瘤，占 17.37%；同年龄段通县儿童死因中恶性肿瘤仅次于溺水，占 12.73%。在小儿死亡率极高的恶性肿瘤中，三分之一都是小儿白血病。

胡亚美看到这个调查报告以后，既高兴又惊讶。令她感到高兴的是，新中国成立以后，党和政府对孩子的健康非常重视，一些儿科常见病的预防接种率非常高，并且已经超过世界卫生组织要求的水平，预示着很多威胁孩子健康的传染性疾病的危害程度下降了。虽然一般的小儿呼吸道发病率仍很高，可医院针对这些疾病的治疗水平都提高了，所以虽然发病率高，但死亡率很低。令胡亚美惊讶的是，小儿恶性肿瘤竟成了危害儿童生命的主要病因。如果不对小儿恶性肿瘤进行治疗，那将是百分之百的死亡率。胡亚美深感作为一名儿科医生，什么疾病威胁到孩子的健康，她就应该去攻克什么。

当时白血病对于中国医学界来说还很陌生，更没有人敢去专门研究它。从事这项研究需要承担极大的风险，白血病病死率高、难度大，治疗一个患者要持续三年左右，需要进行长期观察，默默无闻地做大量工作。虽然部分医院有一些总结白血病的临床经验，但多数也只是对病因、症状、用药情况及结果做初步的归纳与介绍，并没有进行深入研究。这些刚刚经历了“文化大革命”的科研工作者们，哪怕是对未知领域充满了探求的渴望，但对刚刚过去的那场政治斗争心有余悸，在科学研究和实践的道路上仍然如履薄冰。当胡亚美决意研究白血病的时候，很多人曾劝她说：“白血病可是少见病，你研究它不怕挨批吗？”她坚定地回答道：“我不怕！谁批我，我就给谁看这份调查报告，让他看看这种病到底夺走了多少孩子的生命！”

1977 年，在诸福棠院长的支持下，胡亚美组织并成立了血液专业组，率先在国内开展儿童白血病的临床治疗和科研工作。当时参与的医生还有杨士元、隋采芹、诸美瞻等，护士有母跃荣，血检室有孟昭英和李菊。除此之外，在诸福棠院长的支持下，北京儿童医院决定充实血液实验室的配备建设，并给胡亚美配备助手。

在研究白血病时涉及的专业领域非常复杂，胡亚美决定先从化学疗法入手。由于当时国内没有关于化疗的充足经验可以借鉴，胡亚美和专业组只能翻阅国外文献。胡亚美回忆当年的研究情形时，这样说道：“我们这些血液病的医生都非常好，大家聚在一块研究怎么攻克白血病，因为这不是一个人能解决的，需要大家一块出主意。我负责找一些国外文献，到我们医院图书馆、协和医院图书馆去找资料和治疗白血病的方法，就这样，我们大家一起进行研究。”她们利用仅有的几种抗癌药物，结合国内的情况来摸索治疗。

发达国家通常采用化学药物和多药联合的方法治疗白血病，胡亚美他们遇到的第一个难题是我国儿童身体状况与外国孩子不同，难以耐受大剂量化学药物，可是药物剂量不足又不能有效控制病情。为了解决这个问题，胡亚美千方百计与国外同行联系、查找资料，并根据中国孩子的体质情况选择药物、调整化疗药量，制订在不同情况下白血病的化疗方案。

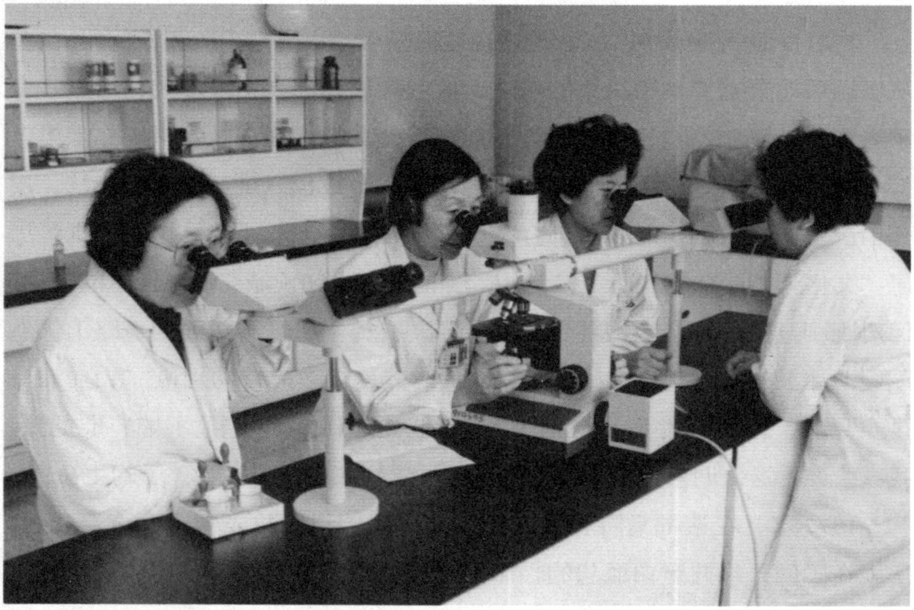

图 4–1　1995 年 6 月，胡亚美（左二）带领同事分析细胞

“实践是检验真理的唯一标准”，这场于1978年5月开始的有关真理的大讨论，也同样席卷了整个医疗体系。胡亚美就是这样一位理论与实践相统一的马克思主义者，在科研工作中，她时刻坚守着实践出真知的工作原则。早在20世纪50年代，在治疗小儿营养不良性贫血的过程中，她就非常明白我国的儿童体质和血液样本标准不能完全参照国外标准，并总结了一整套符合我国现代儿童的血液检测标准。在思想大解放的70年代末，她更坚守这一原则，用看起来很麻烦却不能轻视的自行检测方法，统计出我国相对客观与安全的指导数据，并得出了真正符合国内儿童白血病治疗用药量的化学疗法方案。

长春新碱是从长春花中提取出来的70多种碱类物质之中的一种，这些生物碱在20世纪50年代的国外研究中被发现，其中许多碱都具有生物活性。一开始，国外科研人员试图利用长春新碱治疗糖尿病，结果却不理想；但他们却在此过程中发现长春新碱能引起骨髓抑制，也就是通过化学治疗的手段使骨髓产生红细胞的过程减慢或停止。科学家发现，用长春新碱治疗患白血病的小鼠效果明显。于是，国外科学家便将长春新碱提纯制成药物，于70年代开始用在治疗白血病的临床实践中。70年代初，我国开始在治疗白血病的临床上运用长春新碱。当时国内只有少数制药厂生产长春新碱和环磷酰胺这两种抗癌药。胡亚美回忆道：“当时药品供应困难极了，因为杭州有药厂生产这个药，我就托朋友在杭州买药寄过来。”

1978年12月18—22日，中国共产党在北京召开了党的十一届三中全会。在这次具有跨时代的历史性会议上，党提出了“对内改革、对外开放”的战略决策，这也是新中国成立以来第一次把对外开放作为国家的基本国策。改革开放政策的成效之一，就是打破了中国长期以来对外封闭的情况，从而带动中国进入了经济、文化、医疗等各个方面高速发展的新时期。这次会议的召开，同样推动了我国大量的科研工作人员走出国门，向国外的同行们取经。除了继续同亚、非、拉以及东欧一些国家发展科技合作与交流，我国也开始同经济发达国家进行政府与行业间的科技合作与交流。在多边科技合作方面，我国更加强了同联合国系统和非联合国系统有关组织的合作。

图 4-2　1983 年 6 月，胡亚美（左二）在国外医院参观学习

1980 年，57 岁的胡亚美担任了北京儿童医院副院长一职。次年 5 月 9—11 日，她与诸福棠院长出席了日本儿科学会第 83 届会议，此次会议的主题是“血液与肿瘤”。这是胡亚美第一次代表中国儿科最前沿的科研力量去参加国际学术交流活动。会上，她做了关于《组织细胞增生症 X 的临床观察》相关报告，赢得了国际同行的赞赏。

艰 难 探 索

1982 年的金秋时节，59 岁的胡亚美正式接替恩师诸福棠的接力棒，担任北京儿童医院院长职务，她也是医院的第二任院长。胡亚美是诸福棠最得意的弟子，让她承担起恩师的衣钵是众望所归。在师生两代人的共同努力下，医院门诊量从 1970 年的 73 万余例次，逐渐增至 1989 年的

127万余例次；病区扩大至24个，病床增加至712张；年住院人数稳定在1.3万～1.5万例次，年手术量达2700～3000例；医院工作人员增至1700余人。

1983年，国内儿科专业门诊首先由北京儿童医院倡导实行。儿童医院通过努力，为培养新的医学技术骨干和接班人创造条件。1982—1983年，医科大学毕业生纷纷进入北京儿童医院，这些年轻医生有着扎实的基础，又有着足够强的外语水平，因此接受能力和自主操作技能提高很快。胡亚美一边带领医院内经验丰富、操作熟练的技术骨干，另一边提携年轻、有朝气的新一代知识青年，他们一同在治疗白血病的道路上披荆斩棘、奋勇向前。

图4–3　20世纪80年代，诸福棠（左一）带着胡亚美（左二）等医护人员给患儿会诊

研究一个崭新的领域是异常困难的。起初，胡亚美带领研究小组借鉴国外的方法为孩子们治疗，虽然病情能够很快缓解，但复发率极高。为了使更多的白血病患儿能够健康成长，胡亚美经过认真分析，制订出多药联合、大剂量诱导的治疗方案，极大地降低了复发率。同时为了积累资料，胡亚美领导的研究小组在国内首创了白血病患儿化疗跟踪图标。医院之前的病历都是手写，并没有表格记录。杨世元大夫和隋彩芹大夫是最早帮助胡亚美做这项工作的，他们昼夜值班，甚至把被褥都搬到血检室。大家把每一份病历都保留起来并做了登记，通过研究每个患者在治疗过程中的变化，总结白血病治疗的相关规律——认真记录下患儿的身体化验指标，把孩子的血红蛋白、白细胞、血小板随着化疗方案记在上面，并根据孩子的反应随时调整用药和剂量。每当有患者复诊时，他们拿起大表就知道治疗到了哪一步。时间长了，有的大表甚至比孩子的身高还要长。一年时间很

快过去了，几个接受治疗的患儿都活着，而且很健康，初步的成功给胡亚美她们带来了希望。

进入20世纪80年代，国内外对小儿肿瘤进行了详细分期，进行阶段性和针对性的分步治疗，主要通过手术、放疗与化疗三种手段的综合运用，使80年代中期后近十年时间里，儿童肿瘤患者的存活率有了很大提高。急性白血病经过有效的化疗后，可进入缓解期，此期间患者症状好转，贫血改善，出血停止，肝、脾、淋巴结缩小，血和骨髓检查基本正常。虽然缓解期内大部分患者的病情可以达到暂时完全缓解，但由于药物不能进入血脑屏障，最终导致一些患者发生中枢神经系统白血病或全身复发。据统计，50%的患者首先就在中枢神经系统复发。

自1976年年底到1986年年中，北京市肿瘤研究所、北京铁路总医院与北京儿童医院协作，对470多例急性白血病患儿进行了中枢神经系统预防性照射。中枢神经系统的预防性照射属于放射性疗法，国外在20世纪

图4–4　1983年8月，胡亚美（左二）培训医务人员

70 年代就采取了此类放疗手段，用来预防和缓解中枢神经系统的病变。由于中枢神经系统发生白血病是白血病细胞对脑膜浸润的直接结果，所以对急性淋巴细胞白血病患者而言，中枢神经系统白血病的预防性治疗是必要手段。近十年的跟踪研究表明，在急性白血病综合治疗方案中，中枢神经系统预防治疗起着关键作用。尽管医学界内曾经对中枢神经系统预防性照射有不小的争论，怀疑其会对患儿的智商产生影响，但是进行此类治疗确实能显著减少中枢神经系统的复发，还可减少骨髓复发的机会，延长缓解期。

胡亚美和她的专业组在白血病治疗中创造了很多奇迹，使越来越多的患儿达到了完全缓解的水平，相关治疗方案在不断探索过程中也显示了良好的效果。1982 年，北京儿童医院白血病临床研究取得初步成效，患儿可持续缓解三年。在此基础上，胡亚美带领专业组不断改进方案，使接受治疗的 331 名患儿中，缓解率攀升到 95.6%。然而总体来看，小儿白血病的治疗过程并不是一帆风顺的。最令胡亚美和专业组的同事们感到沮丧的，是在白血病化疗过程中，有一批经过综合治疗已经缓解症状的患儿，又出现了发热、咳嗽、呼吸急促的症状。一旦出现这样的症状，使用一般的抗生素根本没效，而且患儿病情会迅速恶化，一两天内患儿就会因极度缺氧、呼吸衰竭死亡。这样的结果是胡亚美和同事们怎样也不愿意见到的，大家都不明白是什么原因。孩子的死亡深深刺痛了胡亚美和血液组同事们的心，他们下定决心一定要找到问题的来源。于是，大家一起查阅大量文献资料，胡亚美还请病理科医生配合，取标本做病理分析，他们把解剖的组织放到高倍显微镜下仔细检查，终于发现了卡氏肺囊虫，最终确认是因卡氏肺囊虫引起的肺炎。

由卡氏肺囊虫引起的感染主要发生在免疫力低下的儿童中，属于机会性感染。机会性感染指的是一些致病能力较弱的病原体，在人体免疫功能正常时不会致病；当人体免疫功能降低时，它们便乘虚而入，导致各种疾病的发生。可能引发机会性感染的基础疾病有各种血液病、恶性淋巴瘤、恶性肿瘤、肾功能不全、脑血管障碍、酒精中毒等，特别是高龄者和儿童是机会性感染最容易侵入的群体。

卡氏肺囊虫早在20世纪40年代时就有过相关报道，原认为是新生儿和羸弱婴儿的一种病症，但是自1960年以来，该病已成为白血病和淋巴瘤患者最常见的感染死因。这种小小的原生生物在自然界广泛存在，空气、土壤中均有它们的身影，还可以存在于人和动物的呼吸道中。两岁以上的正常人群中，约有90%的人体内存在卡氏肺囊虫抗体，体质好的情况下根本不会因此生病。也就是说，卡氏肺囊虫引发肺炎发病是有一定条件的，特别是那些白血病儿童在用化疗药物治疗的过程中，会导致其机体免疫力低下，很容易感染这种病。卡氏肺囊虫在白血病诊治初期并没有引起人们的重视，因此导致不少患儿因此失去生命。

北京儿童医院在1985—1987年的三年间，已经在白血病患儿的缓解期发现了11例由卡氏肺囊虫引发的肺炎病症。发现这个问题后，胡亚美她们翻阅大量资料来寻找对症的药物治疗，最后发现复方新诺明对治疗卡氏肺囊虫肺炎有效。复方新诺明是一种广谱抗感染药物，具有很好的耐受性。后来在白血病患儿治疗中，医生都预防性地用复方新诺明进行抗感染治疗，并取得了一定效果。

1987年，64岁的胡亚美在《北京医学》杂志第9卷第1期上发表了名为《小儿恶性肿瘤治疗中的合并症——卡氏肺囊虫感染》的文章，详细地介绍了此类病因所引发的临床表现、临床对象及预防注意事项。她在文章中指出，“PCP（卡氏肺囊虫肺炎）多发生在白血病的缓解期，由于患儿免疫低下，细菌感染亦较多，因此要注意鉴别”，同时她提醒医护人员“凡应用强化疗者，尤其是高危病人采用VCP、COAP方案者，要在6个月时间内连续口服预防量药物。由于健康人体可以带虫而不发病，且卡氏肺囊虫在环境中分布广、存活力强，因此医务人员常常成为带虫者。工作人员在一定时间内服用预防量药物，对减少传染源无疑是有益的。”胡亚美的这篇文章，对治疗白血病时卡氏肺囊虫肺炎的预防工作具有警示作用。

1987年，胡亚美开始安排白血病集体查房的工作内容。小儿急性淋巴细胞白血病的临床及科研工作使当时北京儿童医院诊治的小儿急性淋巴细胞白血病患者的长期生存率达到50%，为了进一步完善白血病治疗，医院决定开展骨髓移植工作，由赵新民大夫于1987—1988年负责创建骨髓移

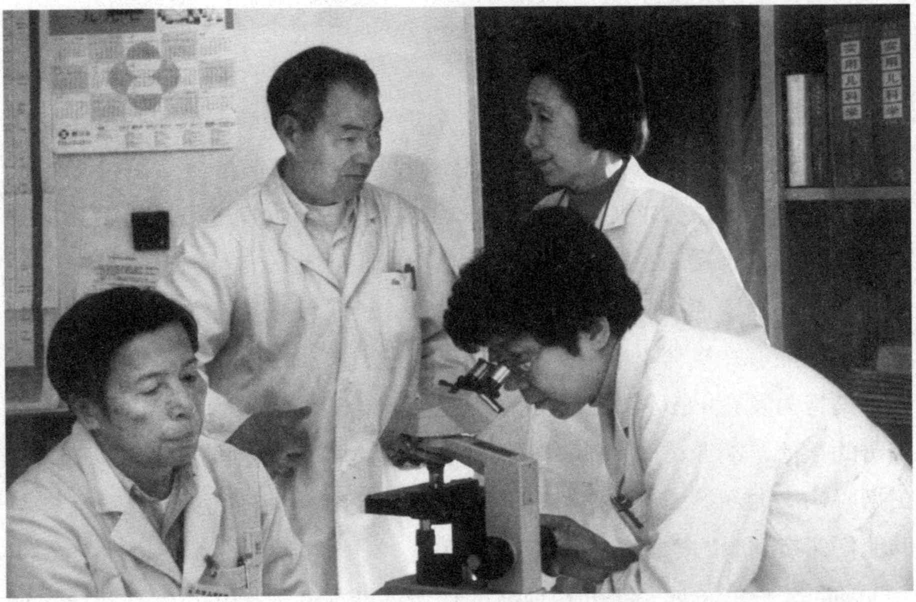

图 4-5　1995 年 6 月，胡亚美（右二）和同事共同看切片

植病房、完成层流间的建设，并派出医护人员到北京大学人民医院学习骨髓移植技术。在此基础上，胡亚美带领专业组不断改进方案，使接受治疗的 331 名患儿的近期缓解率攀升到 95.6%。1992 年，白血病研究取得重大突破，白血病患儿五年无病存活率达到 74.4%。

白血病家庭的希望

1982—1989 年，在胡亚美担任北京儿童医院院长的七年时间里，中国现代儿科事业突飞猛进地发展起来，小儿急性淋巴细胞白血病的治疗也走在了全国前列并达到国际水准。当胡亚美 64 岁的时候，她深知自己在行政岗位上的职责该交给后辈们了。她几次提出交班的意愿，直到 1989 年才被批下来。专长于小儿急救并作出过突出贡献的樊寻梅接过了胡亚美的接力棒，成为北京儿童医院的第三任院长。虽然胡亚美从行政岗位上退下来了，但是她仍然奋斗在对抗白血病的第一线。生命不息、奋斗不止，她仍然是众多白血病家庭的希望。

只要是化疗，毒副反应就不可避免。与白血病治疗的效果一样，使用化疗所带来的毒副反应通常是剂量依赖性的。增加剂量虽然可以提高疗效，但同时毒性也会增加。而化疗成功与否，在很大程度上取决于如何解决好疗效与毒副反应之间的关系。肉体上的毒副反应包括胃肠道反应、骨髓抑制、心肺毒性、肺肾功能损害、神经毒性等一系列症状。即使一个白血病患儿能够在身体上承受这样的毒副反应，但化疗对于孩子的成长发育特别是智力发育仍然具有强烈的干扰性。当看到血液检测指标上渐渐恢复正常的数值，胡亚美知道，这不是她需要解决的全部内容。帮助孩子们真正摆脱病魔的纠缠，不仅是在肉体上帮助他们解决病痛的折磨，更需要帮助他们保持健康的心理状态和智力发育。

随着化疗的进展，小儿白血病的疗效逐渐提高，患儿的生存期得到延长。但抗白血病药物大多不能有效地通过血脑屏障，使中枢神经系统成为白血病细胞的贮藏站，脑膜白血病的发病率逐渐增加，成为小儿急性白血病复发和死亡的重要原因。前文中提到，虽然医学界认为中枢神经系统照射能够对急性白血病的复发产生较好的预防作用，但在医学研究与实践中，放疗也面临着对患儿智力发育有不良影响的诸多争议。为了研究中枢神经系统白血病不同预防性治疗对急性淋巴细胞白血病儿童智力的影响，胡亚美领导的研究小组将 147 例患儿分为两组，分别用不同的治疗方案进行治疗，以研究探讨不同治疗方案对急性淋巴细胞白血病儿童智力的影响。

为了尽量减少化学药物治疗对儿童发育产生的副作用，胡亚美带领血液组每隔一段时间就给孩子们测定智商。一旦发现患儿智力下降，他们便及时调整化疗剂量。专业组经过一系列研究得出一个确定的结论：不同治疗方案对智商的影响程度有明显区别，这一研究结果被胡亚美写进了《我国小儿急性白血病临床研究进展和今后努力方向》[①]中。在文中，胡亚美

① 胡亚美：我国小儿急性白血病临床研究进展和今后努力方向。《山西白血病》，1993 年第 3 期，第 134 页。

倡导“提高存活患儿的生存质量，减少治疗的副作用……减少对生长与智力发育的损害”，将患儿的身心正常发育放在放疗的首要考虑范围。随后，在《中枢神经系统预防性治疗对急性淋巴细胞白血病儿童智力的影响》一文中，她以专业组的名义再次强调，“在 CNSL 预防性治疗方案中，适当减少放疗量，并在疾病预防的早期及整个治疗过程中加强对患儿的教育培养，将有助于改进急性淋巴细胞白血病儿童的智力状态，提高其生存质量”。①

在要求医务工作者以患儿健康发展为首要目的的基础之上，胡亚美进一步要求建立严格的医疗管理制度。因为白血病虽然不是不治之症，但治疗难度大、时间长，仅依靠药物治疗是难以达到痊愈目的的。出于对患儿高度负责的大爱精神，胡亚美提出了七个建议，分别从医疗管理责任、医患关系责任以及院外病患跟踪责任等多角度提出了系统要求：“（1）建立专业队伍；（2）统一治疗方案；（3）建立系统治疗与观察的表格，并有专人负责病历与表格的填写与保管；（4）定期做总检查，凡不按计划，不坚持治疗的患儿，应及时敦促其来院检查治疗；（5）与家长和患儿建立密切联系，向家长认真交代病情和愈后知识，取得他们的配合；（6）缓解后即可恢复正常活动，学龄儿童可继续学习，以减少患儿精神负担，并可促进智力发育，使智商接近正常水平；（7）可以利用假期举办白血病联谊会或夏令营，请长期缓解和已经治愈的患儿家长介绍他们成功的治疗经验，以增强新患者的信心。”② 这篇文章，已然将胡亚美崇高的马克思主义觉悟和高尚的道德情操淋漓尽致地展现在读者面前。在胡亚美的工作规划中，一切为患儿考虑——永远是她最本质的出发点和努力的方向！

1995 年，身为中国癌症研究基金会儿童白血病专项基金筹委会主席的胡亚美在《山西白血病》杂志上发表文章《全社会都来关心白血病儿童》，呼吁全社会各界人士都来关注小儿白血病的医疗事业发展。在这篇文章

---

① 张永红，秦红伟，胡亚美，等：中枢神经系统预防性治疗对急性淋巴细胞白血病儿童智力的影响。《中华儿科杂志》，1995 年第 5 期，第 266 页。

② 胡亚美：我国小儿急性白血病临床研究进展和今后努力方向。《山西白血病》，1993 年第 3 期，第 135 页。

中，胡亚美建议“设立儿童白血病基金。筹集资金主要应该用于对白血病的科研工作，不断提高治疗水平，赶上先进国家。”她写下这段文字的初衷很简单，只要全社会各界都能支持小儿白血病的科研工作，那么医疗技术水平的提高便指日可待。随着医疗水平的提高和药物的不断发展，会有越来越多的白血病患儿从中受益。

尽管从新中国成立初期到20世纪90年代中期，中国已经建立了较为系统的基本医疗保障制度，但是生病的孩子们却被孤立在“公费医疗制度”和“劳保医疗制度”的群体之外。尽管在1994年之前，城市的医疗保险具有浓重的福利色彩，然而即使能够享受到“半劳保医疗”或“统筹医疗”的患者家庭，在面对如恶性肿瘤这样的大病时，经济上的困顿也是可想而知的。城市尚且如此，更何况一个仅靠农村合作医疗支持看病的农村家庭呢？治疗白血病需要三年左右的时间，孩子要承受打针、输液、骨穿、化疗的痛苦，家长还要承受经济上的巨大压力。在《全社会都来关心白血病儿童》一文中，胡亚美指出：“本病（小儿白血病）的治疗时间需3～3.5年。由于有些抗癌药物在国内尚不能生产、价格昂贵，如儿童无公费医疗，一般家庭将难以承担。又如，若需做骨髓移植，则需十几万元以上的治疗费用，在病儿中很难开展。建议逐步建立小儿难治性疾病的医疗保险制度。”①

在开展治疗的过程中，有的患儿家长不忍心看到孩子承受更多的痛楚，更无奈于经济上的压力，想要放弃治疗。胡亚美就一次次地劝说家长不要轻易选择放弃，还拿出自己的钱给困难孩子治病，她总爱说“没有什么比把孩子从死亡线上拉回来更令我感到高兴的了”。有一个患白血病的男孩，治疗已经到完全缓解期了，只是需要定期来医院再做几次加强治疗。但孩子的家在郊区，经济条件很差。一次，胡亚美给他开了住院证，但孩子妈妈拿着住院证却迟疑着没有离开，站在那里犯难。胡亚美上前询问后才知道，原来是这个母亲没钱给孩子办住院手续，于是胡亚美急忙到办公室取来自己的钱给她，让孩子坚持治疗。最终，孩子在胡亚美的支持

① 胡亚美：全社会都来关心白血病儿童。《山西白血病》，1995年第4期，第283页。

下完全治愈了。将希望女神伸出的手牢牢抓住，不让患者家庭因为经济困难而轻易选择放弃，是胡亚美一辈子期待的目标和工作的意义所在。

患儿家长的心理干预也是胡亚美研究小组的重点工作之一。在20世纪90年代初期，患儿家长的心理问题逐渐被医学界所关注。发表于《中国卫生心理杂志》的文章《乙型肝炎患儿父母心理健康状况对照研究》，是由香港理工学院医疗科学系与广州市精神病医院共同完成的、专门针对乙肝患儿父母的心理健康调查研究，开启了关注患儿父母心理健康的大门。随后，安徽淮南市妇幼保健院新生儿科的王天芳与李莉在《中国基层医学》1994年第4期上发表了名为《开展患儿家长的心理护理对临床工作的意义》的文章。之后，此类文章如雨后春笋般发表在各类医学期刊上，体现了当今医学工作者对医患关系特别是对患儿家长的高度重视。

2009年，北京儿童医院、北京回龙观医院以及北京大学医学部三家单位共同组织了关于白血病患儿父母心理健康问题的基金项目。胡亚美带领单位的吴心怡、张瑞东、王秀梅等人参与了这个科研项目的研究工作，并取得了一系列研究成果。同年，项目组共同写就了《白血病患儿父母焦虑抑郁的调查和干预》一文，发表在《中国心理卫生杂志》第23卷第5期上。

图 4-6　1997 年 9 月，胡亚美在北京 – 香港儿科学术研讨会上发言

孩子患上白血病后，整个家庭便会处于危机状态，父母将全部精力和情感投向孩子，一切以孩子为轴心，远离正常的社会交往和文化娱乐活动。有很多白血病患儿的父母辞去了工作，一心为孩子买菜、做饭或整日守候在病房楼内外。他们的喜怒哀乐完全围绕着孩子的病情变化和治疗效果，所以更需要真切的人文关怀、情感支持和社会保障制度。如何对这些白血病儿童的家长进行积极的心理疏导、排解他们积累在心底的巨大压力，让他们看到生活的希望，是胡亚美和她的专业组一直不懈努力的方向。

白血病儿童康复联谊会

改革开放后，我国的文艺娱乐快速地发展起来。1978 年 10 月 22 日，时任国务院副总理邓小平应日本政府邀请，前往日本进行正式友好访问。随后，为了加强中日之间的文化交流，我国引进了一批日本较著名的影视作品，在国内掀起了强烈反响。拍摄于 1975 年，由山口百惠与三浦友和主演的电视剧《血疑》于十年之后在中国播出，也就在这时，这部日本的电视连续剧让中国观众深深地记住了幸子，更记住了“白血病”这个“不治之症”。

准确地说，幸子得的是再生障碍性贫血，在病理上与白血病有着本质的区别。但是经过人们以讹传讹的传播，“幸子得的是不可能治好的白血病”——这样的观点早已经牢牢地被人们记住。每当人们遇见白血病患者，总能将这个病与死亡联系在一起。胡亚美想让人们知道，白血病绝对不是不可治愈的绝症，白血病患儿所需要的绝对不仅仅是怜悯和同情，他们更需要人们给予他们对于活下去的信心、鼓励与支持。

胡亚美的工作经验告诉她，人们的偏见很难改变。即使是在今天，人们还是容易把白血病患者与幸子之间画等号，白血病是不治之症的偏见仍然深入人心。“白血病不是不治之症，我们不能把幸子的结局套在所有得这种病的人身上！”胡亚美真想把有关白血病的知识跟每个人都讲讲，她的内心似乎压抑着强烈的不满与失望："我们没有理由歧视患过白血病的孩子！这些年，我一直在强调这个问题，可是仍然有很多人不能理解。"

1984年的一天，胡亚美带着一群已经治愈的孩子到北京陶然亭公园游玩。这是一群比较特殊的孩子，彼此之间的年龄差距很大，不少孩子由于化疗的原因没有了头发。很多游人看见他们后，便觉得奇怪，因为这些游人从来没有见过真正的白血病患者。于是胡亚美便告诉他们，这些孩子都是得过白血病的孩子。"啊？原来他们都是幸子啊？"有人大声叫了起来。"胡说！他们怎么会是幸子呢！幸子还能在这里玩儿吗？他们都是已经治好了的孩子，他们和你们一样健康。"胡亚美气愤地向围观的人解释。因为胡亚美很担心世俗的偏见会对孩子的内心产生消极影响，于是她下决心让这些不幸的孩子们开心起来，鼓起勇气向病魔发起反抗。

在探索治疗白血病的路上，不仅需要胡亚美和患儿们的相互配合，还需要来自家长的信任与支持。20世纪80年代，出现了一场"气功热"，并很快席卷全国。很多人认为练气功可以治病，甚至比西医还厉害。还有人由此否定西医的科学性，认为中医和气功能够解决所有的疑难病症。正是在这些错误认识的引导下，很多人纷纷盲目追求中医与气功的解决方法，甚至误入歧途，失去了最佳治疗时间。

有一次，胡亚美遇到了一个年仅四岁的早期白血病儿童。经过医院的第一轮化疗，孩子的病情得到了有效缓解。但是患儿家长不相信白血病这么快就可以治愈，认为自己的孩子得的并不是白血病，于是擅自停药。他们四处求医、用土法治疗，结果造成旧病复发，最后只好再次抱着孩子来找胡亚美。当时看到孩子的血液检查指标后，胡亚美的心一下子提到了嗓子眼儿，数据显示孩子的情况已经开始恶化了。胡亚美怀疑是出院时带的药有问题，于是自己掏钱买了10瓶药送到药品鉴定所做鉴定，结果显示药性及成分完全正常。见胡亚美心急如焚，那位家长终于坦白自己没有给孩子用药，而是找到一个私人诊所，请了一位据说非常灵验的气功大师给孩子发功，结果反而害了孩子。胡亚美对这样愚昧的做法非常痛心："这样的患者还不止一个。有的治疗刚刚好转就去做什么三冷疗法，喝冷水、洗冷水澡什么的，结果都复发了。"

胡亚美觉得，孩子应该是快乐的化身，即使身患白血病，也不能剥夺他们拥有快乐的权力。于是，她在 1979 年创办了白血病康复儿童联谊会，成为国内白血病儿童联谊活动的第一人。

1988 年的正月初八，庆祝龙年到来的鞭炮声还在北京城上空久久盘旋。北京儿童医院里新建的电教室里热闹非凡、张灯结彩。当孩子的笑声从屋里传出时，人们便知道，一场特别的联欢会正在欢乐、幸福地上演。这是白血病康复儿童联欢会又一次召开了，胡亚美和同事们为此忙碌了整个春节。参加联欢会的孩子们来自北京、河北、河南、吉林、辽宁、山东、山西、内蒙古、湖南等地，他们齐聚一堂度过这难忘的一天。这些孩子们最大的 18 岁，最小的才 3 岁。他们的小脸蛋红扑扑的，眼睛里充满幸福的光芒。这些孩子虽然有着与幸子相似的遭遇，却比幸子幸运很多。其中有些孩子已坚持服药一年，其中最长的坚持了四年，好多孩子的症状已经缓解近十年。

当时来自北京的郭小东在联欢会上显得格外高兴，原来今天正好是他 11 岁生日。大家知道后，都纷纷为他祝福。郭小东于九年前患了白血病，坚持服药四年后又停药五年，现在已经完全康复。他妈妈在联欢会上兴奋地诉说着小东现在的情况：前几天家人都感冒了，唯有小东没事。这足以证明在医院的精心治疗和家人的呵护照顾之下，小东的抵抗力已经完全正常，可以像普通人一样快乐地生活了！有的孩子在完全缓解期进行运动锻炼，甚至成了业余体校的学员。这一个个健康而活泼的孩子，用自己的倔强而强大的生命力告诉人们，白血病并不是绝症，胡奶奶可以帮他们从死亡的阴影中拯救出来。

在这场特别的联欢会上，并非只有痊愈的孩子，同样也坐着很多正在同白血病做斗争的在院患儿。这些小患者在康复儿童的感染下，也开始活泼起来。他们忘掉了对疾病的恐惧，将因化疗脱发带来的心理压抑全都抛在了脑后。孩子们欢笑着互相问候、互相鼓励，个个都像威武的小战士。此后，北京儿童医院几乎每年都会举办一次白血病儿童康复联欢会，参加的人数也越来越多，甚至一度达到了近两百人的规模。

1997 年，第十届白血病康复儿童联谊会如约而至。欢乐中交织着痛

图 4–7　1993 年 8 月，胡亚美（左一）在第八届白血病康复儿童联欢会上发言

苦，喜悦中流淌着热泪。尤其令人感叹的是，这 180 多个不幸却又幸运的白血病患儿，他们相聚在一起，演奏出一曲生命的激昂乐章。胡亚美仍然记得，一个年轻的姑娘跑上主席台与她紧紧拥抱。这个姑娘是 1979 年的患者，已经康复了 18 年。有一位父亲在联谊会上自豪地宣布："我儿子正在南京上大学，他还是一个足球运动员呢！"一对来自山西晋城的母女神情庄重地走上主席台，她们并没有用语言表达自己的内心感受，而是将一面锦旗高高举起。令胡亚美和同事们感动的是，锦旗上面写着"您的女儿现在很好！"。

在北京儿童医院的表率下，全国各地的医院也都纷纷组织了白血病患者联谊会。治病救人已经不再是医务人员的全部，更扩展到对白血病患者及康复人士的精神关怀上面，这是无数医务工作者大爱无疆职业精神的进一步体现。我国医务工作者的人性光辉，已经由诊室内延伸至广阔的天地之间，他们在胡亚美精神的感召下，践行着身为白衣天使的最终使命："不为名、不为利，为的是拯救患者的生命，以及唤起他们对生命的认同与感动！"白血病绝对不是绝症——这是胡亚美和同事们不断创造的生命奇迹。

从20世纪末到现在30多年的时间里，北京儿童医院共治愈了1000多例小儿白血病患儿。在康复的患儿中，有的上了大学、参加了工作；还有的结婚、生育了健康的宝宝。当经历过死亡威胁的孩子成为父母之时，必然对“生命”二字有了超乎于常人的深刻认知。这些为人父母的康复患者必然会是合格的家长，因为当他们在儿时看到双亲因为自己的病而痛不欲生，怎能不对父母亲情有着健康儿童无法体会的深刻认识呢？当他们看到胡奶奶像母亲一样呵护着自己和病友们，又怎能不对人间真情有着超乎血缘关系的深刻理解呢？

胡亚美和她的同事们向世人证明：无论何时，医院不是仅仅充满着消毒药水气息的可怕场所，也不是笼罩着冰冷白色的荒凉之地，那是与死神进行残酷斗争的战场，那是与命运进行竭力谈判的舞台！

敬畏生命　消除偏见

身为中国国医大师的裘沛然先生曾经写过这样一首诗：“学如测海深难识，理未穷源事可疑，诗到换年浑似梦，世犹多病愧称医。”确实，那些悬壶济世的名医们，最共同的特点就是恨不得让世间所有病症都能被治愈，恨不能人间不再充满因病痛折磨而饱受困苦的家庭。胡亚美又何尝不是呢？在她与小儿白血病对抗的三十多年里，她用一颗慈爱的心去帮助她的孩子们。无论身份高低，无论家世富贫，在胡亚美的眼中，都是值得她去救助的对象。用一颗敬畏生命的心去行医，这就是医生的第一品格！

从20世纪70年代末到90年代中期，胡亚美凭着脚踏实地的钻研精神和直面困难的胆识勇气，创造出了令人惊叹的卓越成绩，而成绩的背后是胡亚美和她所带领的科研团队大量的心血与汗水，是一张张稚气的笑脸，是重新看到生活希望的泪水。20世纪90年代，血液病专业进行了大宗的小儿白血病病例资料总结——儿童急性淋巴细胞白血病治疗长期、无病存活率达到74%，这个数据表明北京儿童医院儿童急性淋巴细胞白血病的治疗效果已达到同期国内领先水平，为儿童白血病工作进一步开展打下了良好基础。

唐代药王孙思邈曾说：“凡大医治病，必当安神定志，无欲无求，先发大慈恻隐之心，誓愿普救含灵之苦。”行医的第一出发点一定是患者。急患者之所急，求患者之所求，这是胡亚美行医的基本原则之一。特别是在出现关乎患者安危的问题时，她总是第一时间去想办法解决，从来不因工作的繁忙和辛苦而忽视任何一位患者。

1987 年，考虑到某种化疗药的生产对工人健康可能有影响，上海市第十二制药厂决定停止生产这种理想的抗癌药。从维护企业员工利益的角度来看，这样做是无可非议的，毕竟生命面前人人平等。可是如果这种药物出现断档，必然会影响到白血病患儿的常规治疗。胡亚美知道此事后非常着急，这可是白血病孩子不能缺少的药物啊，一旦停产，孩子的治疗就要被迫停止。情急之下，她跑到上海找到药厂厂长，请求厂领导不要将此药物停产。她还给药厂工人讲解防护知识，宣传正确的防病方法，又拿出白血病孩子们的照片，给工人讲孩子们如何坚强地同白血病抗争，感动了在场的每一位工人。胡亚美的举动最终打动了药厂领导，厂长亲自带领五十名工人到北京儿童医院看望孩子们，同家长交流，决定生产孩子治疗需要的一切药品，并保证供应。此后，孩子们用的药从未短缺过。

胡亚美最无法忍受的是世俗对白血病的偏见和对白血病患者的歧视。1984 年，她写了一篇科普文章《谈小儿白血病》，发表在 8 月 9 日的《人民日报》上。之后，胡亚美一边宣传白血病预防知识，一边对正确认识白血病进行科普介绍。但是，社会中的一些人对她的孩子们所投来的不友善目光，还是会让胡亚美的内心感到无比难过。

一次，在康复儿童联谊会上，有个抱着宝宝的年轻妈妈告诉胡亚美自己有了一份很好的工作，还组成了家庭、生了宝宝。胡亚美高兴地抱过宝宝不停地亲吻，这个画面被媒体记录下来。可不久之后，胡亚美听说那位年轻妈妈被辞退了，理由是她不适合做这份工作。但胡亚美清楚地知道，那家单位是因为这个年轻的母亲曾经得过白血病，怕以后复发承担责任。

一个曾经得了白血病，经胡亚美治疗后恢复健康的女孩儿，考上了北京的一所医科大学。胡亚美非常高兴，特意找到这所学校的校长，告诉他这个孩子得过白血病，如果她有什么困难，希望学校能照顾一下。结果，校长一听，就赶紧把这件事汇报到了教育局，还让胡亚美签字，保证这个孩子已经没有任何问题了，是个健康的人。对此，胡亚美感叹道："一个医科大学的校长都不能理解这些孩子，更何况其他人呢？"

社会对白血病不了解，这样的世俗偏见使得治愈的孩子们受到歧视，让患儿家庭对孩子的未来产生深深的忧虑。而这样的忧虑必然会变成孩子的负担，影响孩子的一生。"儿童白血病治愈后八年不复发，就是正常人了。可是，知道的人太少了。"这是一位患儿家长内心最压抑的事情。一位患儿的母亲难过地说道："孩子去年被查出患有白血病，我到学校为他请假，老师当即劝孩子退学。化疗第一疗程结束后，孩子去学校上课，回家后常常躲起来哭。原来在知道他生病后，老师和同学就不再理睬他，他变得很孤独。"

这样的事，胡亚美听到得太多太多，她感到无比失落。

这些从死亡线上挣扎回来的孩子，究竟什么时候才能与正常的孩子享受同样的权利呢？在治疗过程中，这些孩子忍受了常人无法想象的痛苦，取脑水、穿刺、化疗、放疗、脱发、呕吐、肛门溃疡、口腔溃疡……可是，他们都挺过来了。痛苦的磨砺使这些孩子变得非常坚强，因为曾经直面死亡，所以当他们重新赢得生命的权利后，他们便会更加珍惜每一天，也更加热爱生活。他们想要的，仅仅是平等。每当他们在人生的道路上面对着种种不解、误会与否定时，他们就会变得更加敏感，一些人甚至变得消极，怀疑当初的坚强是不是值得的。

胡亚美心疼这样的敏感，也害怕出现那样的消极，这些她视如己出的孩子，不应该受到这样不公平的待遇。

这些世俗的偏见让胡亚美深感科普宣传的重要性。然而，令胡亚美难过的是，即使是在科学技术知识普及程度较高的今天，人们对白血病的偏见依然很深。2005 年，时年 82 岁的胡亚美在接受中央电视台采访时，用一种母亲般的口气说道：“你看我的孩子多好啊！我有18个得过白血病的孩子生了第二代，没有一例是有畸形的，全都是正常的孩子，而且还都是很聪明的小孩。”[①] 事实足以胜过一切偏见！

“我要一直呼吁下去！我就是要为他们找到一个通行证！”胡亚美坚定地说。

① 中央电视台《大家》栏目:《胡亚美·白血病儿童的福音》，2005年4月30日。

第五章
老骥伏枥

继续闯关

造血干细胞是指尚未发育成熟的细胞，是所有造血细胞和免疫细胞的起源。它是未充分分化的细胞，具有良好的分化、增殖能力。由于化疗在杀灭癌细胞的同时也杀死了正常的造血干细胞，导致患者体内血细胞缺乏，从而危及患者生命。为了让患者能尽快恢复造血功能、挽救患者生命，就需要为他们输注造血干细胞，这就是人们所知的骨髓移植。20 世纪 50 年代末，造血干细胞移植技术开始应用于临床实践，我国则于 1964 年完成了首例骨髓移植。

20 世纪 80 年代中期，骨髓移植在白血病的治疗中已经占有重要地位。但由于技术复杂，需要人力及物质条件较多，再加上患者经济负担过重，即使在当时的发达国家中，骨髓移植也未能普遍开展。虽然北京、上海等地少数医院做过此项工作，但是治疗的病例数仍然很少，小儿病例就更少了。为了进一步完善小儿白血病的治疗，北京儿童医院决定开展骨髓移植工作。1987—1988 年，在胡亚美担任北京儿童医院院长期间，由赵新民大夫负责创建骨髓移植病房、完成层流间的建设，并派出医护人员到北京大学人民医院学习骨髓移植技术。

图 5-1 1991 年 10 月，胡亚美获得国务院政府特殊津贴证书

经过近二十年的不懈探索，胡亚美带领着血液研究组的成员们做了大量开拓性的科研工作，在白血病的防治方面取得了令人满意的成果。据北京儿童医院统计，直至 1994 年年底，经治疗后存活三年以上的白血病患儿已有 440 人，八年以上的达到 202 人；肿瘤与白血病的死亡率由 9.64% 下降至 2.36%。

1991 年，中共中央、国务院决定向作出突出贡献的专家、学者、技术人员发放政府特殊津贴。于是，在这一年的 7 月，胡亚美成为北京儿童医院首批享受国务院政府特殊津贴的专家。每月的津贴数额为 100 元，虽然钱不算太多，但这 100 元钱所代表的，是党和政府对胡亚美作为老一辈专家坚持学术研究的鼓励，以及她为人民服务半生的价值认可。

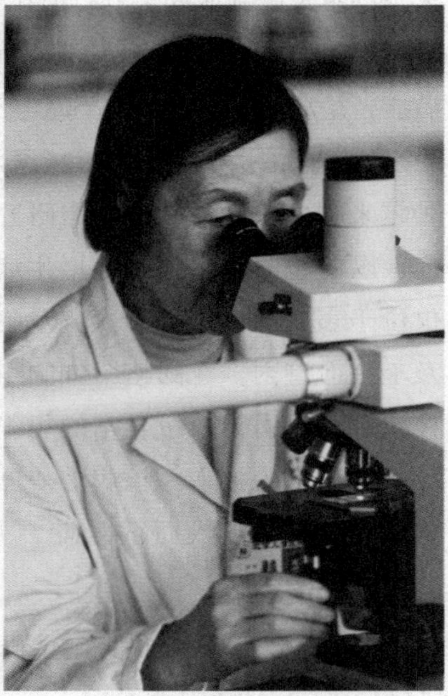
图 5-2 1995 年 6 月，胡亚美在显微镜下观察细胞

进入 20 世纪 90 年代中后期，国内外科技的最新成果被迅速运用到医疗行业中，使胡亚美团队的研究工作得到了高速发展。流式细胞术是 20 世纪 80 年代中期国际上新兴起和发展的一种生物和医学技术，综合了激光、流体力学和计算机各项新技术，能对细胞进行定量分析和分选。流式细胞仪是当今细胞学、肿瘤学、免疫学等进行细胞和分子水平的基础理论及临床应用研究的一种新而有效的工具。

1994年，胡亚美指导研究生及主治医师赵全完成了“应用流式细胞术检查微量残留白血病”这一突破性技术，并获得北京市卫生局科技成果二等奖。这项技术是“应用流式细胞术，结合同时标记细胞核末端脱氧核苷酸转移酶和膜特异性相关抗原检测MRD，对113例次急性淋巴细胞白血病病人进行研究”[①]，其目的是研究微量残留白血病检测方法在临床上的应用价值，并找到微量残留白血病在治疗过程中的变化规律。经研究，流式细胞术具有快速、敏感、客观的特点，能够在一秒内检测数千个细胞，并对每一个细胞同时进行多参数测定。

同年，胡亚美和赵全共同完成的论文《应用流式细胞术检测微量残留白血病》一文发表在《中华儿科杂志》上。在文中，尽管他们对这项检测技术做了很大程度上的肯定，但文章最后仍然严谨地对技术运用的可信度进行了客观说明：“由于目前各种检测技术均存在一定的缺陷，而且无论哪一种方法均不能覆盖所有的急性淋巴细胞白血病，因此MRD检测阴性时并不能说明急性淋巴细胞白血病治愈，必须结合临床综合分析。”[②]技术是人类探索未知领域的工具，但在利用它进行科研工作时并不完美，也不能被科研工作者完全信任。正确认识技术上存在的缺陷，结合客观实际分析病症，是胡亚美追求科学严谨与正义的体现。

随着血液疾病研究的不断深入，胡亚美领导下的血液专业组研究的病种越来越多。她带领专业组研究的另外一个疾病是郎格罕组织细胞增生症，以前也叫作组织细胞增生症X。郎格罕细胞是一种树枝状细胞，不仅位于表皮层，也见于真皮及附属器、黏膜、淋巴管、淋巴结、胸腺以及毛细血管内。在郎格罕细胞组织细胞增生症中，由于生产了过多的树枝状细胞，引起大量异常的组织细胞增生性浸润，可以导致皮肤、骨骼和其他器官的损伤。该病曾一度被人们认为是网状内皮系统的肿瘤，直到20世纪70年代后，得益于免疫学和病理学科的迅速发展，人们开

① 赵全，胡亚美：应用流式细胞术检测微量残留白血病。《中华儿科杂志》，1994年第32卷第6期，第325页。

② 同①。

始认识到该病不完全是恶性肿瘤的过程，很可能是一种免疫调节紊乱的疾病。

儿童郎格罕细胞组织细胞增生症分三种类型，分别是勒雪病、韩薛柯综合征和嗜酸性肉芽肿。病患初期，会出现很多皮疹，然后喘憋，伴随有贫血和肝脾大的症状。其中，韩薛柯综合征是郎格罕细胞组织细胞增生症最早分出来的类型之一，其症状表现是凸眼、尿崩、颅骨缺损等。该病患儿的最明显特点就是眼睛突出。经X光照射显示，患者颅骨会一块一块地消失。他们收治过的最严重的一个小患者，整天坐着尿盆，没法喝水也没法穿裤子，非常可怜。

自20世纪80年代中期，胡亚美带领杨士元、赵新民等人开始对郎格罕细胞组织细胞增生症做进一步研究。“最早就只取一个皮疹，后来骨头破坏，就取一块儿骨头，做一个刮片。就比方说，头上有一个颅骨缺损，然后就给他做一个小手术，把颅骨缺损的边儿给割下一块，然后做病理分析。后来又进展了，做免疫组化。”[①] 经过血液专业组长时间的研究，郎格罕细胞组织细胞增生症得到了有效治疗。到目前为止，除了勒雪病，其他两种类型的病症90%以上都能够被治愈。

国际组织细胞协会在20世纪80年代召开了一次国际学术会议，胡亚美便带着北京儿童医院所总结的100多个组织细胞增生症X的相关病例去参会。会上，胡亚美做了《470例组织细胞增生症X综合分析（140例儿童组织细胞增生症病人随访）》的报告，详细介绍了病例的收集、检查、诊断和治疗情况。组织细胞增生症X是一种少见的疑难病，当时国际上对这种病的治疗也是刚刚起步。而胡亚美她们积累了如此多的病例，治疗效果如此显著，震惊了与会的中外专家。

遗传性球形红细胞增多症是一种红细胞膜异常的遗传性溶血性贫血。胡亚美带领由臧晏、刘世颖、李学勤等医生组成的科研团队，于20世纪90年代初开始对这一病症进行了系统研究。他们总结了北京儿童医院1960—1990年收治的170例病患的临床特点和脾切除疗效，探讨该病的发

---

① 臧晏访谈，2013年4月25日，北京。资料存于采集工程数据库。

图 5–3 2000 年 8 月，胡亚美（左二）接待外宾

病机理。他们对其中的 134 位患儿进行了脾切除术，无一例复发，亦无一例因术后感染死亡，积累了宝贵的治疗经验。1996 年，胡亚美团队发表论文《遗传性球形红细胞增多症临床和实验研究》，提醒医疗人员在针对此病进行脾切除术的过程中“要注意选择手术时机，防止术后感染，对婴幼儿患者应尽量延至 4～5 岁后再做手术，少数贫血严重且多次出现再障或溶血危象，以致非反复输血不足以维持生命者，亦可适当提前手术，但应视 1 岁以内为禁忌。”①

北京儿童医院的老、中、青三代科研人员，在胡亚美的带动与感染下，通过血液专业组这个大熔炉的锻造，渐渐形成了默契的合作精神。他们行进在通往消除血液病的道路上，一路披荆斩棘、过关斩将，取得了一个又一个阶段性的成果。

① 赵新民，潘华珍，胡亚美，等：遗传性球形红细胞增多症临床和实验研究。《中国小儿血液》，1996 年第 1 卷第 4 期，第 188 页。

承师志　铸辉煌

图 5-4　1989 年 2 月，胡亚美看望诸福棠

作为诸老的得意门生，胡亚美一有时间就去看望自己的老师，两个人结下了深厚的师生情谊。1989 年诸福棠 90 寿辰时，北京儿童医院原计划举行全院庆祝大会，诸福棠听说后，谢绝了医院领导的好意。医院尊重诸福棠的意见，只买了一个大蛋糕和一个花篮，全院各科都派代表到他家中祝贺。胡亚美在这一年送给诸老一个美好的生日礼物：为了永远纪念诸院长为中国儿科作出的功绩，在她的倡导下，儿童医院院内树立起一尊诸福棠教授的半身铜像。

1994 年 1 月 23 日，诸福棠因吸入性肺炎离开了人世，享年 94 岁。诸福棠从医 60 多年，一直为中国儿科的事业不懈努力，奉献了毕生心血。早在 1991 年，为了鼓励全国儿科工作者向诸福棠教授学习，我国卫生部和加拿大——中国儿童健康基金会决定设立“诸福棠奖”，每年颁发一次，以表彰为我国儿科临床、科研和保健事业作出杰出贡献的儿科工作者。1995 年 9 月 22 日，胡亚美荣获第五届“诸福棠奖”。

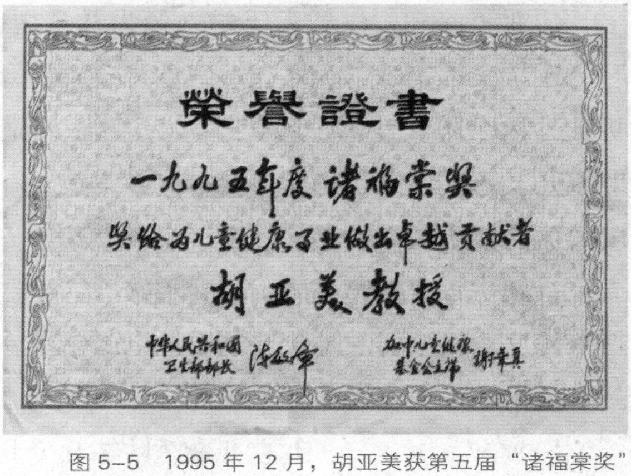

榮譽證書

一九九五年度诸福棠奖

奖给为儿童健康事业做出卓越贡献者

胡亚美教授

中华人民共和国卫生部部长

加中儿童健康基金会主席

图 5-5　1995 年 12 月，胡亚美获第五届“诸福棠奖”

沉甸甸的奖项，让胡亚美再次想起恩师诸福棠的谆谆教诲，她决心一定继承先师遗志，为中国儿科事业的发展奋斗至生命最后时刻。

由于治愈一个白血病儿童的费用平均在 10 万元至 20 万元，普通家庭根本无法负担高昂的治疗费用。在这样的情形下，一些孩子的家长只能选择放弃治疗，而放弃对患儿的治疗无异于直接宣布孩子的死讯。在 20 世纪，我国还没有一个针对儿童白血病的公益性组织，很多家庭根本不知道到哪里寻求国家和社会的帮助。那些可怜的家长们因为诉求无门，而不得不放弃了孩子的生命。我国在儿童白血病的治疗研究工作主要集中在北京和上海两地，并面临着资金缺乏、专门人才缺乏等许多困难。中国癌症研究基金会正是在这样的历史背景下，于 1984 年 10 月 26 日成立起来的公益性组织。基金会主要负责募集资金，并开展一系列针对癌症的学术研究、专项资助以及教育培训等方面的业务。进入 90 年代，中国癌症研究基金会又准备建立一个针对儿童白血病的专项基金，并邀请胡亚美任专项基金筹备委员会的主席。

1991 年 12 月，作为儿童白血病专项基金筹备委员会主席，胡亚美在一次捐款仪式上呼吁国内外各界贤达对这一工作给予支持和资助，并希望尽快解决儿童疑难重症的医疗保险问题，为更多患儿得到及时治疗提供强有力的社会保障。胡亚美奋力疾呼的背后，是她自己的身体力行。1996 年，胡亚美把她获得的 15000 元“诸福棠奖”奖金全数捐给了白血病基金会。1998 年，胡亚美发起建立中国儿童白血病研究基金会，先拿出 1000 元作为基金会的启动资金。

胡亚美深知，仅凭自己的力量为儿童白血病防治的学科发展奔走呼吁，还是太过于微弱。只有得到党和政府的大力支持，这项科研建设才能更加迅速地发展起来。令胡亚美感到欣慰的是，1998 年北京市卫生局批准北京儿童医院血液科为重点科室，并下拨 150 万元经费，作为北京儿童医院白血病科研项目的专项资金。胡亚美知道，这笔资金来之不易。作为老专家，她一定要带领科研团队利用好这笔经费来建设和扩大北京儿童医院血液病房。最重要的是，这笔资金可以帮她完成多年的一个愿望——建立一个技术领先的现代化血液肿瘤中心。

1999 年 6 月 1 日，北京儿童医院在欢度儿童节的同时，迎来了另一个盛事——北京儿童医院血液肿瘤中心挂牌成立。很多人都还记得血液肿瘤中心揭牌的那天，当胡亚美和时任北京市卫生局局长朱宗涵一起揭下了盖在“血液肿瘤中心”铜牌上的红绸，随后胡亚美与时任院长倪桂臣紧紧地拥抱在一起。他们高兴的不仅仅是因为随着血液肿瘤中心的成立，可以扩大北京儿童医院的规模与声望；更因为这个中心的成立，使更多患儿有了被救治的希望。

血液肿瘤中心成立后，胡亚美带领专业组满怀斗志地开展了关于血液病的多项研究。臧晏算是胡亚美所带的学生中年纪最大的一位。她于 1961 年毕业于北京大学医学院儿科系，20 世纪 60 年代在儿童医院实习。毕业后，她就留在了胡亚美的身边工作和学习。90 年代中期，臧晏跟着胡亚美在血液科开展了针对戈谢病（曾用名为高雪氏病）的研究工作。

人体是一台高速运转的机器。为了维持生命与健康，人体不断地进行着细胞组织的新陈代谢活动。人体内，几乎所有的细胞代谢都需要酶的参与，以提高能量转化的效率。其中，有一种非常重要的酶叫 β－葡萄糖脑苷脂酶，这种物质可以帮助人体把葡萄糖脑苷脂分解成葡萄糖和神经酰

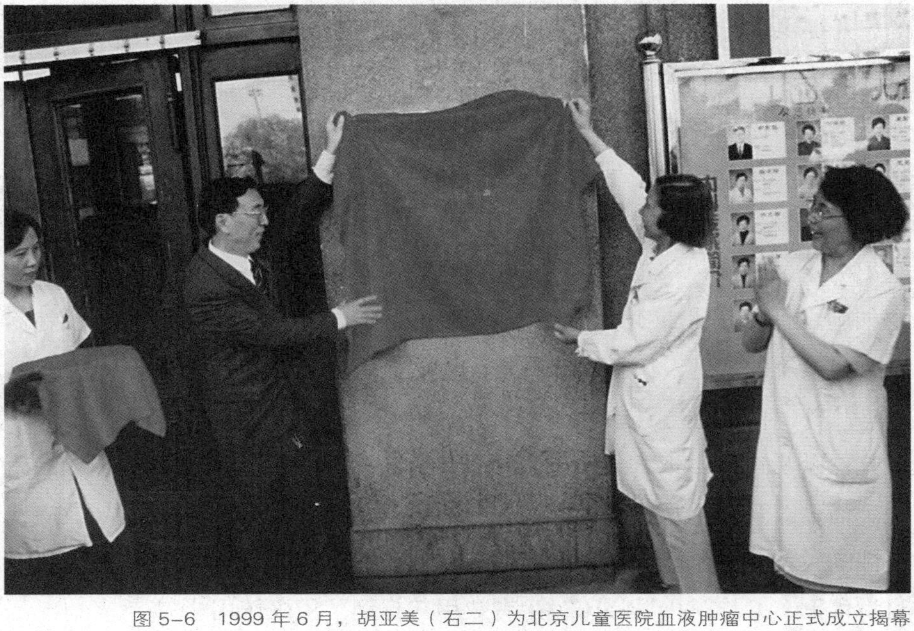

图 5–6　1999 年 6 月，胡亚美（右二）为北京儿童医院血液肿瘤中心正式成立揭幕

胺。当体内缺乏这种酶时，葡萄糖脑苷脂便会在肝、脾、骨骼和中枢神经系统的单核——巨噬细胞内蓄积，转化成一种叫戈谢细胞的物质。这种细胞在体内大量积聚，便引起器官和神经系统的病变。戈谢细胞是临床上诊断戈谢病的重要依据，具有常染色体隐性遗传的特点。

戈谢病的典型症状就是肝脾大，以脾大为主，分成人型、婴儿型和幼儿型三种类型。婴儿型有吸吮、吞咽困难，生长发育滞后的表现，神经系统症状突出；幼儿型则通常在两岁到青少年时期发病，脾脏中度肿大，并逐渐出现中枢神经系统症状（如肌阵挛性抽搐、动作不协调、精神错乱），最后卧床不起。由于戈谢细胞一开始是在肝、脾中被发现，后来又在骨髓中被找到，因此这种病就被归到儿童医院血液科研究了。1994 年 8 月，胡亚美、臧晏等人发表了第一篇名为《同胞姐弟患高雪氏病二例》的文章，文中报道了医院收治的两例患有高雪氏病而未实行脾切除术的病例，并就此展开了对高雪氏病的多年研究历程。

由于该病发病率极低，又需终身服药，每年费用高达 100 余万元，普通家庭根本无力承担。1999 年 1 月，世界健康基金会与美国健赞公司开展了高雪氏病慈善项目，由健赞公司免费捐赠药品，世界健康基金会为该类病症的患儿提供免费治疗。胡亚美得知后，便向世界健康基金会申请并得到基金会的大力支持，全国的高雪氏病患者也因此获得了免费药物治疗的机会。

随后，血液肿瘤中心在国内首先开展白血病 MICM 骨髓形态学、免疫学、细胞遗传学、分子生物学诊断技术，吸取国外治疗组的先进经验、改进治疗方案，先后制定、实施与国际接轨的儿童急淋白血病《北京儿童医院 1998》（BCH–98）、《北京儿童医院 2003》（BCH–03）方案及儿童急性粒细胞白血病《北京儿童医院 2005》（BCH–05）方案，并加强白血病诊断方案实施的管理，第一次全科统一了白血病治疗方案。

此外，血液中心还开展了联合化疗对儿童急性白血病患儿生长影响的研究，以及进行中枢神经系统预防性治疗对急淋白血病儿童智力影响的研究。通过对药物治疗作用的研究，根据药代动力学原理探讨浓度与效应或毒性的关系，再结合临床调整药量，为提高疗效、实现剂量个体化提供了科学依据，尤其对指导临床医生有效用药起到了积极作用。

新世纪的号角

时间进入21世纪，科学技术的进步给人们生活带来了日新月异的进步，同时也带来了无法预知的危险与伤害。特别是对儿童来说，要面对的各方面问题变得更加复杂，如食品安全、环境污染、自然灾害……诸多因素导致罹患白血病的人数逐年上升，儿童白血病的人数也呈现连年上升的趋势。20世纪末，儿童急性白血病治疗的效果得到显著提高，特别是儿童急性淋巴细胞白血病的五年无病生存率已经从二十年前的20%提高到80%以上。[①]尽管如此，儿童肿瘤的防治工作仍有不少诊断与治疗上的困难，尤其是儿童肿瘤在20世纪末仍然未能引起全社会的广泛关注。

为此，胡亚美在《中国肿瘤》杂志上发表了名为《21世纪儿童肿瘤防治展望》的小文章，作为儿童肿瘤防治方面的专家，她为未来的工作开展指明了更具体的方向。在文中，她提出三点希望：第一，希望开展对全国城乡有关儿童肿瘤的发病率与死亡率的调查，有计划地开展防治工作；第二，对难治性的儿童肿瘤，应检测其基因特征以提高诊断水平，并为治疗的个体化创造条件，基因治疗也将进入临床；第三，在每个城市建立脐血库，并进行联网。

2001年5月28日，胡亚美联合林佳楣、王光美、李昭、林月琴等社会知名人士发起并倡议的中华慈善总会儿童白血病基金正式宣布成立，专门用来支持我国儿童白血病的科学研究，培养白血病研究专门人才。在开幕式上，胡亚美向参会人士介绍道：以白血病为代表的儿童恶性肿瘤，目前已成为我国5～15岁儿童的第二大死亡原因，我国平均每年有近两万名15岁以下的儿童患病。在这次具有历史意义的成立仪式上，参会的社会各界人士向全社会发出了强烈呼吁："孩子是祖国的未来，在我国儿童白血病的研究面临资金和人才缺乏等许多困难的时候，更需要全

① 李祯萍：血液病诊治进展。《中国实用儿科杂志》，1996年第14卷第6期，第133页。

社会的支持。”

儿童药品生产的问题一直存在，儿童药品的短缺问题也是存在已久。由于儿童专用药的短缺，医生在给患儿开药时就不得不以成人药代替。这样不仅容易导致小儿服食困难，更难以把握剂量。

以片剂为例，医嘱患儿家长取1/4～1/3给患儿服用，而家长在操作中则很难掌握准确的剂量，剂量小了治不好病，剂量过大则可能发生毒副作用，无法保证患儿用药的有效性和安全性。

再如我国对儿童静脉输液用药的药物浓度有着严格的规定，目前药厂生产的糖水或糖盐水的规格多为500毫升，而儿童一般只需用200毫升左右。当医生开了处方后，护士只能将多余的部分取出倒掉，然后再重新配药。这样一来，既浪费资源，又增加操作步骤，不但可能延误治病时间，同时也容易产生污染、引发不良后果。更令人忧虑的是，因在治疗过程中缺少儿童急救药品，从而延误病情造成患儿死亡或因使用成人药品不当而使患儿致残的事例时有发生。①

因为儿童医院接收的都是孩子，用药问题更为突出，因此胡亚美不止一次地向药品厂家提出儿童用药的问题。但由于生产等方面的限制，药品生产厂家在面对儿童用药这个问题时也显得很无奈。2006年，83岁的胡亚美在给卫生部领导的信中提到，巯嘌呤早在20世纪七八十年代就已有生产，而近些年却是“药物无货、患者投诉”的状态，对于很多正处于治疗维持期间的白血病患儿来讲，缺少每天都需服用的这种药物，必然会带来恶劣后果。作为人大代表，胡亚美觉得她有责任向国家反映这一困难，尽自己的一份绵薄之力。国家中医药管理局的领导得知胡亚美的意见后，亲自协调、办理了这两件事情。胡亚美的心愿终于变成了现实，当杭州的民生制药厂儿童用药生产车间开工的时候，她高兴地参加了开工典礼。

① 王乃礼，欧阳颖，周成芝：儿童用药盼上正轨。《医药经济报》，2001年8月22日。

随着国内外交流的日益频繁，国外的先进设备和新药物被不断引进到国内，使白血病的诊断和治疗技术又向前迈进了一大步。随着网络科技的日渐发达，各种信息的获取也变得越来越方便、快捷。此时，已经80多岁的胡亚美并没有因为年龄的衰老而放弃与时俱进的时代观。为了加强各地区间的交流，胡亚美又提出儿童白血病全国联网的理念，制订出统一化疗方案以提高全国治疗水平，这在全国白血病治疗史上是个创举。

随着对儿童白血病研究的进一步深入，基因研究逐渐受到关注。早在21世纪之初，胡亚美便带领科研团队开始对儿童白血病分子遗传学进行研究，并在《中华儿科杂志》上撰写了名为《儿童白血病分子遗传学研究进展及其临床意义》的文章。文中提道："分子遗传学分析技术的不断发展及在儿童白血病临床方面的应用，对了解分子改变在儿童白血病发病机制中的作用和改进治疗有其重要意义，也是儿童白血病 MICM 分型的理论根据。"[①] 随后的几年间，血液肿瘤中心发表了十余篇相关方向的论文。胡亚美带领研究小组用高分辨分析技术对人类肿瘤细胞进行细胞学分析，发现90%以上的造血细胞恶性肿瘤都有细胞遗传学改变。也就是说，每个人的正常细胞都含有癌基因，但在恶性变之前，它们都有正常生理功能。恶性肿瘤染色体易位往往使某些原癌基因激活。胡亚美领导的科研团队通过采用一种多重巢式RT-PCR方法，可识别染色体结构畸变形成的融合基因，并同时筛选出29种急性白血病常见的染色体易位。

很多人对白血病都有这样的误解：只有骨髓移植才能治愈。其实，目前骨髓移植的成功率最多50%，其中复发率为20%，最终成功率也仅为30%。而用联合化疗的方法治疗小儿白血病的成功率会更高，它是最经济、便捷、有效的治疗方法，特别是针对急性淋巴细胞白血病，近期缓解率可达95%以上。2007年7月16日，胡亚美在南京参加由南方医科大学二院儿童医学中心主办的儿科高级专家论坛上就提出"化疗是治疗急性白血病最直接、最有效的方法，不提倡动不动就做骨髓移植。"2007年9月19日，胡亚美又在第十届全国临床肿瘤学大会上重申了这一观点，认为给白血病

① 谢建军，胡亚美，臧晏：儿童白血病分子遗传学研究进展及其临床意义。《中华儿科杂志》，2000年第38卷第9期，第588页。

患儿进行骨髓移植是不得已的做法，其实只有少数高危或病情复发的患者才考虑采用此方法。

胡亚美发表的这一观点是有充分的事实论据的：她领导的研究小组将我国治疗小儿淋巴性白血病五年无病存活率提高到74.4%，已经进入世界先进行列。由于儿童对化学药物很敏感，对化疗药的耐受力比成人高、反应小，癌细胞很容易被杀灭；同时，儿童的组织再生能力也比成人强，如果注意联合化疗和规范用药，白血病病愈后是非常乐观的。事实上，80%的患儿靠化疗就可以长期存活甚至痊愈，因此欧美等发达国家均把造血干细胞移植视为第二线治疗措施。

2007年，胡亚美主持了第一届中国内科肿瘤学大会。在会上，她以《儿童白血病的发展历史和现状》为题，对白血病的历史进行回顾，并介绍了治疗现状与未来研究方向。

回顾迈入新世纪之后的科研之路，胡亚美的心中充满激情与斗志。从发起儿童白血病专项基金到关心儿童用药问题，从提议在全国范围内建立儿童白血病联网到宣传正确运用骨髓移植手段抗癌……在跨入21世纪后短短的八年时间里，胡亚美做的那些看上去只是她分内的事，却深深地影响着中国医疗科研发展的整个进程。

北京儿童血液肿瘤中心

虽然北京儿童医院治疗白血病的水平已经达到了国际水准，白血病儿童的无病存活率也在日渐提高，但是国内一些地方医院的治疗水平还是非常落后。大城市与其他地区的医疗条件的差异巨大，让胡亚美感到焦虑和担忧。她一直有一个梦想，就是要建立一个更加现代化的小儿血液肿瘤中心，让更多的“幸子”看到生的希望。

2002年，胡亚美首次在《中国肿瘤》上表达了她对成立更为专业化的小儿血液肿瘤中心的渴望：“目前国内对成人肿瘤的研制工作已较重视，大

图 5–7　1985 年 7 月，胡亚美（右一）与同事商讨急救中心业务楼建设事宜

城市多已建立肿瘤研治中心。但尚无一所儿童肿瘤研究所，希望能尽快在北京等大城市建立儿童肿瘤研究所，以进一步提高我国儿童肿瘤的治疗和科研水平，降低我国儿童肿瘤患者的死亡率。”①

2003 年 5 月 31 日，温家宝总理在儿童节前夕到北京儿童医院看望患病儿童时，胡亚美正式向总理建议建立“北京儿童血液肿瘤中心”，总理当场表示赞同。随后，胡亚美又向温总理提交了一封信，表达一个古稀老人内心最强烈的心愿。

尊敬的温家宝总理：

您好！恕我冒昧打扰。我今年已经 80 高龄，是医学阵线上的一名老兵。从辛亥革命到解放战争，从新中国成立到今天的改革开放，我历经了祖国的变迁。自党的十一届三中全会以来，在党中央和国务院的领导下，伟大的中华民族日益强大，中国已成为世界经济增长最快

① 胡亚美：建立小儿肿瘤白血病中心。《中国肿瘤》，2002 年第 11 卷第 1 期，第 8 页。

的地区之一。所有这一切均来自党和政府的正确领导，来自正确的方针、路线和政策，举国人民无不精神振奋、欢欣鼓舞！进入21世纪，国人更是经历了申奥成功、加入WTO、历史上首次成功打入世界杯决赛等。此乃国之所幸，民之所幸矣！我为我们能有今天的大好形势而感到由衷的高兴。随着改革开放的深入，医疗战线也出现了前所未有的好形势。总体上，我们正处在医疗改革的关键时期，以下是我从事专业领域的情况汇报。

儿童是祖国的未来。1992年3月，国务院正式颁布《九十年代中国儿童发展规划纲要》，中国儿童保护和发展受到法律约束，儿童事业处于史无前例的良好境遇中。

世界卫生组织在20世纪90年代后期估计：全世界每年新发生的肿瘤病人约590万人，每年死于恶性肿瘤的患者约为430万人。2000年年底统计结果表明，全世界每年新发恶性肿瘤病人达1000万人，每年死于恶性肿瘤的人数达到800万人。我国约有4亿多名儿童，每年约有3万多个新发恶性肿瘤患儿。但迄今为止，国内尚无一家儿童肿瘤医院，这与我们的大国地位很不相符。在1997年召开的全国卫生工作会议指出：恶性肿瘤已跃居我国疾病死亡率首位，而白血病则是恶性肿瘤的第一位。

目前，发达国家儿童白血病的五年无病生存率已经达到75%左右，但1996年对国内19家大型医院的综合统计表明，儿童白血病五年无病生存率仅为45.83%，远远落后于发达国家。除治疗方案因素外，约半数以上的死亡原因是患儿家庭经济条件而被迫放弃治疗。由于国家建设任务艰巨、资金短缺，我国在肿瘤研究上投资远远不足，实属杯水车薪，所以要得到全社会的支持。国外经验表明，在国家现有实际条件下，通过基金会运作来造福肿瘤患儿无疑是帮助他们的最佳途径。其目的在于完成建立儿童白血病/肿瘤研究中心和培训中心等重大项目，实现我们建立儿童肿瘤防治基金会的宗旨！

因此，年逾古稀的我有一个一生中最大的愿望：建立全国儿童白血病/肿瘤基金会，成立全国的儿童肿瘤中心！我恳请各位领导能审阅并批准我们建立儿童白血病／肿瘤基金会的报告。一切为了孩子……

此致

祝安康！

胡亚美

2003 年 5 月 31 日

温总理当场表示要建设儿童血液病肿瘤中心，并指示该项目由国家投资建设，并在北京市选择合适的建设场地。吴仪副总理临行前指示："你们尽快把立项申请报告送来。"

院领导当即召开会议，落实指示。当天下午 6 时，报告就呈送到正在卫生局等候的局长手中。局长马上签发批转，直送市政府。时任市委书记刘淇即在呈送的报告上批示："温总理视察时确定的项目，由市规划委确定建设位置。"温总理 2003 年 6 月 4 日看到报告后进行了批示：我国有 4 亿多儿童，每年有 3 万多新发血液肿瘤患儿，应该建设儿童血液肿瘤中心，请发改委会同卫生部提出意见。

2003 年 6 月 6 日，接到温总理的批示后，医院以最快的速度落实总理指示，在短短的一个多月时间里就完成了《北京儿童血液肿瘤中心项目建议书》内容，最初的建筑面积为 2.4 万平方米。

2004 年 6 月 1 日，温家宝总理再次批示："把北京儿童血液肿瘤中心建设好，为全国儿童健康服务。"同年 10 月，院领导考虑到已经上报的《北京儿童血液肿瘤中心项目建议书》中所测算的 2.4 万平方米远远不够北京儿童血液肿瘤中心的预期设想。为了不辜负总理的期望，并确保新建的北京儿童血液肿瘤中心至少在十年内不落后于同期建筑水平，新的项目设计方案中对血液中心的功能要求、布局结构、规模建制做了比较大的改动。2005 年 5 月 24 日，胡亚美院士和李仲智院长分别给温总理写信，汇报项目的新方案，立即得到了总理的理解和支持。

2005 年 6 月 2 日，温总理为北京儿童血液肿瘤中心做了第三次批示："请马凯、岐山同志关心一下此事。"王岐山市长接到批示后，立刻委托市政府闫仲秋副秘书长主持召开北京儿童血液肿瘤中心建设项目协调会。北京市发改委、市规划委、市建委、市卫生局、市国土局、西城区政府、市政设计研究院等单位的负责同志同时到会。会议作出结论，同意北京儿童医院的项目发展方案，决议迁走北京市市政建筑设计研究院及其家属楼，以作为新项目的用地。

2009 年 8 月 6 日，在新中国成立 60 周年之际，温家宝总理登门看望时年 86 岁的胡亚美。一落座，总理就对胡亚美说："我知道，您心里惦记着一件事，就是儿童血液肿瘤中心的建设。目前，这一项目的立项、投资和征地规划都解决了。项目占地拆迁工作正在加紧进行。工程配套的污水处理站很快就可以先期动工。"听到这个消息，胡亚美十分高兴。

温家宝总理在任期内对白血病患儿表现出了极大的关注，曾多次去各地医院探访白血病患儿。遗憾的是，由于种种原因，已经选好建设"北京儿童血液肿瘤中心"的原址在 2014 年 9 月 3 日才完成建址区域的拆迁工作，这时离立项已经过去十余年。从几年前就开始健忘失语的胡亚美院士参加了"北京儿童血液肿瘤中心"拆迁工作完成庆典仪式。那天，她坐着轮椅来到开工仪式现场，脸上露出了幸福的笑容。

图 5-8　2014 年 9 月，胡亚美参加北京儿童血液肿瘤中心拆迁工作完成庆典仪式

医院的好领导

作为医疗服务行业，医院能否带动和提升医院整体的、持久的高水平服务素质，是考察医院领导力的重要体现；而医院领导则是通过个人影响医疗团队成员，以实现医疗团队目标的一个过程。在新中国成立初期，由于医院外部环境相对单一，医院管理者中多数为医学专家，领导力主要依赖于个人的品格和魅力。胡亚美正是在这个时期，慢慢展现出令人钦佩的高尚情操和优秀的道德修养。正因如此，她的身边也凝聚着很多像她一样有着奉献精神的优秀专家和医护人员。

胡亚美的领路人之一——2015 年“最美医生”获奖者张金哲院士，曾经用三个字评价胡亚美：“她很冲”。只要胡亚美认为是对的，就会去据理力争。张金哲回忆，在“文化大革命”后，儿童医院想买 1250 毫安的放射线机器，因为没有这种机器就没法做血管造影，做不了血管造影，很多手术就都做不成。作为医院的副院长，胡亚美向当时的北京市副市长白介夫提出购买放射线机器的事情。后来，她让张金哲陪着又去找了一趟，机器在上级领导的批准下很快就买到了，解决了不少孩子的手术问题。张金哲说：“她（胡亚美）利用各种机会呼吁。她说‘我不是为自己的事，医院发展遇到的事，咱们不说，别人也不了解啊！’”①

作为一名带头人，胡亚美深知言传身教的重要性，她要求别人做到的，自己一定先做到。在担任儿童医院内科主任时，胡亚美就非常注重自己的言行举止，她总是用潜移默化的行为带领其科研团队在白血病领域不断攻城略地。无论是在工作中还是生活中，胡亚美总能够用那种敢于牺牲的奉献精神和德艺双馨的高尚医德感动和激励身边的每一个人。

1961 年毕业于北京大学医学院儿科系的臧晏，从 1960 年开始便在胡亚美的身边工作。当她谈到胡亚美时，总是用“平易近人”来形容这位老

① 张金哲访谈，2013 年 6 月 4 日，北京。资料存于采集工程数据库。

领导。在胡亚美的感染下，臧晏也展现出一位医者所应具备的无私气度。在麻疹疫苗还没有研究出来的时候，一旦有麻疹患儿被送院治疗，就需要抽出患过麻疹的成人血并输到患儿的体内。“胡大夫每次都主动献血，我们也跟她学，主动献血。”臧晏这样说道。

除了无私的奉献精神，胡亚美在工作中也是相当注重公私分明的。国家的财产，她坚决一分不占，有着老一辈无产阶级革命家所具备的自律和觉悟。关于这点，臧晏向我们讲述了这样一段回忆：有一次，一个领导的亲戚带孩子看病，拿着个条儿，不缴费。当时病房里就有人说，这个人占便宜什么的。胡亚美听了以后非常生气，认为这个领导的亲戚损害了党的形象。当时门诊都有病历，胡亚美就利用星期天的工夫骑着自行车到她家去找她。找到当事人一问，才得知这个人属于供给制的范畴，看病可以不缴费。虽然她了解了实情，但仍然以一位共产党员的高度去看待这次误会：“这可是为了党的信誉”。①

胡亚美脾气好是出了名的，只要不触及她的原则，一般的事情她很少生气。学生吴敏媛说：“胡大夫对人特别客气，学问也做得好，她不光是在我们科，在血液界、成人血液界都有很好的口碑。她对谁都很亲切、没有架子，很少对人有硬性要求，你更不会听到有人说，胡大夫在哪里发脾气、在哪里拍桌子瞪眼。胡大夫特别谦虚，为人特别善良。”

图 5-9　1995 年 8 月，胡亚美认真查阅病历

善良——是一位医者所拥有的高贵品质，是悬壶济世的基础。善良是一种底线，善良是一种尺度。因为心中有善，在医治患者之时，才会想病患之所想，急病患之所急；因为心中有善，在分析病因和下方用药时，才会

① 臧晏访谈，2013 年 4 月 25 日，北京。资料存于采集工程数据库。

酌情处理、严谨客观。严谨是从善良中延展出来的另一高度，是胡亚美所具备的高水平医术最重要的精神内核。

20 世纪 70 年代末，胡亚美和她的团队率先开展了儿童白血病的治疗，吴敏媛正是团队中的一分子，跟着一个优秀的领导去闯关，必然也受到了胡亚美的精神感召。

恩师胡亚美带领几个老师，经过几年的努力，摸索出了一个非常实用的白血病患者病情观察表。这个观察表上有孩子的一般资料，下面是孩子的治疗方案以及治疗每一周的血象改变，所有的信息都一目了然。这个习惯保持了下来，直到现在我们还在做，虽然我们现在有了很多现代化的工具，但是我们依然觉得这个大表更加直观、更快捷。这也体现了老一代人在这其中倾注的心血和努力，体现了他们对待病人的态度以及从点滴做起的科学严谨性。我接班之后，也时刻想起他们的这种做法和这种精神，并在我们科里将这种精神继续发扬光大①。

1982 年，59 岁的胡亚美担任北京儿童医院院长一职，正式接过老师的重任，彼时，胡亚美已经在诸福棠身边工作了整整三十五年。35 个春夏秋冬，诸福棠高尚的思想品德、严谨的治学态度、优良的工作作风、一生为儿科事业奋斗的决心，潜移默化地影响着胡亚美。诸福棠倡导的院训"公、慈、勤、和"，继续由胡亚美发扬光大。作为医院领导，她要完成繁重的管理工作；作为一名儿科血液病专家，她要承担出门诊、查房、搞科研、会诊等大量的医疗工作；还要参加学会和社会工作。

胡亚美当上院长后所做的第一件大事，便是与当时的党委书记郭玉莲等人着手解决医院的供暖问题。事情起因于她们在冬天的一次患儿家访。胡亚美注意到，人家家里温暖如春，但当时医院病房里的温度相对较低，尤其是病房里住的是孩子，有很多还是婴幼儿，室温应该比一般环境要高

---

① 吴敏媛访谈，2013 年 4 月 24 日，北京。资料存于采集工程数据库。

一些的。回到医院后，她们就开始联系相关部门解决问题。当时国家是计划经济，物资也相对匮乏，当郭玉莲得知可以找热力公司帮助解决这个问题时，就跟胡亚美一起去找市长商量儿童医院的暖气改造事宜。市长虽然批准了计划，但有一个问题——热力公司改造时需要五百号水泥，而北京却没有。于是，郭玉莲又去大同找水泥厂的人帮助解决，最终使暖气改造顺利完成。后来，又听说山西的煤质量好，郭玉莲便专门坐火车去山西煤场洽谈相关事宜。在她们的努力下，儿童医院的病房温度提高了，孩子们的冬天也过得更加舒适。

当时的儿童医院面临着很多问题。比如，随着儿科基础临床科研的发展，研究实验室全部挤在旧化验室和医疗业务用房内，而这座建于20世纪50年代的老式医院楼体已经远远不能满足儿科医疗发展的需要，医院的发展受到很大限制；与此同时，北京市儿童保健所的业务也在不断发展，却没有一个开展业务的地方；但最需要解决的问题，还是连年上升的医院就诊数量。由于北京及全国各地的患儿纷纷慕名而来，北京儿童医院的就诊量一年比一年多，20世纪70年代末已突破年门诊量百万人大关。门诊大厅十分拥挤，夜班急救室的走廊也不可避免地挤满了患儿和家长。

在诸福棠老院长的支持下，胡亚美向北京市领导提出了扩建儿童医院的申请。1983年，北京市政府批准建设一座建筑面积7000平方米的儿科急救楼。经过反复论证，最终确定了在儿童医院东大门南侧占地23亩的扩建方案，建筑主楼为8层，建筑面积从7000平方米扩大到14850平方米，主楼内设置急救门诊、观察室、PICU、NICU及急诊手术室，附楼为北京市儿科研究所及北京市儿童保健所办公用房。

业务楼设计方案出来后，胡亚美立刻拿着设计图纸到诸福棠家征求意见。虽然诸福棠早已从院长的岗位上退了下来，但他的心无时无刻不在挂念着医院的发展。他仔细地观看、斟酌，从布局到外立面的颜色都非常认真地提出了意见。施工中经费一度紧张，诸福棠知道后，写信请李鹏总理帮助，很快就解决了经费缺口，使工程得以顺利推进。

1989年，胡亚美主动从院长的职位上退居二线。虽然不担任领导职务，但她仍然关心着急救楼的建设，并帮助协调一些建设中的问题。

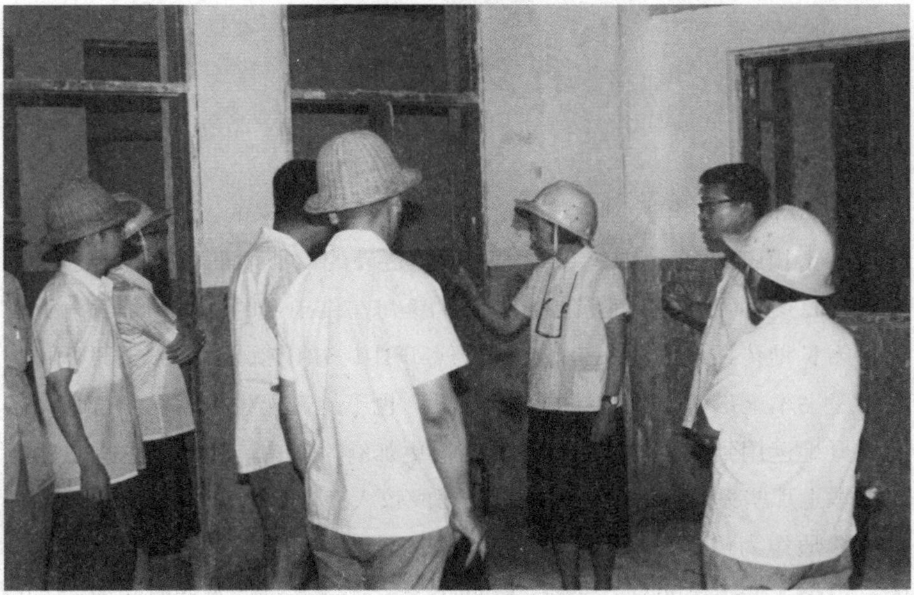

图 5-10　1985 年 7 月，胡亚美（右三）在急救中心业务楼建设工地指导工作

1990 年，业务楼顺利竣工。

进入 20 世纪 90 年代后，由于儿童医院是国内大型的综合性儿科医院，每年来看病的孩子非常多。医院即使一天 24 小时连续看诊，也难以接待所有的小患者。为了解决看病难的问题，儿童医院在 1993 年决定设立良乡分院。在选点建院的过程中，胡亚美多次进行实地考察。她一次次地从汽车站、火车站步行到选建点，计算着时间和距离，看能否起到分流的作用，同时还要考虑患者来这里看病是不是方便。胡亚美亲自参与良乡分院的建院事情，因为在她的眼里，孩子的事是第一位的。分院开诊后，外地患儿就诊更方便了，北京儿童医院的压力也减轻了不少。

从 1980 年到 1989 年，从担任副院长到退休之后，胡亚美在步入晚年的时间里，用光辉照亮着儿童医院的每一个角落。那瘦小的身体中蕴含着的，是她作为医院领导层所具备的核心力量。从同事到学生，从护士到病患，胡亚美都平易近人、不摆一点架子。她用母亲的温柔气质与长者风范两种相交融的魅力，吸引着无数优秀的人才凝聚在她的身边。

行为人师

从20世纪40年代刚入院的“小胡大夫”到后来的“胡奶奶”，在医疗战线上摸爬滚打60年，锻炼出胡亚美过硬的专业水准和高尚的学术涵养。她将这种经过时间的沉淀和实践的锤炼总结出来的医学精华和人生真谛，无私地传授给学生。也许在她的意识中，知识就是用来充分利用的。它不是书本上带着冰冷面具的病例数据，也不是毫无生机的化学符号，只有充分地运用到临床实践中，才能变得更加有说服力。也只有这样，才能将书本上那些失败的病例，不断地改写成救人良方。

教师作为传道、授业、解惑的职业，给学生的第一感觉是令人敬畏的。也许人们敬畏的是“老师”这两个字，也许是对拥有渊博知识的人的一种敬仰。但胡亚美给学生的感觉，绝对不是那些严厉的老学究形象，而永远是“特别亲切、和蔼”。胡亚美当然知道，闻道有先后，术业有先攻。在知识面前，她只是先行者而已。救治患儿的使命，必将落在那些后生可畏的青年身上。帮助自己的学生快速进入到备战状态，是胡亚美一直以来奉行的工作宗旨。

1970年毕业于首都医科大学儿科系的吴敏媛，现在已经是儿科血液专家了。刚进入职场，那种学生的稚气未脱与对未知工作的忐忑不安，很容易表现在当时年仅24岁的小姑娘的工作状态中。吴敏媛总结当时的状态“真的是两眼一抹黑，也不知道怎么干、怎么学”。幸好，她遇上了人生中的第一个启蒙老师——胡亚美。吴敏媛动情地说:“她（胡亚美）给我的第一印象，就是特别亲切、和蔼，这也和很多人对她的评价是一致的，她就是个很平和的人。”胡亚美知道在“文化大革命”期间，吴敏媛这一届学生并没有学到很多东西。于是，她找来两本专业书，一本是邓家栋编写的《内科学》，一本是儿科方面的书，让吴敏媛拿回去学习。这让吴敏媛很惊喜，也很感动。

新医生在工作七年后，要分专业方向。吴敏媛当时已经对胡亚美有了更深的了解，知道她侧重血液研究。于是，便义无反顾地选择了血液专业，胡亚美也就自然地成了她的老师。在后来与胡亚美相处的四十多年里，吴敏媛一直将她视为自己最敬爱的老师。无论是在学术研究还是在为人处世方面，胡亚美对她的影响都非常深。

1988 年 5 月，22 岁的济南姑娘秦宏伟考取了胡亚美的硕士研究生，如今她已是美国亚拉巴马大学副教授。她回忆道："当时我非常兴奋，像做梦一样来到了北京儿童医院血液专业组，成为全国最为著名的医学专家胡亚美教授的硕士研究生。当时北京儿童医院白血病的治疗效果已经非常好，达到了世界先进水平，为了尽量减少治疗的副作用，让孩子们活得更健康，在胡亚美教授的指导下，我做了化疗放疗对白血病儿童生长发育及智力的影响的课题。这个课题成果不仅发表在国家一级杂志上，还获得了北京市的科研奖励。"

与吴敏媛和秦宏伟有着同样感受的，还有郑胡镛教授。她于 1991 年从中国协和医科大学病理学专业研究生毕业，出于对本专业的科研追求和对孩子的喜爱，郑胡镛的工作方向便变得非常明确，一定要成为胡亚美的弟子。因为她知道，胡亚美是当时全国治疗儿童白血病方向最好的专家。面对着这位慕名而来的小姑娘所表现出来的紧张和不安，胡亚美反而显得相当惊喜与热情。郑胡镛回忆说："我第一眼见到她的时候，我特别惊讶，因为她特别热情，给人感觉特别亲切。这么一个德高望重、全国知名的老专家、老院士，没想到一见面就拍拍我的肩膀，说我们是后生可畏……就问了我的情况，并欢迎我到儿童医院来。然后，她马上就到人事处，说血液科要招一个从协和过来的研究生……"①

从郑胡镛的描述中，我们能深刻感受到一位年轻人对胡亚美院士当时的热情表现出来的惊讶与意外。没有冷漠的高高在上，没有忽视、轻视、傲慢，胡亚美对待她的学生都是"像慈母一样"的高度肯定与对年轻一代的关怀重视。

在郑胡镛看来，胡亚美是从"培养一个医学科学家这样的目标"来培

① 郑胡镛访谈，2013 年 11 月 10 日，北京。资料存于采集工程数据库。

养自己的学生的。胡亚美之所以有这样的育人理念，完全源自恩师诸福棠对自己的培养方式。胡亚美的指导对郑胡镛之后工作发展方向的影响是巨大的。虽然她1991年来到儿童医院后，在医院的工作以临床为主，针对临床的培训比较多，但是胡亚美仍然鼓励郑胡镛回学校考博。于是，1998年郑胡镛考上了胡亚美的博士生。就这样，既有临床的工作经验，又有先进的理论科研知识，郑胡镛很快得到了锻炼和成长。但这并不是胡亚美最满意的培养结果。胡亚美深知，当今国际的医学研究发展很快，她的这些学生必须走向世界，才能把人类最先进的医学成果带进国门，为拯救病儿的健康作出更大贡献。

胡亚美有着足够宏大的世界观，她认为中国医学科技的进步，必须广泛吸取国外发达国家科技人员的经验教训。让自己的学生走出国门，就是她带领学生探索难关的解决途径之一。1993年，胡亚美向吴敏媛提供了一个非常难得也很特别的出国深造机会。一位捐赠人通过意大利的一个基金会，要送她去美国纪念斯隆－凯特琳癌症中心进修一年。在那里，吴敏媛接触到了发达国家的医疗技术，更新了自己的很多陈旧理念，对她日后接替老一辈的白血病工作起到了很大作用。出国深造的机会也为郑胡镛未来的从医之路提供了良好的条件。胡亚美让她出国学习，是因为国际上的医学研究发展很快。于是，郑胡镛去了美国MD安德森癌症中心。那里是世界上最大的癌症中心，并且是全美与纪念斯隆－凯特琳癌症中心并列的最好的癌症中心。郑胡镛在那里做了三年半的博士后研究，打下了坚实的科研基础。

吴敏媛、郑胡镛学成回国后，胡亚美就把很多学科研究项目交给她们，完成了新老交替的总体局面。胡亚美不仅向学生提供出国深造的机会，还在每一次参加国内外大型的学术会议时，请国内外著名的研究专家给学生们上课。“胡大夫把我们引到了和国际顶尖人物接轨的氛围里，使我们即使在国内开会，也能享受到跟国际专家进行交流的这么一个机会，打造这么一个国际化的平台。”①

① 郑胡镛访谈，2013年11月10日，北京。资料存于采集工程数据库。

对于胡亚美，学生们有着很多评价。谦虚的人格魅力，是其中最贴合胡亚美性格的评价之一。郑胡镛说："我就感觉德高望重的科学家地位越高，就越谦虚。在后来跟着她的几十年里，给我印象最深的是，她不是单从医技上来强调要培养你，而是通过她做人、为人的方式来影响你，她的人格魅力对我的触动是特别大的。"① 确实如此，吴敏媛看到胡亚美好几次慷慨解囊，从困难病患的经济实际去考虑制定适合他们长期治疗的方法和药物。于是，在日后的工作中，吴敏媛和她的同事们也坚持着胡亚美的这种一切从病患利益出发的初衷。一旦遇到经济条件不好的病患，首先考虑最安全、疗效好的药物治疗，尽量减轻患者家庭的经济压力。

从细节去关怀学生，像对待自己的孩子一样，是胡亚美一直以来所习惯的事。郑胡镛回忆起跟胡亚美工作的一个细节："我们所有年轻人进病房，她都会专门去给我们找白大衣，亲自帮我们穿上，甚至不仅是我们自己的学生、我们的工作人员，哪怕是进修大夫，她都会亲自帮他们穿上白大衣。"② 不仅如此，胡亚美还经常邀请学生到家里做客，包包饺子、谈谈体会。

"春蚕到死丝方尽，蜡炬成灰泪始干。"以此来形容胡亚美近五十年的教师生涯是再贴切不过的了。"她身上那种涓涓细流一样的学术严谨性和高尚的人格魅力，慢慢地影响到我们这后面一代的人"。

中国的骄傲

中国当代医学的发展，离不开世界科技、世界医学的发展；同样，祖国当代医学的发展，也绝不能与西方医学的发展割裂开来。一直以来，由于社会动荡、社会经济落后等因素，导致我国临床医学国际交流合作处于从属位置，其合作模式的特点为多向发达国家申请资助，精英人才流向欧

① 郑胡镛访谈，2013 年 11 月 10 日，北京。资料存于采集工程数据库。
② 同①。

美，而医学信息主要源自欧美，国际交流以接待来访为主。改革开放后，随着中国经济水平的日益提高，国际信息大量涌入国内社会各个领域，中国医学的国际交流活动日益增多，国内医学学术科研机构与国际的合作日趋紧密，并由从属位置跃居到平等交流合作的层面上来，在一些专业领域甚至能够起到主导作用。

“文化大革命”以后，胡亚美作为中国当代儿童血液病研究领域的顶尖专家，参加了数十次国际学术会议，并出访多国进行医学方面的交流与访问。为了更多地学习国外治疗白血病的经验，胡亚美利用每一次出国机会，积极和国外同行交流，带回最新的研究资料。

我国同日本的医学交流往来可以追溯到两千多年前的秦朝，直到现在，两国的医学界仍然保持着密切的合作与互助。1981 年 5 月，第 84 届日本小儿科学会学术会议在日本德岛市召开，历时 3 天。胡亚美同诸福棠应邀出席会议，并做报告《组织细胞增生症 X 细胞观察》。1983 年，胡亚美参加了由世界卫生组织组织的赴日考察“小儿急救”技术。同年，她前往日本川崎医科大学开展科技合作。

1984 年 2 月 29 日—3 月 6 日，中华医学会第十九届全国会员代表大会在北京召开。会议通过了新的议案，并组成第十九届理事会。正是在这次会议上，胡亚美被推选为中华医学会副会长。同年秋天，她前往西班牙参加第 16 届国际小儿肿瘤会议。

国际抗癌联盟创建于 1933 年，是全球最大的非政府抗癌组织机构，也是最有影响力的肿瘤防治学术组织，目前在全球拥有 346 个会员单位，覆盖 109 个国家及地区。该组织与全球抗癌志愿专家合作，共同开创并执行计划。1988 年，国际抗癌联盟在北京肿瘤研究所开办亚泰医生学习班，胡亚美作为小儿肿瘤方面的专家，向学员们授课，并向学员们介绍中国治疗小儿肿瘤方面的成功经验。

第 19 届国际儿科学术会议于 1989 年 7 月 23—28 日在法国巴黎召开，共有 4000 多人参加了这次大会，其中参会的正式代表有 2000 余人。国际儿科学会、世界卫生组织、联合国儿童基金会和联合国教科文组织均派代表出席。胡亚美、江载芳和来自重庆医科大学附属儿童医院的吴仕孝三人作为我国的正式参会代表出席了此次会议。胡亚美的论文《组织细胞增生症的免疫学研究及随访》，以壁报形式在会议上展出。

走出国门，是20世纪末中国医学发展的关键一步。这一步迈出的，不仅仅是开阔的视野和无限的资源，更带来了国际社会对中国医学发展的肯定与支持。胡亚美还记得，多年前，美国的一位知名儿科权威到北京儿童医院交流。当看到一个罕见的肺含铁血黄素沉着症病例时，这个专家像孩子似的向胡亚美院士夸耀："这样的病例我曾经见过3个"。而这种病例经胡亚美之手治愈的就已经有80多个，远远地超过了那位国外专家所接触到的病例数量。就这样，医学国际交流不仅带来了先进的知识和理念，也为中国人带来了自信和成就感。

1970年中加建交后，两国加深了各个领域的交流与合作。直至20世纪80年代末，医学方面的互访更加频繁。1988年11月，由加拿大籍华裔儿科专家谢华真教授组织的中－加儿科学术交流会先后在北京、上海、广州等地举行。胡亚美对由谢华真教授任主席的中－加儿童健康基金会有着深厚的感情，不仅仅是因为这个基金会帮助无数中国孩子摆脱了病痛的折磨，更让胡亚美感动的是这个基金会建立了"诸福棠奖"。从1989年开始，该基金会对中国医学院校儿科专业最优秀的毕业生及最佳儿科工作者给予奖励，并优先安排赴加学习。

1991年，受国际组织细胞协会的邀请，胡亚美作为亚洲的唯一代表参加了在希腊雅典召开的国际组织细胞学会会议。在此次会议上，她报告了北京儿童医院170例组织细胞增生症的研究成果，震惊了与会代表，美、英等国专家表达了共同协作研究的意向。

1992年9月6日，第20届国际儿科学大会在巴西里约热内卢召开。中国代表团由北京7人、上海及重庆各1人组成。胡亚美作为代表之一参加了此次大会，并被邀请在会议上作报告。胡亚美在大会上骄傲地宣布，我国治疗儿童白血病五年成活率已经达到74.4%，仅次于发达国家中的美国和德国。

20世纪末的胡亚美，已经是70多岁高龄的老人了。但是面对国际上日新月异的医学发展，她仍然保持着旺盛的求知欲，年龄在她的心里似乎

图 5-11 2003 年 11 月，胡亚美获得“亚洲杰出儿科医师奖”

永远停留在 18 岁。1997 年年末，胡亚美在北京主持小儿血液肿瘤国际研讨会，商讨与国际白血病治疗组协作，利用国际组织力量提高中国白血病的诊治水平。同年，她又赶赴美国哥伦比亚儿童医院做急性淋巴细胞白血病交流。2000 年，她参加在法国召开的有关基因诊断会议，并参观了巴黎、马赛的相关医疗单位。2001 年 9 月，第 23 届世界儿科大会在北京国际会议中心主会场拉开帷幕，来自全球 99 个国家和地区的参会代表及我国儿科专家参加了这次世界关注度极高的会议。在此次会议上，胡亚美主持了血液分会专题研讨活动。2003 年 11 月，在泰国曼谷召开的第十一届亚洲太平洋儿科大会上，胡亚美以其出色的专业水准和高尚的医德情操荣获由亚洲儿科学会颁发的亚洲杰出儿科医师奖。2004 年 11 月，她又被中国关心下一代工作委员会专家委员会和日本培育温暖心灵运动总部、日中育儿研究会授予“第四届内藤国际育儿奖”。胡亚美获此奖项实至名归，她用她奉献了一辈子的儿科医学事业，诠释了大爱无疆这一最高的人生理念。

第六章
参与编写《实用儿科学》

传世经典泽后人

我国古代的儿科著作有很多，是中医流传于世的宝贵财富。随着西医在中国的普及和发展，越来越多的病症通过西医得到了快速并有效地治疗。虽然在新中国成立前，西医儿科已经在全国各大医院设立了专科门诊，但由于当时大医院仅存在于大城市的少数地区，先进的医学理念并没有普及得更远。对此，诸福棠陷入了忧思之中，他想到尽管自己发明了预防麻疹的胎盘球蛋白，但由于疫苗知识并没有在当时的社会中广泛传播，导致因患麻疹死去的婴幼儿数量居高不下。到底有什么方法能让广大群众获得这些在国外已经是常识的医学知识呢？

20 世纪 30 年代初，诸福棠在哈佛大学校园与同时留学美国的朱章赓的一次畅谈，使他坚信搞好预防工作是医务人员义不容辞的职责。一个真正高明的医生不是坐等患者上门，而是积极开展预防保健工作，防患于未然才是治本。“上医治未病”才是高明的医生。

出书！这个念头出现在诸福棠的脑海里已经不是一天两天了。他深知，在当时动荡的社会环境下，要想在医术上有所创新，是不太可能实现的；而将之前的研究成果整理出版，倒是可以试试。当时的中国还从来没有一部真正意义上的现代儿科医学全书，虽然世界儿科医疗事业是相通的，但各国均有自己的特点。于是，结合中国国情、民族和地域特点来编写一本具有中国特色的儿科专著，就成了诸福棠奋斗的目标。时间来到1940年，在北京协和医院里，诸福棠、吴瑞萍与邓金鍙，连同其他几位同道中人，开始了《实用儿科学》的编著工作。

诸福棠编写此书的目的非常明确，不为名、不为利，只要能够顺利出版，那么他的专业理念将会随着这飘散着墨香的纸张传遍大江南北。解除华夏儿女的病痛，增强后世子孙的体质，这是诸福棠一生的所求。诸福棠在编纂时，充分考虑到儿科疾病的地区、季节与病症状况等多方面的不足，尽量追求客观与案例的丰富性，这在全书各章都有所反映。比如，当时我国有很多寄生虫病种，在南北各地普遍存在。书中不但收录了广东人爱吃鱼生粥，容易患肝吸虫病和肝癌的案例，更扩大了寄生虫病种的例证范围（包括北京、徐州等地都有这种病发生的条件）。于是，诸福棠在书中详述了病原虫的生活史，并对其生育环节加以突出介绍，以便让群众积极预防此病。

白天，诸福棠要接待患儿、悉心看病；晚上，回到家中还要挑灯急书。他每晚笔耕不辍，常常忘记休息时间。望着每日增厚的初稿，诸福棠对完成这本书充满了信心。1943年，诸福棠历时五年主编的中国第一部大型儿科教科书——《实用儿科学》出版了，其中80%左右的内容由诸福棠完成。他在《序言》中写道："此书之成，全赖儿科同志各就所长，贡献其宏论……此种分工合作之方式在吾国医学著述界中尚寥若晨星。我儿科同道毅然试行。显示团体服务之精神，至堪庆幸。"诸福棠的这种团结协作的精神，开创了儿科医学集体协作著书、发挥各自专长的先河。

在《序言》中，诸福棠痛心疾首地写道："我国儿童之疾病率及死亡率远超于先进国家，最大原因乃系预防知识未能普及，医界无倡导之热诚，政府无推行之决心，遂致疾病流行，死亡枕藉，其影响家庭幸福，社会经济者，易可胜言。"诸福棠把他预防为主、重视保健工作的医疗思想贯穿在《实用儿科学》全书中，这在20世纪30年代可谓是先进的医疗观点。

诸福棠撰写的《实用儿科学》既汲取当时世界上先进的儿科医疗知识和临床经验，又密切结合中国具体情况，对各地的地方病、传染病、常见病、多发病等特点做了详细论述。他还在书中专门写了中医儿科学发展简史一节，对中医采取了科学、客观的态度，肯定了中医在医学史上的重要作用。中医在世界医学史上占有重要一席，受到世界医学界的重视。但当时社会对中医采取了限制和消灭的政策，诸福棠不予苟同，他的祖父和岳父曾是悬壶济世的老中医，在贫苦的农村，用老的中医方法救治了无数穷苦农民。诸福棠从小耳濡目染，他确认中医是祖国医疗卫生事业中不可缺少的一支重要力量，中西医结合必能创造祖国医学新的一页。这种态度贯穿了诸福棠的一生，在晚年，他还向晚辈宣传介绍唐代名医孙思邈的高尚医德和宋代儿科名医钱乙的创新精神。

《实用儿科学》是一本儿科保健、医疗、教学、科研的重要参考书，在当时的社会引起了广泛关注。宋庆龄在上海看到刚出版的《实用儿科学》非常高兴，设法将其辗转寄到大连。这本书在解放区得到广泛翻印，对解放区广大儿童的医疗保健工作起到了重要作用。《实用儿科学》问世以后，国内医学各科的大型著作便陆续在全国各地出现了。

身承师教铸华章

作为一部大型、实用性质的工具书,《实用儿科学》自出版之后就受到社会各界的重视。新中国成立后，此书更是受到了政府相关部门的大力推荐，成为各大医院儿科的必备参考用书。诸福棠也随着这本书的重印，成为新中国成立后儿科医学界的权威人物。

然而，正如所有的工具书都会存在的问题一样，一本工具书如果要长时间地保持其活力，仅停留在初版的成绩上是远远不够的。随着时代的发展、科学技术的进步和民众知识水平的提高，工具书必须经过一定时间的修订和再版，才能重新焕发出强大的生命力。1957年,《实用儿科学》的第二版出现在各大书店的书架上，诸福棠对内容进行了改进、修订与增补。

作为诸福棠的得意子弟，自1963年修订《实用儿科学》第三版开始，胡亚美就与这部中国医学史上最伟大的现代儿科学专著紧紧地捆绑在了一起。

《实用儿科学》像一部不停运转的机器，每一次再版都会吸纳当时最新的科研成果。随着儿科医疗事业的发展和科技事业的进步，这本书的利用价值也在不断创新、充实与提高。诸福棠常说:“我们的经验是有限的，我们国家很大，东西南北的病种很多，即使同样的病种，病情也有不同之处。要团结全国各地有经验的儿科医师参与修订，大家共同努力来使它不断发扬光大。”

起初，诸福棠在编写《实用儿科学》时，协作单位只有协和医学院一家；而在新中国成立之后的几次修订中，遍布全国的40多个医疗科研部门都参与了此书的编写。1963年，40岁的胡亚美凭借过硬的专业知识和丰富的临床经验，成了有资格编写此书的主编成员之一。胡亚美将她工作近二十年中所总结出来的精华，浓缩在了一字一句间。写书的过程是不易的，工具书不像文学作品可以自由发挥，更不像普通读物那样容易书写。每写一例病症，一种处置方式，甚至是某一个病症的国际上的医学名称，胡亚美都要做很多严谨、细致的调查，才能完全确定下来。由于此书不仅仅需要科学性和专业性，更肩负着通俗理解和科学普及的作用。胡亚美深深地感到，不但让医学界的人士们读懂，更让老百姓们看懂，这样的表达方式是需要不断修炼才能使用得炉火纯青的。

1963年,《实用儿科学》第三版在初版发行的二十年之后，终于以一个崭新的面貌呈现在了世人面前。在继承前两版的精华基础上，新版书又吸收近几年国内外儿科的新进展，增加了部分诊断技术、脏器移植及常用新药等章节与内容，阐明了几年之前在当时原因不明疾病的病因。

1972年，医学事业在社会的不安定之中艰难地向前发展,《实用儿科

图 6–1　1992 年 7 月，胡亚美与诸福棠商讨修改《实用儿科学》

学》也迎来了第四次修订。这一次，胡亚美任本书第四版修订工作的编辑组长，在诸老的指导下，正式承担起统领全书的整体工作。编辑组长的任务是艰巨的，不仅要高质量地完成自己负责的那部分知识的修改与添补，还要从总体上对全书进行合理布局；不但要总结先辈们的科学经验，更要从一定高度上归纳当前学科建设的新成果。胡亚美顺利地完成了这项工作，向自己的老师交上了第一份答卷。《实用儿科学》第一次在两代医学专家的统一、协调下，再次焕发出强大生机。

《实用儿科学》第四版于 1973 年正式出版，一出现便在市面上引起了广泛关注，共印刷 25 万册。1988 年，第四版《实用儿科学》获得第四届全国优秀科技图书一等奖。进入 20 世纪 90 年代后，国家新闻出版署决定设立“国家图书奖”，并于 1992 年 10 月 10 日制定并颁布了《国家图书奖评奖办法》，于 1993 年开展首次评选。《实用儿科学》第四版作为当时儿科学界的优秀成果，众望所归地顺利获得第一届中国国家图书奖。

第四版出版之后的几年时间里，诸福棠、吴瑞萍、胡亚美等人并没有

图6-2 1984年4月，胡亚美（左二）与诸福棠（左三）、吴瑞萍（左一）讨论《实用儿科学》

停下对《实用儿科学》的修订工作。“文化大革命”之后，这项工作便正式提上了胡亚美本已经繁忙的工作日程中。1979年，她参与编写《实用儿科学》第五版的编写工作，负责编写“小儿消化不良、先天性心脏病及多发性神经炎”三篇内容，这些内容至今仍在广泛应用于临床实践。而这一次，胡亚美是作为第三主编，首次并列排在了她的两位恩师之后。

《实用儿科学》第五版于1985年顺利完成，仅从上一版到此次修订完成，书稿的字数从224万字增加到近400万字。不仅字数大幅增加，内容也做了较大的增删。“新辟了胎儿诊断及处理、免疫学与小儿临床、免疫缺陷等新篇章，专设和加强了健康小儿的营养、儿童保健、诊断技术、护理方法、物理疗法及针灸疗法、药物疗法、液体疗法、神经系统疾病、精神疾患、口腔疾病等篇章。”而其他章节也都根据国内外的有关资料进行了补充，并调整了相应的编排。

改革开放的春风，将文化科技的发展速度向前迅猛推进，也因此带动了《实用儿科学》的发行，使其遍布祖国大江南北。20世纪80年代，台湾淑馨出版有限公司通过人民卫生出版社征得诸福棠同意，由他们出版繁体版《实用儿科学》。海峡两岸同为中华儿女，诸福棠十分高兴把自己数十年心血成果献给台湾同胞，造福台湾广大儿童。

1994年，在开始第6次《实用儿科学》修订之时，诸福棠带着遗憾离开了人世。1995年，为了继承先师遗愿，也为了将老师一辈子的精华永远地延续下去，胡亚美、吴瑞萍和江载芳共同主编的《实用儿科学》第六版修订完成了。为了缅怀和纪念我国现代儿科医学奠基人诸福棠院士，第六版更名为《诸福棠实用儿科学》。深感遗憾的是，在第六版即将问世时，作为主编之一的吴瑞萍教授也离开了人世。1996年，这本新修订的鸿篇巨制获得了北京市科技进步奖一等奖、卫生部科技进步奖一等奖、国家科技进步奖二等奖和国家新闻出版总署优秀图书奖。

进入新世纪，随着互联网带来的信息技术革命，《实用儿科学》的编纂工作进入了一个全新的时代。不仅国内的科研人员可以在第一时间迅速建立起沟通与互助，国外的科研成果也能够在很短时间内被胡亚美他们所一手掌握。《实用儿科学》第一版的编写人员不到10人，而第七版时已经达到150余人。

2002年，《诸福棠实用儿科学》第七版正式出版，由胡亚美、江载芳主编。全书分为上下两册，共计512万字。本版由第六版的42章增加至44章，在原有章节中都增加了新的诊断检测技术和治疗进展。从20世纪尤其是21世纪以来，医学科学在基础理论与临床实践方面迅速发展，特别是遗传与分子生物学、免疫和心理医学的进展极快，心理性疾病得到了医学界的高度重视。因此在内容扩展上，第七版《诸福棠实用儿科学》在原有章节中增加了“儿童和青少年期常见的心理障碍”一章，包括儿童孤独症、学校恐惧症、神经性厌食与贪食等；在青少年健康的特殊问题中增加了吸烟、吸毒和性卫生等内容。

2014年，《诸福棠实用儿科学》第八版正式出版，此时距离第七版出版已逾十年。胡亚美由于身体原因，退出了书稿的修订工作。在上一版基础上，第八版优化了知识结构，更新了科研进展。全书分为上下两册共43章，字数则增至600余万字，书中全面、详尽地反映了国内

图6-3　1985年6月，胡亚美向来宾介绍新版《实用儿科学》

外最新的儿科成就和现状。

《实用儿科学》多次再版，遵循和发扬了诸福棠集大家之专长、采各地之优势的精神，保持了《实用儿科学》的权威性和实用性。每版都要重印两三次才能满足人民需要，成为全国医学院校和儿科医师的主要参考书。它不仅是医学院校教师，更是儿科医务工作者必不可少的工具书、案头书，连患者家长也会购买备用。这本历时七十多年的辉煌巨著，还会一直修订下去。它注定是一部载入中国医学发展历史的儿科医学巨擘。

第七章 为人民发声

政府和人民心中的“桥”

胡亚美是一位专业的白血病专家，作为人大代表的胡亚美，她的每一个提议都具有“儿科情结”，而且把对孩子的热爱转化成对社会的关注与热爱。回顾胡亚美一生的参政议政工作，我们可以从中看出，她确实是一个把人民利益时刻放在第一位的优秀人大代表。为人民的福祉奔走呼吁，为大众的平安摇旗呐喊，是她一生所坚持的信念。

1954 年，31 岁的胡亚美出席北京市第一届人民代表大会时，心情特别激动。“新中国成立前，知识分子根本没有说话的机会。新中国成立后，我们终于有为人民说话的机会了。”“当时代表的观念都特别朴素，大家都认真地准备议案，在会上畅所欲言。当毛泽东、周恩来、彭真等老一辈无产阶级革命家出现在会场时，是我们最激动的一刻。”这寥寥数语，足以体现胡亚美真正将人民代表的标签牢牢地贴在自己的心间。她将自己作为人民需求的代言人，也时刻想着要为中国医疗卫生事业的发展多做一些实事。

张金哲院士曾对胡亚美有过这样的评价：“她给我印象比较深的两件事

就是，她（当时）是人大代表，我那会儿是政协委员，每年都有一个春节招待会。招待会上如果有总理或高级领导到来，她都赶快过去。赶快去干什么呢？提个意见。”

胆子大、敢说话，向领导提意见不含糊，这是胡亚美作为人大代表最大的特色。1963 年，胡亚美当选北京市第五届人大代表，提出了关于儿科医学发展的相关意见。1977 年，当选北京市第七届人大代表，这已经是她第三次当选北京市人大代表了，在这次会上，她提出关于小儿血液肿瘤的相关意见。

1988 年 1 月，胡亚美当选第九届北京市人大代表。同年 3 月，她第一次光荣地当选第七届全国人大代表，在这次全国人大会议北京代表联组会上，她对专业职称工作提出诚恳意见。1993 年，她再次当选第八届全国人大代表。五年之后，胡亚美第三次当选第九届人大代表。虽然此时她已经 75 岁，但是精力十分充沛。她积极参与社会活动，不断利用自己在医疗工作方面的社会影响力，推动儿童医疗卫生事业和立法工作的进展。

1992 年 3 月 26 日，胡亚美在接受健康报记者采访时说：“我很荣幸能做一个人大代表，成为政府与人民之间的‘桥’。在许多人心目中，有一个最爱提意见的胡亚美。我提意见是因为亲眼看到了人民生活中存在的实际问题，感到有责任向政府部门反映，帮助政府为人民解决困难，使政府越来越符合人民的心意。同时，我也常常向群众和外界解释国家政策，帮助群众和外界理解人民政府，减少一些误解。”

胡亚美第一次关注我国计划生育工作，还是在 20 世纪 60 年代。60 年代初，胡亚美正在研究儿童的营养不良问题。此时的她注意到，哪一家孩子多了，那么那家孩子的健康成长就很难得到保障。之后，她学习了关于马尔萨斯的“人口增长超越食物供应，会导致人均占有食物的减少”这一理论后，对人口论有了自己的理解。虽然她没有对人口快速增长带来的危害进行过相关的调查工作，但是从临床实践中，她能够体会到“孩子生了多少”与一个家庭的经济压力有着密切的关系。所以，彼时的她提出了应该实行计划生育的建议，并于 1963 年当选北京市第五届人大代表时，在会议讨论中正式地谈到了这个问题。

图 7-1　1986 年 5 月，胡亚美（左三）与崔月犁（左二）、诸福棠（左一）交谈

1989 年，我国内地总人口达到 11 亿。与此同时，大量的适婚青年处在人口生育高峰。因此，控制人口增长成为当时政府关注的主要问题之一。1989 年 3 月，七届全国人大二次会议上，李鹏作了题为《坚决贯彻治理整顿和深化改革的方针》的政府工作报告。在政府工作报告中，李鹏在“努力创造良好的稳定的社会政治环境”一节中，提到了当时我国计划生育工作的重点与难点：“实行计划生育、控制人口增长、提高人口素质，关系到我国四个现代化的进程，关系到中华民族的生存大计，是我国的基本国策。要坚定不移地、认真地、全面地贯彻执行现行的计划生育政策，提倡晚婚晚育、少生优生，坚持一对夫妇只生育一个孩子。”

此时的胡亚美联想起她在 20 世纪 60 年代的人大会议上的发言，感慨万千，对中国即将进入 11 亿人口大关的问题，胡亚美深感人口问题的重要性和紧迫性。70 年代末，我国开始实行计划生育，经过十年努力，人口总数控制取得初步成果，但这样大的人口基数对于儿童保健医疗需求的压力也是不容忽视的。于是，当北京代表团审议政府工作报告时，针对政府工作报告中提到的计划生育这一突出问题，胡亚美在会上提出了不少建设性的意见。由于意见中肯并贴合实际问题，她的发言得到时任总理李鹏的赞同。也正是在这一年，她去印度参加亚洲女议员“人口与妇女地位会议”筹委会。在会上，她和参会的各国杰出女性交流了关于人口控制方面的意见与经验。

胡亚美所重视的人口控制问题，跟她日后关注的儿童医疗保险制度、建立与完善乡村医疗卫生体系等问题有着直接关系。儿童增长速度过快，社会负担成本必然上涨；如果儿童相关的保健医疗体系不够完善，必然会影响到儿童未来疾病的预防、控制与救治等诸多方面。反过来，如果儿童相关的保障无法跟上，儿童何谈拥有无忧无虑的童年和美好未来？所以胡亚美对计划生育问题的关注是必然的，她时刻爱护的儿童是她关注时事问题的初衷。

胡亚美不仅关心人口问题，对于其他领域出现的问题也提出了很多中肯的意见。20 世纪 90 年代末期，建筑工程质量事故频繁出现，严重影响了工程质量和人们的生命财产安全。中央和国务院领导同志多次强调质量问题是百年大计，一定要坚持质量第一，决不许搞“三边工程”“胡子工程”和“豆腐渣”工程。根据这一精神，1999 年 3 月，在九届全国人大二次会议上，胡亚美就建筑工程质量问题发表意见，建议对建设工程的质量加强执法监督是当务之急。

图7–2　2000年3月，胡亚美（中）出席九届全国人大三次会议

2001 年 6 月，胡亚美在参加完九届全国人大四次会议后，针对当时各地区出现的城市拆迁扩建过程中经常破坏文化名城原貌、古建筑进行破坏毁灭性拆迁等情况，提出了“为切实保

护历史文化名城、古建筑、古迹名胜、自然风景，亟应立法”的议案。在2004年8月的一次采访中，81岁高龄的胡亚美向记者“坦白”说：“有一次人大会讨论通过拆城墙的提案，当时我们举手同意。现在想起来，我觉得自己好像是犯罪了。”“记得当时，梁思成代表还专门跑上主席台，大声呼吁不要拆城墙，要保护城市建筑，他的观点是对的。京城四合院、古文物都是历史留给我们的遗产，应该挽救和保护。”正是这次作为人大代表唯一后悔的事情，让她坚定了一定要为保护历史文化名城、古文物、古建筑等历史瑰宝不断发声呼吁。

这些意见现在来看，是具有前瞻性的。当好政府和人民之间的“桥梁”，胡亚美确实做到了。

坚持正义的力量

伪医学是被全世界所有坚持科学与正义的医学人士所痛恨的事情。如果说虚假的知识误导的是人们认识世界的方法，则虚假的医学真正威胁到了人们生命的安全。

胡亚美无比痛恨伪医误人、伪药害人，特别是那些专门坑害患儿的伪医、伪药。患儿若经过正规治疗，治愈病痛的概率是很大的；如若患儿的家长不相信她，不相信科学实验下的医学发展，即使一念之差，都有可能将希望变成绝望。胡亚美不想这样的事一次再一次地发生，不想看到因为轻信伪医术而耽误病情，到最后才被送医的可怜孩子。于是，从20世纪中期开始，她一遍遍地向家长宣传正确的医学知识，用自己的所见所闻提醒家长不要轻信伪药、伪医与庸医。

20世纪70年代，在北京某地据说有人发明了一种灵丹妙药——“还阳草”。传说这种药能治疗多种疾病，包括肿瘤，一时间被人们炒得沸沸扬扬。在察觉到这些伪科学分子在欺骗善良群众，并且会对群众的生命健康造成不良后果后，在北京市人大会上，胡亚美要求对“还阳草”进行立案调查。后期经过有关专家的化验分析，证明其成分是白薯秧粉。

1994 年 3 月，在第八届全国人民代表大会第二次会议北京代表团小组会上，胡亚美对于当时的医药监察管理提出四点意见：一是对制造和销售假劣药品的，不能只罚款，应根据危害程度追究制售者的刑事责任；二是对地方保护制售假劣药品的，不能只批评，也应给予处罚；三是当前进口药品花外汇、价格高，应立足于国内生产，建议国家投资改造国有大中型药厂设备，解决国产药品的销售渠道问题；四是要尽快制定医师法，杜绝巫医行医害人。

胡亚美提出这四点意见是有原因的。1992 年夏天，假冒上海海普制药厂 920108 批号的卡那霉素注射液流入农村医药类市场，造成七人死亡。将廉价滞销或过期失效甚至淘汰的药品换贴标签，冒充高价、畅销药品，充斥着各地非法经营药品的集贸市场，然后流入农村地区乡级卫生院所和个体诊所、个体药贩。而在 20 世纪 90 年代，制售假劣药品案，除非是出了人命的案件，否则一查到底的不多。因为种种原因，受假冒产品侵害的厂家维权也常常半途而废。有些地方政府不加强监管，为了地方的经济利益，给个体药贩挂上“国营”的招牌，统一使用县医药药材公司发票，并提供经营专款。还有个别地方由县政府出面，甩开医药管理部门和国营医药商店，另行成立所谓的“药材管理委员会”。胡亚美不能够容忍这些不法分子的猖狂违法行为，对个别地方政府不顾人民群众安危，只追求片面经济增长的行为深恶痛绝。所以，在这次人民代表大会上，她代表医学界，向这些不法行为宣战。

进入 21 世纪，我国加快市场经济体制改革，医疗卫生事业也随着市场经济改革的步伐，迈入了一个新的转折点。然而，由于医院的公益性质，导致在很多情况下，医疗体制的转变并不能完全被人民群众所接纳，医疗纠纷案件连年增长，不但使人们对医院救死扶伤的印象大打折扣，还使医院医护人员的责任心受到伤害，双方相互推脱责任的事件时有发生。

对此，胡亚美在接受采访时说：“医学比其他自然科学更复杂，集自然科学和社会科学于一体，医生的知识领域涉及数学、生物学、生化学、物理学、心理学、哲学……现在的医疗技术大大提高，死亡率也随之大幅度降低。婴儿死亡率由新中国成立前的250‰下降到现在的32‰，可为什么医患关系反而紧张了？”[①]胡亚美第一次感慨道，必须出台一部与时俱进的、针对医疗纠纷的法律，以规范此类问题的处理依据。2000年2月，在全国人大教科文卫委员会全体委员会议上，胡亚美听取了卫生部关于《医疗事故处理办法》修改情况的汇报，并提出建设性意见。这部法律于2002年2月20日正式通过，2002年9月1日起公布施行。次年4月，在《医疗事故处理条例》颁布一周年两院院士座谈会上，陈可冀、王正国、王忠诚、胡亚美等18位院士呼吁正确处理医疗事故，保护医患双方合法权益，维护医疗秩序，保障医疗安全。这些从事一辈子医疗事业的老专家们，以高度的责任感向社会发出了正义的呼声。

远 虑 近 忧

胡亚美不仅关注儿科事业的发展，更无时无刻不在思考着中国医疗改革的前进方向。近忧，忧心于农村患儿一旦患上大病，必然会给整个家庭带来极重的经济压力；远虑，焦虑农村的医疗体系。

治疗白血病大概需要三年时间，对于患儿及其家庭来讲，这三年是严峻的考验。患儿自身所承受的痛楚自不必说，那一张张开药单、治疗单又岂是普通工薪家庭能扛得住的？更何况住在边远贫困地区的孩子们呢？胡亚美不想再看到捧着化验单时无奈颤抖的瘦弱双手，不想再看到从那绝望瞳孔中流露出来的无奈与空洞。作为人大代表，她觉得有责任去帮助贫困患儿的家长度过这生命中的坎坷时刻。

在治疗白血病的过程中，由于有些抗癌药物在国内无法生产且价格昂

① 贾晓惠：文化和法制的进步。《科技日报》，2002年8月12日。

贵，一般家庭难以承受，致使很多患儿因为经济原因无法获得持续治疗。如果找到合适患儿的骨髓配型机会，更要花上几十万元的骨髓移植治疗费，这对于普通家庭来讲更是不小的经济负担。只有充分调动社会资源，将小家的事放在大社会环境中，用千万人的双手去助力，才能使需要帮助的人顺利渡过难关。胡亚美认为，建立儿童大病医疗保险制度是走向福利化社会的关键一步。

在1993年10月6—9日召开的第十一届全国儿科学会上，胡亚美向全社会呼吁建立儿童医疗保险制度。

> 我认为，这是“拔一毛而利天下”的好事，何乐而不为？但是，对于哪些疾病能够参加保险，哪些不属于保险的范围，保险公司应广泛咨询一下医务工作者的意见。现在有些试点规定：凡是住院的，就可以得到保险，这样做既不科学也不合理……应该明确规定哪种危重病可以得到保险。①

在谈到儿童参保年龄时，胡亚美认为应该从1岁以后开始，这样可以排除一些遗传性疾病。关于保险金额，胡亚美说道：“可不可以每个孩子每月交2元钱？现在绝大多数都是独生子女，如果在发放独生子女费时，就扣下2元钱交保险金，不是更方便一些吗？”成熟的设想与合理的论证相结合，是胡亚美作为人大代表提出建议的基础，在儿童医疗保险体系这个问题上，胡亚美显然是做足充分准备的。

1995年3月5日，第八届全国人民代表大会第三次会议召开，胡亚美在此次会议上提出了一项重要意见：现在边远地区农村三级医疗网几乎不存在了，村医的医疗水平很差，对计划免疫和传染病防治工作影响很大，应认真研究解决。

胡亚美这个建议的历史背景非常深远。新中国成立以来，中国农村卫生组织得到了极大发展。20世纪50年代后期，除充实提高县级医疗卫生

① 田安欣：全国人大代表、著名儿科专家胡亚美教授建议：尽快建立儿童医疗保险制度.《父母必读》，1994年第2期，第36页。

机构外，乡镇普遍建立卫生院，生产大队建立村卫生室，在较短的时间内建立了一套较完整的、从县到村的农村三级医疗卫生组织体系。60年代，我国逐步构筑以“合作医疗制度、三级卫生网和赤脚医生”为主要特征的农村医疗预防保健体系。然而在70年代末到80年代初，随着农村集体经济逐渐瓦解，以集体经济为依托的村级卫生组织建设受到了严重冲击。由于农村原有的合作医疗制度逐步解体，90%的农村居民完全依靠自费医疗。

> 农村医疗体制日渐衰退的变化，体现在卫生资源的配置政策上：大量卫生资源被配置在了城市和医疗服务上面，而成本效益很好的农村卫生和防保工作却面临资金投入不足的局面，卫生预算和卫生总费用集中于高层次医院，忽视了中、下层医院，进一步降低了农村三级医疗卫生服务体系的运作效率。①

可以说，胡亚美在20世纪90年代中期提到的这一意见是非常具有时代性的。

除了恢复农村三级医疗网这一重要建议，胡亚美还提出了对私人行医加强管理的意见，并建议尽快出台医师法。早在1991年，陆应江与达庆东就在《中国卫生事业管理》发表了名为《关于我国医师立法的探讨》一文，论述了对医师行为进行立法的必要性。1994年，在第八届人大二次会议上，不少医学界的人大代表提出制定医师法的建议。此次会议上，胡亚美再次强调出台医师法的重要性，无疑给众代表的议案增加了砝码。1998年6月,《中华人民共和国执业医师法》经第九届全国人民代表大会常务委员会第三次会议审议通过，自1999年5月1日起施行。

2003年春天，一场没有硝烟的战争在中国大地上全面展开。4月20日，北京市宣布北京SARS确诊病例已达339例，政府开始强势介入对抗“非典”的斗争中。当月，一支由五名中国工程院院士和七位教授、主任医师

---

① 章滨云，虞国良，郝超，等：我国农村三级医疗预防保健网的历史沿革和存在问题。《中国卫生资源》，2000年第3卷第6期，第260页。

组成的防治“非典”专家组在北京成立，他们从社会防治、病毒、病理、中医、重症监护、消毒等方面，为北京防治“非典”提供了一流的技术支持。胡亚美是五位院士之一，其他四位分别是洪涛、刘彤华、翁心植和王永炎。对于时年已经 80 岁高龄的胡亚美来说，参加这场战争，无疑意味着要付出更多的体力与精力。

2003 年 7 月 30 日，北京市政府、中国工程院共同召开北京防治传染性“非典”应急预案研讨会，六位中国工程院院士应邀对北京防治“非典”应急预案进行研讨，胡亚美作为院士之一，参加了此次研讨会。她在会上说：“这次儿童得‘非典’的人数很少，广州是 30 例，北京 48 例，而且病情都不太严重，没有死亡病例。我们推测这是否和孩子们处于疫苗接种期有关。麻疹、腮腺炎等疾病的免疫预防有共性，预防这些传染病的疫苗对‘非典’也产生了非特异性抗体。在这次‘非典’死亡病例中，老年人的比例较高，相当一部分老年人没有接种过这些疫苗。我们建议测测老年人的有关抗体，经过医学论证后，可否考虑对抗体低的老年人接种某些疫苗。”

从远虑到近忧，胡亚美为人民群众的健康操心了一辈子，她朴素地认为这只是她作为人大代表的分内事。然而，正是这看似平凡的“分内事”，让人们看到了一个即使在耄耋之年，却仍然努力发挥余热的可敬的老专家形象。

宣传禁烟

世界卫生组织数据显示，每年都有近 600 万人因吸烟失去生命。中国疾控中心发布的统计数字显示，中国吸烟者占全世界吸烟总人口的近三分之一，大约每 30 秒就有一人死于与烟草相关的疾病。2015 年 6 月 1 日，被广大民众称为“史上最严”的禁烟条令在北京正式实行。

由于从事的是儿科事业，胡亚美对患儿周遭的环境有着相当深刻的认识。若一个孩子所处的家庭中哪怕有一个烟民，都将对孩子的身体造成恶劣影响。从小儿肺炎的日常护理到小儿肿瘤的发病原因，太多的事实提醒着胡亚美必须肩负起宣传禁烟的责任。特别是随着小儿肿瘤致病因的逐渐明晰，胡亚美和其他小儿肿瘤方面的专业人士清楚地认识到，导致儿童罹患癌症的原因主要有遗传因素、环境污染因素等。而如果在胎儿期受到大量致癌物的侵害，如农药污染、被动吸烟、放射性辐射、药物损害等，则很容易致癌。为此，胡亚美多次在人大会上提出禁烟相关议案。

在 1995 年 3 月，第八届全国人民代表大会第三次会议上，胡亚美等 33 名代表提交了“禁止在公共场所、公共交通及工作场所吸烟（第 674 号）”的议案。3 月 16 日，主席团第四次会议通过了这个提案，并交教科文卫委员会审议。1995 年 12 月 21 日，北京市第十届人大常委会第二十三次会议审议并通过《北京市公共场所禁止吸烟的规定》。根据这项规定，自 1996 年 5 月 15 日起，北京市医疗、教学、商业、会议等场所及公共交通工具上将禁止吸烟，北京市对在公共场所禁止吸烟违例单位的处罚分为警告、责令限期改正和罚款。随后，全国 20 个大中型城市均设置禁烟条例，规定了公共场所禁止吸烟和相关处罚措施。1996 年 5 月 16 日，北京市开始实行公共场所禁烟规定，并在多个地点组织宣传活动。上午 10 点，胡亚美早早地来到设在北京西城区复兴门外的宣传点，亲自向过往行人宣传公共场所禁烟规定以及吸烟危害。

关爱后辈

福利分房是新中国成立以后计划经济时代特有的一种房屋分配形式。在计划经济中，各企事业单位建设住房，然后按级别、工龄、年龄、居住人口辈数、人数、有无住房等一系列条件分给一部分人居住。在担任院长期间，胡亚美一直住在 20 世纪 50 年代定居的房子。有很长一段时间，全家六口都挤住在一个房子里，儿子甚至不得不睡在办公桌上。但她不仅从不伸手，反而一次次地把分房机会让给其他住房比自己更困难的同志。

1984 年以后，中央陆续发出一系列关于经济体制、科技体制、教育体制、卫生等方面的改革决定和意见。以卫生行业举例，随着市场经济体制改革在 20 世纪 90 年代的深入，虽然医务人员的待遇有所调整，但由于国家财力有限，工资调整的幅度仍十分有限。如何提高医务人员工资待遇、生活水平等诸多问题，成了人大代表胡亚美思考的一大问题。

在 1996 年第八届全国人大第四次会议上，胡亚美对卫生工作的改革提出了七点建议：第一，政府应加大对卫生事业的投入，使卫生系统更好地承担起治病保健任务；第二，理顺医疗价格体系，降低药费，增加诊疗费；第三，提高医务人员工资待遇，稳定队伍；第四，加强新闻舆论对医务工作和医务人员的正面报道，使社会理解、支持医务工作；第五，加强对药品生产、定价、销售的管理，制止牟取暴利的行为；第六，加强科普工作，向群众普及医疗卫生知识；第七，实行贵重医疗仪器由科研等机构集中使用的办法，减少浪费，提高利用率。

这七点建议都源自胡亚美的切身感受，毕竟她当了那么多年的医院领导，对员工的迫切诉求非常清楚。特别是作为公立医院，如果不及时提高医院人员的福利待遇，势必会导致大量人才的流失，从而影响医院的整体发展。胡亚美的呼声，并不仅仅代表北京儿童医院的医护人员，更代表了全国广大医疗卫生工作者的物质与精神上的诉求。如果不能把这些问题及时地向党和领导反映，怎么能算得上一个合格的好领导呢？

胡亚美的生活追求很简单，甚至可以用苛刻形容。而她对同事和广大同她一样怀着奉献精神为人民服务的教科文卫工作者们，却怀有一颗博爱的心。两千多年前的先贤董仲舒曾说：“仁以正人，义以正己。己不自正，无以正人。”作为医疗方面的专家，她将卫生科普事业踏实地落实到工作的各个环节；而作为医院的老前辈，她又将人文关怀播撒到每一个受她提携的年轻医护科研工作者的心间。这种博爱的精神永远值得我们颂扬。

死亡的权利

1995年3月16日，第八届全国人民代表大会第三次会议公布了《关于第八届全国人民代表大会第三次会议代表提出的议案的处理意见报告》。人们发现，这次报告有个非常特别之处：在提交教科文卫委员会审议的28件代表提案中，关于安乐死的提案竟然有四条之多。它们分别是施文海等32名代表："安乐死"要立法（第370号）；谭盈科等74名代表：请尽快为"安乐死"立法（第416号）；胡亚美等32名代表：逐步有条件地实行"安乐死"（第673号）；李崇淮等32名代表：建议制定"安乐死"的法律（第703号）。其中，施文海与胡亚美是医学界的老专家，谭盈科是华南理工大学的老教授、博士生导师，李崇淮是我国著名的经济学专家。为什么四位不同领域的专家学者，不约而同地建议国家对安乐死立法呢？特别是施文海和胡亚美，作为救死扶伤的医学工作者，为什么会提出这样的议案呢？

这个事情还要从1994年冬天的那次全国第二届安乐死与临终关怀研讨会讲起。这次会议有来自全国15个省、自治区、直辖市和解放军系统的从事社会学、法学、伦理学、医学的专家70多人出席。这次研讨会的影响力很大，让当时70岁的胡亚美第一次正视人类死亡权利这一争议性极大的问题。

生命的起始，不由人控制；生命的终结，可否让人们自己去决定？从医60年，胡亚美挽救了无数的生命，也目睹了许多的死亡，这种痛苦的经历，即使面对着的不是自己的至亲骨肉，也会对那样的生离死别感到揪心不已。更让她觉得难以忍受的，是当时的医疗水平有限，使很多病症根本无法得到有效治疗，很多患儿只能一分一秒地忍受病痛的折磨，求生不得、求死不能。那些癌症患儿，每天消耗着生命中那仅存不多的活力，在时间的流逝中慢慢枯萎死去。难道医院对于他们，仅仅是帮助他们进行痛苦活着的苟存之地吗？

1995年，胡亚美在参加第八届全国人大第三次会议上，正式提出了关于安乐死立法的议案。在随后的几年中，她一直致力于安乐死立法的宣传工作。而真正让胡亚美体会到安乐死立法必要性的，是发生在她身边的一件事。

1996年，外交部原副部长曾涌泉，因病曾三次给中央写信要求安乐死。他在信中写道："希望实行安乐死，以求：（1）解脱痛苦；（2）消除浪费（国家有限的人力、物力、财力来治我的不治之病，这就是浪费）。"曾涌泉申请安乐死的愿望虽然没有实现，但这个愿望被牢牢地铭刻在他的子女心中。八届三次会议结束后，曾涌泉的儿子曾建实从报纸上获知，人大代表、北京儿童医院院长胡亚美在全国人民代表大会上提出了推行安乐死的提案，便千方百计地找到胡亚美的电话。

在通话中，曾建实表示对胡亚美这一项提案的支持，并向她讲述了曾涌泉申请安乐死的事情。胡亚美在电话中跟曾建实介绍了在中国推行安乐死的困难和阻力。在交谈中，胡亚美还关切地问："如果你父亲安乐死后，他原先的待遇都会随之而去，你们作为子女是怎么想的？"曾建实回答说："父亲申请安乐死是经过深思熟虑的，我们相信这是一个正确的选择。我们都有自己的事业，可以生活得很好。希望你能把推动安乐死的事情坚持下去，等我们老了，需要时，可以按照自己的意愿实施安乐死。"随后，曾建实又给胡亚美寄来一封信。

胡阿姨：

这次我父亲去世，承蒙您来电慰问，十分感谢。在电话中，我曾答应给您寄一封我父亲向组织要求安乐死的信，但因上班后公务繁忙，险些忘记了，因此拖至今日才寄给您……希望这份报告对您继续要求立法安乐死议案派上用场。

随信寄一份爸爸的生平和一封感谢信。

祝好

谢谢

曾建实

1996.12.06

胡亚美提出安乐死立法的建议并非冲动之举，即使是进入21世纪，胡亚美也仍然在各大媒体上呼吁人们正视安乐死立法问题。2000年12月，胡亚美在接受采访时再次声明："安乐死可以节约我国有限的卫生资源，把它用于更有治疗希望的病人身上。"与此同时，胡亚美认为只有通过国家立法，安乐死才会避免"在本人、亲属、医生之间留下纠纷的隐患。"① 她认为实行安乐死在有些情况下，应由患者本人提出，并经医生鉴定。在患者已丧失自制力、无法自己表达意愿时，则可以由患者亲属在协商一致后提出书面意见，并经公证机关公证后实施。

2003年3月第十届人民代表大会召开，虽然胡亚美已经不是人大代表了，但她仍然委托中国工程院院士王忠诚代表向大会提出在北京率先试行安乐死并建立相关法规的建议。

安乐死是改革开放的产物，自流传至中国以来，便在中国大地引起了越来越强烈的反响。胡亚美曾告诉记者，"当看到那些因无法治愈而陷于绝望的癌症病人，通过打点滴、鼻饲等方式痛苦地活着时，我就感到非常心痛"。胡亚美不仅是安乐死议案的提案人，为安乐死的合法化进行着不懈努力，而且她表示，在必要时自己也要实施安乐死。

安乐死立法之路，也许会走得艰难与漫长，但是总要有人去宣扬它的价值。也许，现在看上去争议颇多的事件，随着社会的发展会变得合理、合法，但这必经之路，总是需要有人先行一步，而胡亚美正是安乐死合法化道路上的开拓者。

关心下一代

胡亚美曾经对她的学生们这样说："如果你不爱孩子，就不要当儿科医生。因为只有你爱孩子，才能体会他的痛苦，你才能站在他的立场上奋

① 沈英甲：安乐死：理性和人道的思考。《科技日报》，2001年12月12日。

斗。我觉得这是非常重要的。”正是因为胡亚美视患儿如己出，她才能以一种高度的责任感去进行儿科医学的治疗与科研工作。她对孩子的爱可以说是与生俱来的天性，不论从稚气未脱的孩子时期，还是到发色花白的老年时期，她那颗对下一代的关心和爱护的心，似乎永远都保持着旺盛的生命力。

1998 年 5 月 25 日，由中国食品文化研究会、中国乳业协会、中国奶牛协会、中国乳制品工业协会等 11 个单位联合发起的中国牛奶科学论坛首次会议在北京召开。会上讨论并通过了《振兴我国奶业提高全民体质倡议书》和《规范行业行为让人民吃上放心奶倡议书》。此次会议上，胡亚美联合 12 名营养、食品和乳品专家，一同呼吁年轻父母重视牛奶的作用，并共同发表了希望儿童少年常饮用牛奶的《致全国儿童少年家长的公开信》。1998 年 7 月，胡亚美又与中国营养学会第一任会长沈治平等专家在《人民日报》上发出《请给孩子喝牛奶》的倡议。

但是，作为科学和严谨的学者，胡亚美对于喝牛奶所宣传的种种好处有着更加客观与清醒的认识。以喝牛奶可以补钙这一“常识”为例，胡亚美就认为这并不完全正确。2004 年 11 月 27 日，在北京安全科学补钙专家研讨会上，胡亚美等国内著名儿科专家就目前我国钙剂市场存在的问题、儿童如何安全科学补钙以及如何构筑儿童安全用药屏障等问题进行了研讨并达成共识。胡亚美在会上指出，缺钙是我国儿童四大常见疾病之一，是儿童生长发育过程中出现的营养缺乏性疾病。现阶段我国儿童补钙存在一些误区：一是没有采用正确的补钙方法。比如人们都知道喝牛奶补钙，但并不知道牛奶中磷的含量较高，会影响钙的吸收。因此，补钙时一定要同时补维生素 D。二是不知道补什么钙。选择错误，不但不能补钙，还会影响身体健康。胡亚美指出，在正常情况下，每人每天补充 400 个国际单位的维生素 D 就足够了。

胡亚美除了大力宣传补钙的重要性，还进一步推动碘缺乏症的科普宣传。20 世纪 80 年代以来，我国政府在控制碘缺乏所致疾病方面取得了历史性的进步。然而，经过长时间的临床观察，胡亚美得出“人类面临碘营养低下的形势仍不容乐观，对因碘缺乏所导致的智力发育损害的认识远远不足，对改善儿童碘营养状况的紧迫性和艰巨性的认识亟须进一步深化，并在战略布局和力量配置方面予以加强。”[1]的结论。

胡亚美在这篇名为《从营养学与预防医学的角度认识干预儿童碘营养缺乏问题》的文章中提出：“如果我们在新世纪之初忽略了此点，与其他国家的差距将进一步拉大，其损失将难以估量。”胡亚美指出，由于碘营养状况的正常与否，直接影响生长发育期（包括胎儿发育期）儿童的体能与智能发育，因此保持良好的碘营养状况是衡量儿童保健措施的一项基本指标。碘营养缺乏的损害是不可逆与终生的，所以胡亚美指出需要从流行病学和社会儿科学的原则出发，采取以下措施：①通过健康教育和媒介宣传，提高人群对碘营养重要性和碘营养缺乏对智能发育损害的认识；②通过建立健康示范区和健康生活模式，改变高危人群不合理的生活方式和喂养、进食习惯；③建立食用碘盐和含碘食物（海带、紫菜等）和碘酸钾等的供应—消费系统；④在儿童保健的常规体检中，增加碘营养水平评价参数和监测干预功能；⑤大力支持有关碘营养与儿童体能－智能发育关系的研究项目；⑥在实施改善儿童碘营养状况的工作中提倡“孕前补碘”，将妇女保健和儿童保健协同进行。

在宣传儿童保健预防知识的过程中，胡亚美发现，随着生活水平的提高，儿童肥胖症逐渐成为危害儿童身体健康的潜在诱因。由于这个问题关乎下一代的健康成长，胡亚美也在多个场合公开呼吁：“孩子不是越胖越好的！”2004 年 1 月，胡亚美在中国儿童少年安全健康成长理论、实践与对策专家研讨会上指出，“儿童肥胖症大多是由家长给孩子制造的不合理生活方式引起的。”[2]这种生活方式的不合理之处在于：过度喂养、高热卡喂养、过早添加固体食物、过量食用西式快餐、运动不足。她进一步撰文指出，肥胖症不仅对儿童的心肺功能产生危害，而且肥胖儿童在饮食、运动及心理行为方面也存在着不少偏差。这些行为和心理的偏差容易给孩子的未来造成很大程度上的困扰，甚至影响孩子的一生。

除了儿童喂养不当引发的单纯性肥胖，胡亚美同时注意到因为生活方

---

① 胡亚美，丁宗一：从营养学与预防医学的角度认识干预儿童碘营养缺乏问题。《中华儿科杂志》，2001 年第 39 卷第 7 期，第 387 页。

② 周芙蓉，秦亚洲：不合理生活方式引起儿童肥胖。《人民日报》，2004 年 1 月 30 日。

式的日渐精细而产生的另一种营养不良。生活条件好了还能营养不良吗？胡亚美向人们解释道：

现在儿童营养与新中国成立前及初期截然不同。以前是由于饥饿导致的营养不良，身体需要的热量严重不足。而现在往往因为生活条件的改善，产生了新的矛盾，使一些儿童出现了营养不良的情况。比如，南方患维生素 B_1 缺乏症（也称脚气病）的患儿有所增加，主要原因是吃的大米过分精细，吃不上带糠皮的粗粮了，而这些粗粮中含有大量人体需要的维生素。北方的人们把吃富强粉当作生活改善的标志，可是富强粉正好缺乏人体需要的维生素 B 等营养素。

胡亚美最关心的，应属“如何在儿童的生活方式中预防肿瘤的产生”。她经常在媒体上大力呼吁相关的科普工作，提醒人们时刻注意肿瘤产生的途径。2003 年 3 月，胡亚美在接受《北京日报》采访时，公开呼吁“孕妇儿童最好别照透视”。胡亚美说，白血病、淋巴瘤等肿瘤的发生与辐射有一定联系，此外，放化疗孩子的免疫功能、思维能力也明显下降。所以她建议，正常孩子和孕妇最好不要接触辐射。

2003 年 11 月，胡亚美参加了首届可持续发展国际论坛。她在会上指出，因环境问题引发的恶性肿瘤及意外伤害、中毒已成为当今儿童的主要杀手。白血病的病因与环境因素有关，如装修房屋所使用的油漆中富含锰，儿童在吸入后有发生白血病的可能。除了装修房屋时所产生的环境污染，电磁辐射也是环境污染的重要源头。另外，汽车尾气也会造成儿童铅中毒发病率大幅上升，胡亚美在接受采访时说：“由于空气中的铅多聚集在离地面 1 米高左右的大气中，正好处于儿童的呼吸带，因此儿童的铅中毒明显高于成人。”因此她呼吁，全社会要高度重视环境污染问题，切实保障儿童的健康成长，并建议大力开展针对锰危害和铅中毒的健康教育。①

胡亚美就这样身体力行地实践着自己对下一代的爱与承诺，她立足儿

① 冯瑞：锰铅污染易诱发儿童恶性肿瘤。《家庭医生报》，2003 年 11 月 17 日。

童健康，提出了很多建设性指导意见。2005 年，她在文章《儿童健康与民族素质》中指出："儿童时期是人生的基础阶段，民族素质的提高必须从儿童开始。儿童的生长发育、心理发育和行为发育是目前必须重视的问题，有关性格塑造、气质养成、能力培养、品质教育、潜能开发等工作都亟待认真开展。"①

下乡义诊

1996 年 6 月 15 日，在《乡镇论坛》的期刊上，出现了一篇名为《医疗队何时下乡来？》的小文章。文中指出，在我国一些偏远山区，农村的医疗卫生状况令人忧虑。许多乡村医疗设施不多，有些村甚至连起码的医务点都没有，农民看病难上加难。有些农民患者过分依赖当地的医务人员，常常小病拖大、轻病拖重。有些人因难以及时发现病情，而得不到有效的治疗，甚至因误诊导致悲剧。作者在文章中呼吁："面对农村缺少医生、农村医药摊点充斥假冒伪劣药品和农民就医难的问题，我们的医疗队何时能下乡去，把医务温暖也送进农家小院？"②

1996 年 12 月，中央宣传部、国家科委、农业部、文化部等十部委联合下发《关于开展文化科技卫生"三下乡"活动的通知》。1997 年，"三下乡"活动在全国轰轰烈烈地开展起来，其中的卫生下乡包括医务人员下乡、扶持乡村卫生组织、培训农村卫生人员、参与和推动当地合作医疗事业发展。至 2004 年，"三下乡"活动已经成为各有关部门落实党中央关于解决"三农"问题重大决策的有效举措，在促进农村经济社会进步、提高农村文明程度等方面发挥了积极作用，得到了党中央领导的充分肯定，受到了广大农民群众的欢迎。

2004 年 3 月 16 日，温家宝总理在十届人大二次会议上所作的《政府

① 陈功：坚持"儿童优先"，关注儿童健康。《市场与人口分析》，2005 年 5 月 29 日。
② 铭维：医疗队何时下乡来？《乡镇论坛》，1996 年 6 月 15 日。

工作报告》中强调:“发展卫生事业，今年重点抓好三件事。一是加强公共卫生体系建设。二是改善农村医疗卫生条件，做好新型农村合作医疗制度试点工作。三是积极推进城镇医疗卫生体制改革试点。”“要切实把医疗卫生工作的重点放在农村，加强农村医疗卫生基础设施和农村卫生队伍建设，逐步改善农村缺医少药的状况。”

图 7–3　1998 年 6 月，胡亚美与张金哲在延庆义诊

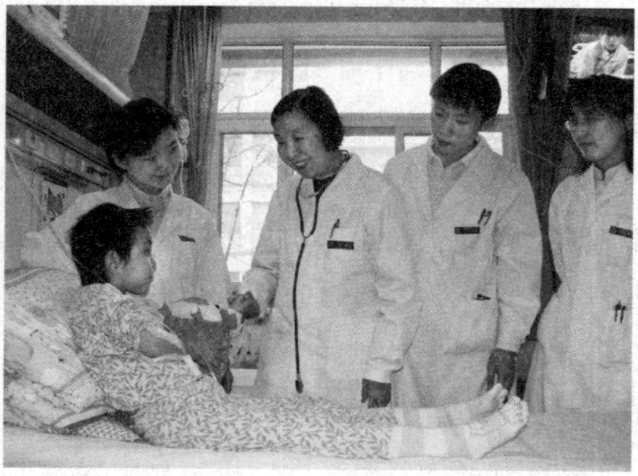

图 7–4　2004 年 9 月，胡亚美（左三）带领同事查房

提升人民医疗卫生的健康水平是医生的天职，听到温总理的号召后，胡亚美心里开始筹划一件意义重大的事情。这件事是她年轻时就一直想做的：宣传和鼓励广大城市的医护人员，到贫困落后的农村地区下乡体验民情。胡亚美希望现在的医护工作者，能够用救死扶伤的本领为广大的人民群众做更多的贡献。

胡亚美曾对年轻人寄予厚望。她说：

希望青年一代一定要学会吃苦、不怕吃苦；多向老一代人学习，学习他们敬业的精神；同时要学习劳动，做一个德、智、体、美、劳全面发展的人，这样才能在学业和事业上有所成就。做人就要做一个爱国的人，做一个有远大志向的人。因为任何一个人的事业都不是简单的，只有有了坚定的信心、团结的队伍、良好的管理，你的事业才能取得成功。

2004年7月底，身为北京儿童医院名誉院长的胡亚美联合中华医学会名誉会长吴阶平、北京医院名誉院长吴蔚然院士、北京协和医院原院长朱预教授、北京友谊医院名誉院长王宝恩教授、卫生部赴甘肃医疗队队长陈海峰、张侃等八位著名医学专家共同发出倡议：号召曾在甘肃省工作过的北京医疗队队员和热心公益的医务志愿者，再到甘肃农村为父老乡亲出趟诊。

倡议发出后，马上得到了广大医务工作者的热烈响应。短短半个月时间，已有来自北大医院、协和医院、天坛医院、广安门中医医院等24个医院的100多名医务人员报名。尽管当时胡亚美已经80岁了，因为身体原因，不能跟随医疗队下乡，但当她看到这么多年轻人支持农村的卫生事业发展，感到非常欣慰。因为这些年轻人正好体现了她对未来建设者们的希望。响应老一辈工作者三十多年前的下乡行动，本身就是向老一代人学习，不但学习他们的敬业精神，更要学习他们不怕吃苦的革命精神。更重要的是，胡亚美惊喜地发现，这些年轻人心中的爱国情怀并没有因为和平时代的长时间浸润而褪色消减，反而在这次医疗队下乡实践中体现得更加突出。更让她感到欣喜的是，很多当时的"小年轻"虽然现在已经成为各大医院的中流砥柱，但仍然在繁忙的工作中抽出一段时间下乡，义务地为农民兄弟看病。这样无私奉献的高尚道德情操，让胡亚美深深感到，尽管市场经济让人们越来越在乎金钱与自身利益的发展，但在社会主义中国，这些医疗人员的行为更加体现了共产主义的超越阶级的大爱精神。

中华医学会杂志总编辑燕鸣是当年第10批去甘肃支援的医疗队员。听说可以再为老乡出趟诊，她不仅自己踊跃报名，还联系了当年的13个医疗队队员一起参加。这批当年刚刚毕业的大学生，现在都是北京各大医院的专家、教授。他们说，要用自己的知识再为老乡解除痛苦。彼时，北大人民医院眼科主任医师胡雨桐、友谊医院影像科教授张忠嘉已经70多岁了，但他们也要求再回甘肃。现任香港理工大学康复系副教授的郭霞，彼时在网上看到倡议后，马上打电话要求自费参加义诊。甘肃省医生提出学习腹腔镜技术的需求，北大人民医院腹腔镜专家、主任医师王秋生就在准备安排腹腔镜手术的同时，向当地医生传授经验。

胡亚美听到这些感人事迹，内心久久不能平静。她回忆起当年作为第一批医疗队队员时的情形："当时毛主席和周总理号召我们到最艰苦的地方去，我觉得自己应该响应这一号召，就马上报名参加了第一批医疗队，到肃南裕固族自治县巡回医疗。"当时的条件非常艰苦，但胡亚美坚持了下来。从她自己的经历来讲，也许那是她之前从来不曾体会到的、最苛刻的生活环境。

艰苦的生存环境与缺医少药的卫生条件并没有影响胡亚美为人民服务的热情，即使在"文化大革命"最困难的时刻，也没能使她忘记自己身为医疗工作者的工作信条。清代名医吴尚先曾说："术日以精，怀日以虚；名日以高，行日以谨。"这样的警世之语放在胡亚美身上是再合适不过的。当世人的尊重与赞誉如潮水般涌来，胡亚美感觉到自身的责任越来越大、担子越来越重。80 岁的年龄，也许在别人那里是含饴弄孙，也许是休养身心，但对于胡亚美而言，80 岁不过是工作进程中的一个普通冬夏罢了。

即便是不能亲自为贫困边区的患儿再看一次病，但胡亚美的心，早已随着她的后继者们的脚步向那一双双渴望的眼眸奔去……

第八章
生活中的胡亚美

家人眼中的胡亚美

当人们在用大量的篇幅采访描绘胡亚美的人生轨迹时，总要涉及胡亚美那看上去似乎并不合格的家庭生活。由于工作分散了胡亚美太多的精力，以至于她对家人充满了深深的歉意。让她感到非常幸福的是，家人非常理解并支持她的工作。

有一次，记者在采访胡亚美时谈到她的家庭观，问道：“都说男人把国当家，女人把家当家。在传统意识中，家是由女人照料的，那么您能够既顾大家又顾小家吗？”胡亚美动情地说：“这点很难说，不过我觉得女人要奋斗，不要觉得自己低于男人，不但要奋发图强，而且也要处理好家庭关系。如果你完全管家，工作就受影响，所以我一般很少管家，因为我没有时间。但是我爱人已经离休了，所以很多事情都是他管。我对我的爱人和家人也很抱歉，不过他们都很能谅解我。”

这是胡亚美眼中的家人，那么家人眼中的胡亚美又是怎样的呢？

胡亚美的丈夫解志一说起胡亚美，既责怪又心疼。家事，胡亚美一概不管。有一次，解志一让胡亚美帮他问一个人的事情，她三天没回音。解志一等到最后，打电话给她的秘书，才得知了那个人的情况。谈到胡亚美，解志一似乎有一肚子牢骚。

图 8-1　1995 年 3 月，老伴解志一贺胡亚美七九华诞

图 8-2　1997 年 3 月，胡亚美的“夫唱妇随”

年轻的时候，胡亚美更不关心我。有一次我牙疼，要到医院拔牙。因为我的心脏不好，门诊部没有急救措施，所以门诊部的医生让我到医院去拔。我说：“胡亚美同志，你陪我去医院吧，你去了我心里才踏实，才有依靠。”说了三年，她最后才陪我去了。我一上手术台，她就跟医院那些儿科大夫说话去了，根本没理我（笑）。我拔完牙一看，人家几个在那儿吃西瓜呢，根本不管我。

虽然表面上满腹牢骚，其实哪有丈夫不心疼妻子的。解志一对胡亚美的辛苦是理解的，因为别人看到的是一个对工作充满热情、时刻保持着严谨和细致工作状态的胡亚美，可在家里，解志一却将她的疲惫看在眼里、急在心上。

别看胡亚美每天在病房里风风火火得像条龙，回到家里就瘫了，累得不行。有时候，她一到家就和衣而卧，我根本不叫她，让她休息。等我早上起来一看，她就又在那儿看书呢……孩子也是一样，孩子的问题，她懂，我不懂；孩子有病了，她看，我不管，这是她对我的最大帮助。

解志一陪伴胡亚美度过了风风雨雨的半生岁月，不论旦夕祸福，两个人都相濡以沫、不离不弃。即使在条件最艰苦的岁月，解志一依然是胡亚美身后最有力量的保护者与支持者。两个同样对工作极度认真的人，在生活中会闹出常人觉得不可思议的笑话来。

她（胡亚美）就是做学问，做饭什么的全不会。她的笑话可多了，记得有一年过年，保姆放假回家了，她和我姐夫两个人说给两个孩子做一次饺子，结果不知道剁完了白菜要挤水，拌完馅儿怎么也包不上，最后弄了一大锅片儿汤。①

记得有一回爸爸没有裤子穿了，想去做裤子，可我妈总是没时间陪他去。我爸有点色盲，买回来一块绿布，实在没办法，我妈只好陪他去了一趟。

对于母亲的印象，女儿解虹有着自己的理解。解虹对母亲的第一印象就是“忙”。

那个年代的大夫都有个习惯，星期天一大早准去病房，我妈也是，每次都得晚上九十点钟回来。那时候周末就休息一天，我和弟弟上全托的幼儿园，星期天晚上就被送回幼儿园。我特别害怕，一间大房子里就五六个孩子，别人都是周一早上送。我妈很少送我们，开家长会也净是我爸参加。我女儿长大了，舅舅家孩子长大了，都不当医生，说当医生太忙了。

小时候有一回我得了痢疾，老是蹲便盆，我妈根本没工夫看一

① 胡亚鲁访谈，2013 年 4 月 13 日，北京。资料存于采集工程数据库。

眼，急着去天津开会了。等她回来，看我还在拉，才发现有问题，赶紧带着我去医院。①

在孩子们小时候的照片里，几乎只留有爸爸的印迹，胡亚美哪有时间陪孩子们出去玩呢？解虹上小学时，有一个星期天，胡亚美全家去北海公园玩，在车上碰见了儿童医院的大夫。当聊到一个孩子的病情复杂时，胡亚美中途就下车去了医院，孩子们只好跟着爸爸去了公园。谈起母亲时，解虹还表达了一个小小的遗憾："我从来没有穿过妈妈织的毛衣，那时候都织毛衣，我妈也学着织，可她太忙了，我上小学的那几年就织出一小块。我们的鞋都是阿姨给做的千层底布鞋，棉袄和裤子也都是阿姨给做的。"②

解虹对母亲的第二个印象是简朴。解虹十岁左右的时候因患肝炎，住进了儿童医院。有一天，她在病房里看见一位很时髦的女医生在洗手，女医生烫着发，还穿着裙子。等女医生转过身，解虹才发现是妈妈。胡亚美当时刚从苏联开会回来，那是解虹看到的因为出国才打扮一次的母亲。

解虹对母亲的第三个印象是珍惜时间。胡亚美在家里干什么都快，什么事都要抓紧时间赶快完成。解虹说："时间就是她的生命。周末出门，她见着公交车就追，不能等。她下乡时，人家给她起了个绰号，叫'胡快腿'。"说起"胡快腿"的由来，还要回溯到胡亚美下放到延庆的那段时光。当时的胡亚美正是因为有了延庆的那段爬山看诊的历练，才练就了"快腿"，走起路来，一般人都跟不上。这种锻炼也奠定了她日后工作的基础，使她能够承担强度那么高的工作。解虹说母亲身上"总有一股劲儿，我经常睡了一觉醒来，发现我妈还在看书，她眯一会儿，第二天早晨就去查房，不知疲倦地工作、操劳着"。

解虹对母亲的第四个印象是无私奉献。在出国前，胡亚美就开始进行血液研究了。白天在单位，很多人都不好意思到医院打扰她工作。于是，家里便像个小门诊一样，每天晚上都能来好多人咨询孩子生病的问题。这

① 解虹访谈，2013 年 1 月 23 日，北京。资料存于采集工程数据库。

② 同①。

些患儿家属一般都在晚饭期间找胡亚美，要么打电话咨询，要么就是登门拜访，胡亚美从不拒绝，耐心地予以解答。此外，解虹发现母亲不但看病不收钱，遇到贫困的患者还主动花钱。

“文化大革命”后，单位给她补了些工资存到一个存折里，只要有穷人，她就让我拿着存折去取钱。一取就是100多块，太普遍了。那时候一个月工资才几十块钱。有一次给人300块钱，实际看病花费才100多，人家要把剩下的钱退给她，她不要，说给孩子买点营养品补身子。她经常给人献血，一着急，就伸着胳膊抽血，50毫升、100毫升的。①

对于胡亚美的无私奉献，大弟弟胡亚东也有一段经历。

有一次，我去她办公室找她。正在说话，来了一个小伙子，跟她说自己有个亲戚很穷，得了白血病治不起。小伙本人来北京是要报考化学系。我刚好就是搞化学的，就在一旁听着。听完小伙子的哭诉，我姐拉开抽屉，就要给他三千块钱。他一看不好意思了，就推了两次。我姐一直说，“没事，没事，你拿吧。”我当时心里就嘀咕，“姐姐，你根本就不认识他，怎么就能给他钱？”十几年前，三千块可不是一个小数字。小伙子没要这钱，反倒是认识我了，他最后考上了化学系的研究生。

也许在一些人看来，“持家有道”“贤妻良母”这几个字放在胡亚美身上是不合适的，但她却用自己的方式关心着孩子，用独特的魅力诠释着母爱。解虹深知母亲是非常爱自己的。

母亲总是这么忙，但发生的很多事，都能让我感受到母爱。“文化

---

① 解虹访谈，2013年1月23日，北京。资料存于采集工程数据库。

大革命”时，我妈工资被扣了，人也被关在地下室。那时我得了病毒性心肌炎，我妈硬是从嘴里省出2块7毛钱，给我买长效青霉素进行注射。那一阶段，她老吃窝头，有肉也舍不得吃，导致营养不良，腿都肿了。①

胡亚美一共有两个孩子，按说应该留一个在身边，但她尊重孩子们的选择。解虹是1987年去的美国，2005年回来的，其间她跟母亲并没有书信往来，都是与父亲解志一通信。每当胡亚美有出国开会的机会，她总会顺道去看看女儿。

谈到胡亚美现在的生活状态，解虹感叹道：“（母亲）现在都90岁了，还能照顾自己，平时看看电视、报纸。睡眠很好，年轻时练得沾着枕头就着。她说自己心态好，没有多少奢求，就是喜欢孩子。现在跟我们都说不了话，可见到小朋友还能说话。”

家人眼中的胡亚美真实、亲切，还有点笨拙得可爱。她的确不擅长家事，但对于自己的工作，胡亚美却是异常勤奋。她的这种精神，令家人也常为之动容。二弟胡亚鲁曾问姐姐为什么学习儿科时，胡亚美是这样说的：因为她觉得儿科是最难的。小孩儿几个月根本不会说话，只能靠医生的观察。那时候化验也不像现在这么先进，所以只能依赖医生的判断。所以她认为这最难，一定要学最难的。

“一定要学最难的”——对学习意义的追求，最高者不外乎如此。

朋友眼中的胡亚美

不论是朋友还是学生，胡亚美总能够用一颗真诚的心去对待他们。她的这种平和的性格与无私的精神，对于身边的人来讲，都是一笔宝贵财富。

---

① 解虹访谈，2013年1月23日，北京。资料存于采集工程数据库。

谢富治在“文化大革命”期间任国务院副总理时，并没有利用自己的关系安排子女进入好单位，而是把哈工大毕业的大女儿谢小沁改名为刘小沁，安排在陕西阎良的轰五飞机制造厂锻炼。1972 年，谢富治去世后，刘小沁回到了北京。她与胡亚美交往多年，称其为“希波克拉底誓言”的化身。

1975 年，刘小沁早产，怀孕七个多月便生下一对龙凤胎。这对小姐弟体重加起来才七斤多，连基本的吮吸本能都不具备，只好在协和医院妇产科的暖箱里，用滴管喂养了一个多月。儿子先出院，全家便战战兢兢地守护着这个宝贝，生怕他得病。此时正值秋末冬初，孩子穿着绒衣、棉衣，盖着毯子，还用棉被包裹得严严实实，像个小蚕茧一样。

刘小沁的住宅是原来英国大使的官邸，双层玻璃、双层房门，暖气很热。为了防止把感冒传给小婴儿，来家看望孩子的客人都要戴上口罩。家人把婴儿室弄得像危重病房一样，还挂起了蚊帐——孩子刚出生的这个季节里没有蚊子，是为了防止灰尘掉进眼睛里。因为孩子的眼睛太大了，有人查了医书，说很像是先天愚型的“落日眼”，这使刘小沁的家人非常担心。

这一天，孩子突发高烧，便请来一些儿科专家会诊。在客厅里，刘小沁第一次见到胡亚美。当时在座的还有另外几位知名的中国医学界专家，由于他们经常参加中央首长的医疗工作，刘小沁对他们很熟悉，只有胡亚美是新面孔。

这天请来的医生大多毕业于美国或欧洲的著名医学院，是各专科领域的顶尖权威。只有年龄小一轮的胡亚美资历稍浅，当时她还只是北京儿童医院的内科主任。专家们环绕孩子睡着的小床，像巡诊查房一样认真检查。在检查过程中，胡亚美对老专家十分尊重，始终跟随在后、轻声细语、态度谦恭，加上她那学生似的齐耳短发和朴素的灰色卡其布上衣，很像一个实习大夫。

胡亚美拥有一种只有女性才有的特别细腻，给孩子做完体诊后，她又仔细查看了大小便和奶渣，甚至把孩子的粪便凑在鼻孔前仔细闻。孩子的大便臭得出奇，胡亚美却笑眯眯的，毫不在意。她嘱咐刘小沁，靠牛奶喂养的孩子大多消化不良，需要增加牛奶的蒸煮时间。检查完毕后，专家们慎重地提出治疗方案，大家推荐一种国外新出品的广谱抗生素。胡亚美最后一个发言，却出语惊人："不需要任何抗生素。"她异常坦率地分析说，孩子发烧是因过度保暖引起的，建议每天给孩子洗几次温水澡，摘去蚊帐、不捆棉被，别给孩子穿崭新的衣服。她还指着床上叠放的尿布说："用这些尿布给孩子做衣服多好呀！"那时候的尿布全是大人穿旧的纯棉内衣撕成的。经过千搓百洗的棉布非常柔软、透气。

胡亚美率真、亲切的语调和满面的灿烂笑容颇具感染力，使原先有点严肃的会诊变得十分轻松，教授们一致赞赏她标新立异的主意。那天开的处方与药无关，而是一种生活态度和方式，刘小沁也是在之后的日子里才一点点体会到它的重要作用。临走前，胡亚美对刘小沁说："越是先天不足，后天越要锻炼。不要怕，孩子的生命力是很顽强的。"

果然，按照胡亚美的方法，孩子没几天就退烧了。一双儿女也穿上了她亲手缝制的婴儿服，孩子的生活变得自然、舒展起来。一些朋友很惊异地问刘小沁，怎么就变得如此艰苦朴素，其实她的变化并不在此。1976 年，刘小沁的家庭发生巨变，她只好从老家找来两个小表妹帮忙带孩子。两个小表妹分别只有 15 岁和 17 岁，从此，她独自一人带着这四个孩子生活。

> 生命固然是顽强的，但若没有胡亚美"不要娇惯孩子"的提醒，没有后来她对孩子特别的关怀，我们很难逾越那段艰难的日子……在生活困难的日子里，孩子们并不嫌弃捡亲友孩子的旧衣服穿，我还把旧床单或旧窗帘改成样式别致的小衣服。有一次，我带着蹒跚学步的双胞胎去王府井，他们与众不同的"窗帘衫"引起了路人的喜爱和围观，让我感受到平凡中出神奇的乐趣。[①]

有一次，刘小沁的儿子连着腹泻几天，吃了各种止泻药都无济于事，

① 刘小沁访谈，2013 年 7 月 31 日，北京。资料存于采集工程数据库。

最后还发展成水泻。可怜的孩子一天拉十几次，稀水甚至像喷泉般涌射而出。小表妹刚从农村来，从没有带过孩子，看到侄子奄奄一息，吓得号啕大哭。刘小沁晚上赶回家看到儿子时，也完全吓蒙了，惊慌失措地连夜抱他到儿童医院挂急诊。

到医院时已是深夜时分，那时正是冬季流感和秋季腹泻的高发期，急诊室人山人海。当时刘小沁的儿子已经不会哭了，牙关咬紧、脸色铁青。刘小沁突然看到胡亚美，就像见到救星一样把儿子抱过去，并向胡亚美说明了情况。胡亚美认出了她们，二话没说就把孩子送进抢救室。这是她第二次见到胡亚美，刘小沁回忆当时的情景时说："她正把一个患儿尿布上的大便凑在鼻孔前闻诊，同之前对我儿子时一模一样。"孩子得的是中毒性秋季腹泻，是婴幼儿死亡率很高的急症。经过一夜的抢救，第二天清晨六点，孩子终于从昏迷中苏醒过来，胡亚美这时才松了口气，对刘小沁说道："再晚来几个小时，孩子就有生命危险了。以后千万不能耽误。"① 她还写下家里的地址给刘小沁，嘱咐她以后孩子夜里发病，可以直接去家里看病。

"许多年眨眼间就过去了，我的一对双胞胎儿女已长大成人、身心健康。每当我提起往事，想要感激胡亚美在人生最关键的时刻帮助我渡过难关时，她都不以为然。"② 刘小沁回忆起有一次记者采访胡亚美时，问到她在抢救患者时是否想到"救死扶伤，实行革命的人道主义"之类的伟大思想，胡亚美说没有，急救抢救分秒必争，全是专业知识、技术、经验和应变能力的临床应用，若想别的，早把患者耽误了。在她看来，每一个选择医生做终生职业的人，从第一天起就应养成在医术上精益求精的品质。

---

① 刘小沁访谈，2013 年 7 月 31 日，北京。资料存于采集工程数据库。

② 同①。

学生眼中的胡亚美

胡亚美非常随和，把自己的学生和同事都当成好朋友相处。她的学生和同事们也都愿意去她家里做客。胡亚美的孩子们之前一直在国外，她和老伴 80 岁以后都没人照顾。郑胡镛觉得作为晚辈、作为学生，应该义不容辞地帮助老师。这些学生们经常去家里看望胡亚美和她的老伴，小小的房间里充满了欢声笑语。胡亚美一个人出门时，学生们都不放心。

郑胡镛说："她骑自行车上下班。80 多岁的时候还在骑自行车，而且骑得特别快。后来吴教授、赵新民教授、樊寻梅院长都怕她摔着了，才坚持不让她骑车了……"

2006 年 7 月，正在美国参加学术交流活动的胡亚美发现自己患有乳腺肿瘤，于是便回国治疗。学生们听到这个消息后很着急。胡亚美在北大医院做手术，郑胡镛、吴敏媛及其他同事们就在外面一直等。

> 胡大夫很平易近人，有一次陪外宾，胡大夫就把我们召集到她家里吃饭，吃的是家里阿姨烤的芝麻饼、白薯，还有肉夹馍、几个凉菜。但是我们，包括外宾在内，都觉得特别开心。胡大夫的女儿，包括她的先生解老师，都对胡大夫支持很多，甚至解老师为我们血液组也做了很多事情，比如说每到联欢会，解老师都会写很好的字送我们。科里面一些重大的决策，都会和解老师商量。解老师是个文学家，也是历史学家，他给我们首都医科大学的学生还上过课，所以我们和解老师也很熟悉，很有感情。[①]
>
> 解老师离休后，就成了胡大夫的家庭秘书了。家里的很多事情都是他来做，他对胡大夫的工作非常支持。[②]

---

① 吴敏媛访谈，2013 年 4 月 24 日，北京。资料存于采集工程数据库。

② 臧晏访谈，2013 年 4 月 25 日，北京。存地同上。

图 8-3　2002 年 5 月，医院同事看望胡亚美（中）

2013 年，在胡亚美 90 岁寿辰之际，她的学生和同事一起给这位操劳了大半生的老人过生日。吴敏媛说："北方人有过九的传统，所以我们去年就给她庆祝过。今年给她送去 90 朵玫瑰，胡大夫很高兴。胡大夫现在已经认不清人了，但我就是那个很幸运的、她一直记得的人。"

对于胡亚美的人格与修养，学生郑胡镛有一段非常贴切的评价。

> 从人品上来讲，我只能用"高山仰止"这个词来形容她的人格魅力，也正因为她的这种人格魅力，使得她不仅在学术上能够让全国的医学专家敬仰她，更重要的是她的人品、人格魅力让全国的人民都知道她。就像古人说的，德是才之帅。

第九章
一生辉煌

无私奉献的敬业精神

回顾胡亚美60余年的从医生涯，人们很难计算出她到底为中国儿科医疗卫生事业付出了多少心血和汗水。60余载寒暑往来，古老的北京城中留下了她忙碌的背影；60余年的医学人生，世界医学舞台上留下了她精彩的篇章。在21世纪，胡亚美似乎很少有时间去体味和总结过去的人生，因为她几乎没有片刻闲暇。人们对她的印象，只能通过家人、同事、朋友以及有限的媒体采访，慢慢地拼凑整理。

胡亚美的敬业精神，是完全根植于其恩师诸福棠的教育思想之上的。以胡亚美为代表的老一辈科学家，在中国社会主义核心价值观的指引下，传承着作为共产党人最“标准”的敬业传统。

敬业，首先要爱孩子。著名泌尿外科医学家、中国科学院院士、中国工程院院士吴阶平曾经说过这样一段话：“医生的服务对象是人，世界上最复杂的事物莫过于人。要做一名好医生，首先一点要研究人，全心全意为人民服务，就是医德。医德不光是愿望，更是一种行动，这个行动要贯穿医疗的全过程，贯穿医生的整个行医生涯。”这段话说到了中国医德最核心的部分。全心全意为人民服务，是如吴阶平和胡亚美这样的老专家用一辈子行动去实践的坚定信仰。

与胡亚美共事多年的护士甘绪慧回忆道：“别的大夫来看孩子时，就绕一圈、问一问。而她不是，她低头和每一个孩子交谈，尤其是病情越重的孩子，她关心的程度就越高。”[①] 医生的查房流程，不会具体细化到每个患者床前一定要问多少问题、停留多少时间，所以有的医生按照流程进行规范化的操作，是无可厚非的。可是，如果你怀着对孩子的关爱，就会很用心地倾听每个小患者的倾诉，并耐心地进行回应。因为孩子无法理解自己为什么会得病，为什么要喝下难喝的药，为什么要承受其他小朋友不用承受的痛苦。所以，胡亚美很在乎这些生病的孩子们，因为她知道在患儿眼中，自己是可以让他们不痛的天使，是让他们安心的“妈妈”。而病情越严重的孩子，对于他的心理干预就越应该加强，胡亚美很清楚这一点。

胡亚美的忘我工作，到了如醉如痴、废寝忘食的地步。有时，她与医务人员一同查房，突然会出现两眼发黑、站立不稳的情况，这明显是由操劳过度、没有得到充分休息所导致的。很多人都劝她回去休息，可胡亚美也只是趴在桌子上稍微休息一下，然后再起来工作。

胡亚美视这些痊愈的孩子为对自己业绩的最好鼓励，将这些孩子当成自己的孩子一样心疼与关爱。“见到这些孩子，她就特别高兴，她把这一刻视为她生命中的一个重要场合。这不仅体现了胡大夫的工作性质，也体现着我们团队的工作成果，因为这是对我们工作的展示和回报。”吴敏媛回忆道[②]。没错，孩子能被治好并健康地成长，是胡亚美最骄傲的工作成绩。为了达到这个目的，胡亚美总是希望她的同行们能够拧成一股绳，共同完成那些疑难杂症的科研工作，工作不能止步于原有的成绩，要向这个领域更高难的方向进发。胡亚美不光是以这样的工作态度要求自己，更是以这样的标准要求学生。

---

① 甘绪慧访谈，2013 年 6 月 4 日，北京。资料存于采集工程数据库。

② 吴敏媛访谈，2013 年 4 月 24 日，北京。存地同上。

当时我们和上海儿童医学中心、上海交通大学附属新华医院在国内组织大会，想把全国儿科搞肿瘤的人都聚集在一起，形成一个由我们医院牵头的活动。我们医院就像一个“领头雁”，带动全国各地医院儿科的发展。不仅我们医院要强，我们还要带动全国的儿科都强起来。胡大夫的目的就是要通过全国肿瘤大会及其他培训（包括我们学习班的培训），培养儿科血液病的专家，提高他们的医疗技能。[①]

胡亚美从来不在乎外在条件对自己工作的影响，甚至她认为“如果真的是医学大家，他们不会在意什么样的环境、什么样的生活”。胡亚美这种随遇而安、一心只扑在工作上的劲头鼓舞了很多同事。郑胡镛对胡亚美的这种到哪都要发光、发热的敬业精神十分钦佩，“在任何情况下，她都能够不畏艰苦的环境，把自己能够做的事情做到最好。让我们感觉到，真正的大家是不会被环境所束缚的。虽然我们现在没有那样的经历，但是这种精神一直鼓励着我们”。[②]

胡亚美不仅用实际行动向自己的学生传授医德，更向儿童医院的护士宣传敬业的重要价值。生病的儿童是一个特殊群体，因为儿童生性好动，加上病痛带来的情绪化影响非常大。因此想要控制住患儿的言行，甚至安抚患儿的心理与情绪都是不容易的事。儿科护士对于护理行为不能只知其然而不知其所以然。

北京儿童医院的护士钟和曾经与胡亚美共事多年，她举了一个例子：“比如发热的孩子和白血病的孩子都需要多饮水。要是单纯的感冒发烧，喝水就是补充水分和降温。但是白血病患儿因为在化疗后，正常细胞和癌细胞一同死亡，体内会产生比较多的嘌呤，分解后产生尿酸，尿酸要通过肾脏排泄。如果这时候不供给足够水分的话，很容易造成肾脏损害。”[③]胡亚美仔细讲解这些专业医学知识后，护士们便知道给白血病患儿喂水的重要性了。通过对护士专业知识的宣传与提高，护士护理的主动性、积极

① 郑胡镛访谈，2013年10月11日，北京。资料存于采集工程数据库。

② 同①。

③ 钟和访谈，2013年6月4日，北京。存地同上。

性、责任心都得到了加强。

敬业精神的基础，源自远大的职业理想、坚定的职业信念、持之以恒的从业态度、荣誉与幸福感并存的职业情感以及高尚的职业操守。胡亚美的敬业精神，来自她所一心追求的儿科事业，还有她性格中的忍耐、坚强与博爱。她是“有”私心的，她将所有的患儿都看成自己的孩子，一位母亲怎么能不偏爱自己的孩子？同时她也是“无”私心的，她那全心全意为了整个儿科事业发展所付出的努力，难道仅仅是为了获得名与利吗？

胡亚美的无私奉献精神时刻提醒着后辈们将医生的责任牢牢记在心间。正如郑胡镛所说：“每来一个进修大夫，她就会亲自为她们披上白大衣。我觉得她不仅仅是给他们披一件衣服，而是把医生救死扶伤的天职交到了你身上，你不应该辜负白衣天使的称号，这就是你的天职！”

一心为民的仁爱之心

“医为仁人之术，必具仁人之心”，古人的这句话是讲给天下所有行医之人的。“仁”是中国传统道德中最高的具体行为标准。胡亚美心中的“仁”，是为民造福的大仁与大义。

在很多人眼里，钱是需要积攒和挣取的目标，是用消费证明自己身份的体现；而在胡亚美那里，钱是助人的方式，是慈悲的载体。臧晏曾说：“她（胡亚美）对病人是非常有爱心的。病人没有钱，她马上拿钱。她从来不在乎这个，救助病人才是最主要的。”胡亚美的工资就放在医院的收费处，很多时候贫困患者过来看病，就直接划她的工资。

胡亚美从不拒绝任何求助于她的人，她记得很多患儿的名字，白血病患儿家长几乎都认识她、找过她。胡亚美从来没有想过帮助他们会给自己带来多少名望、多少利益，她的目的相当单纯，就是力所能及地帮助那些需要帮助的人。医院在哪里，她的心就在哪里。

北京儿童医院的院训“公、慈、勤、和”四个字中，“慈”是胡亚美特别看重的一点。“慈者，爱也！”这个慈字，也许特指的是母亲一般的疼爱，也许更多的是超然于血缘之上的博爱。对于胡亚美而言，孩子们的健康与快乐是她最在乎的事。一说到“孩子们”，她经常对采访的记者如数家珍：“从我 1976 年开始治疗白血病，那时 1976 年的孩子到现在已经 28 岁了。还有 1977 年的、1978 年的、1979 年的……到现在都已经活了 20 多年了，而且活得非常好。他们结婚时，还特意送结婚照片给我。看见他们幸福、健康地生活，我也由衷地为他们感到高兴。他们康复了、出息了，我就觉得欣慰了、满足了。经我治疗过的孩子，有很多都和我保持着几十年的联系。”

胡亚美的家里和办公室中保存着许多孩子的照片，那些都是被医治过的白血病患儿。照片上的他们看起来都非常活泼、健康、可爱，胡亚美能说出所有孩子的名字、近况等。他们都曾是遭遇不幸的人，但他们又是幸运的，因为他们遇到了胡亚美这样一位好医生。

经过胡亚美她们救治的白血病患儿中，有 1000 多名儿童无病存活，有的上了大学、走上了工作岗位，还有的结婚并生育了健康的宝宝。他们都把自己的幸福拿来与救命恩人胡亚美分享，胡亚美也把这些孩子看成自己

图 9–1　2000 年 7 月，胡亚美在第十二届白血病康复儿童联谊会上留影

最大的财富。

在一本贴满白血病患儿照片的相册上，胡亚美让爱人写下了令人动容的感言：

没有战争烽烟，没有持枪的敌人站在面前，然而病床上的他们都经历着生与死的考验，发烧、贫血、头晕、乏力、恶心、呕吐，这些成人都难以忍受的危险正缠绕在他们身边。然而这些抗癌童星，却没有退缩不前，经历了血与火的锤炼，他们比常人信心更强、意志更坚，他们将血肉之躯锻成了钢铁，跨越了千难万险，迎来了胜利的今天。看，不同的岗位上，到处都有他们年轻英俊的笑脸。

不断探索的钻研精神

胡亚美能有如此辉煌的科研成果，与她严谨的科研工作态度密不可分。一位医者，其专业素养中最不可缺少的就是严谨从医这个职业品德。著名医学教育家张孝骞曾经这样告诫他的学生们：“行医如临深渊，如履薄冰。病人把最宝贵的生命交给了医院，医务人员在工作中稍一粗心大意，就有可能致人伤残，甚至危及生命。所以在医疗工作中不能有半点马虎和轻率。”

胡亚美的同事张金哲，对她的严谨从医有着非常高的评价。

虽然胡亚美在学术上获得了相当大的成就，但是她非常谦虚。有些病人，她本来都看过了，她还找我看。一个是负责，一个是她自己谦虚，她说：“虽然我也知道，但是我毕竟不是你这一行，而且我现在的知识不一定赶得上这个时代。”所以，虽然她都看完了、都处理完了，她还找你看。在整个医务界，至少在儿科界，大家对她这种精神都十分佩服。

表面上看，张金哲在说胡亚美的谦虚，但更多的则是在赞扬胡亚美高

图 9-2　1993 年 5 月，胡亚美与老伴解志一合影

度的责任意识。

心中有责任，工作才会严谨，这两者是相辅相成的。胡亚美对业务简直到了痴迷的地步，挑灯夜读对她来说是家常便饭。由于胡亚美的住房窄小简陋，所以在很长一段时间里，胡亚美都是在很艰苦的环境中进行着研究工作。多年来，她养成了一个习惯：再忙再累，晚上也要挤出时间整理资料、撰写书稿，直至深夜。解志一睡觉比她早，当看到他在灯光下睡不安稳，胡亚美心疼极了。为了让爱人休息好，她用厚厚的纸板把台灯罩住，只留下一条能够看清书页的缝隙。

一位合格的科研工作者，刻苦地钻研与严谨地治学是提升业务水平的必经之路。而一位合格的教育工作者，则需要用恰当的教学方法引导学生理解专业知识与技能。对于胡亚美来说，教育的出发点还在于让后辈找到更科学、更先进的医疗手段，以解决患者痛苦。所以，她很少在学生和同事面前故作高深，反而越发深入浅出地进行理论与临床的结合实践。

一位与胡亚美共事多年的护士甘绪慧曾这样回忆胡亚美的查房过程："胡大夫查房有个特点，就是深入浅出。比如讲营养性贫血，正好那次有个记者一起旁听，记者也听得津津有味，讲完以后，那个记者一直没走。等后来大夫都走了，我就问那个记者听得怎么样，他说很好懂，学到了点医学知识。"[①] 医生掌握的知识，仅自己明白是远远不够的。胡亚美希望护士和患儿的家属也能够听得懂她对患儿的诊断和治疗手法。让护士听懂，为的是在医治患儿的过程中，能与医生达到治疗思想与行为上的高度默契；而让患儿的家属听懂，为的是通过对家属进行病情的科普性知识传播，使家长更好地配合医护人员进行治疗，使治疗效果事半功倍。

① 甘绪慧访谈，2013 年 6 月 4 日，北京。资料存于采集工程数据库。

为帮助年轻大夫管好患者，胡亚美在查房时经常提问各级医生。有一次，她在查房时连问一个年轻医生三个问题，那个医生都没答出来。此后，胡亚美经常关心这个医生，鼓励他用心学好相关的医学知识。在后来的一次查房时，这个医生经过认真准备，病例报告得非常清楚、分析得十分到位，胡亚美及时表扬了他。胡亚美经常向大家传授如何管好患儿，如何通过管好患儿深入学习一个病种的经验，让同事们受到了很大的教育。甘绪慧谈到跟着胡亚美查房的感受时说："我觉得特别浅显易懂，而且条理清晰、言之有物。她在查房时会介绍国家对这个病怎么看、国际上有什么看法、咱们有什么问题、国际上有什么先进的方法、咱们可以借鉴哪些，听她查房就好像上课一样。作为一个普通的医务工作者，或者是一个门外汉，都能从中吸收到知识。"①

胡亚美组织了多次白血病联欢会，她觉得这个也是很有必要的。她认为仅依靠医生进行科普、宣传白血病的相关知识是远远不够的。患儿家长能够通过联欢会，把这些知识和体会传递给新的患者、新的家长，这一方面可以为新的患者和家长提供有用的信息和切实的帮助，更可以从大局出

图 9-3　1999 年 3 月，胡亚美（中）在病房讨论病历

① 甘绪慧访谈，2013 年 6 月 4 日，北京。资料存于采集工程数据库。

发，鼓励患者们相互扶持、共同战胜病魔。

20 世纪 60 年代，一种“螺丝钉精神”在广大人民群众中流传开来，至今这种精神仍然有着切实的时代意义。螺丝钉精神的本质，就是“干一行，爱一行；干一行，钻一行”，胡亚美正是这一精神的楷模。她的钻研精神，不仅体现在医疗岗位上，更体现在育人与科普宣传上。深入浅出的教学与科普工作，看上去似乎与高深和严谨的科研作风无关，其实两者之间有着很重要的关系。让护理人员懂得医生们的专业知识，让病患家属了解相关病理与治疗手段，并不是浪费时间的无意义行为。胡亚美真正做到了以人为本、用心对待每一位求助她的人们。

一视同仁的平等精神

美国著名医学教育家布雷克威尔曾说过一段发人深省的名言：“成为一个医生最大的责任不是只医治疾病，一个医生怎么看待贫穷的病人，是区分一个人是医生还是医匠的关键，真正的医生肯定人的价值，而在医匠的眼中，病人只是消费者。医生看的是生病的人，医匠看的是填病历的表。”显然，胡亚美用一生的行动证明了自己对这段话的深刻解读。

在胡亚美那里，没有身份的高低贵贱，只有所患病症的轻重缓急。不论是达官政要还是普通百姓，她都以一个不卑不亢的平常心去对待自己的病患和家长。因为在真正的共产党人心中，人人生而平等的理念是信仰的基础。

胡亚美当院长前，医院分给她的房子很小，却要住下六口之家。担任院长后，胡亚美完全有理由向上级申请改善家里的住房环境，然而她并没有选择这样做。一方面，她深知当时的社会条件都是如此，有很多比她更需要改善条件的同事还在等待分配住房的机会；另一方面，她以共产党人的高度自律性要求自己，“这不，它常常无声地帮助我做了许多思想工作！”胡亚美如是说。有多少次，那些因住房困难并长期得不到解决的同志满肚子怨气上门来诉苦，可当他们看到院长的住房条件，便把怨言咽了回去。至今，胡亚美依然身居其室而自得其乐。

人人平等的处世心态与客观公正的办事风格，同样体现在对贫困家庭的关怀与帮助上。不管是在新中国成立初期主动减免贫困患儿家庭的医治费用，还是在下乡时期对农民兄弟的细致照顾，无一不体现出她高尚的道德情操。贫穷，是她开始反思社会不公的起点，也是她用自己的能力想要努力改变这个世界的初衷。对于许多经济困难的白血病患者，她倾心相助。

从 1950 年 9 月开始，一个小名叫“崔狗狗”的孩子一直在北京儿童医院接受肺结核的治疗。1952 年，胡亚美被派到东北参加土改工作，需要一年的时间。她担心这个孩子因为没钱而中断治疗，就专门托付病房的护士长，每月只要领了工资就给孩子买药。后来，孩子的病治好了，长大后成为一名公安干警，并组建了幸福的家庭。

这一家为了报答胡亚美的救命之恩，从 1951 年起，他们每年都到胡亚美家拜年。当年，是孩子的父亲蹬着板车带着全家去拜年。之后，他们就坐车去拜年。在“文化大革命”中，他们一家也经常来看望被打成“特务、反动学术权威”的胡亚美。在随后的十几年时间里，已经是儿科界著名教授的胡亚美也在每年的春节前后去看望这一家人，有时还带着爱人、孩子一块儿去做客，两个家庭结下了长久的友谊。

一切为了孩子，特别是为了让那些不幸患有某种疾病的孩子早日康复，这一执念几乎占据了胡亚美的整颗心。她的一颗爱心、一片深情都毫无保留地给予了她的每一位小患者。她觉得这一生的生活特别充实，因为有了这些孩子的陪伴，她感觉非常欣慰。每当闲暇之时，她总会翻开身边的相册，看看这些熟悉又有些陌生的孩子们的笑脸。

生而为人，也许无法选择自己出身的富贵或者贫穷；而处于社会，总有一些人不能拥有与自己一样的出身、一样的经历。胡亚美深知，同样是经历一场磨难，有的人会在这种对抗的持久战中败下阵来，而有的人会咬牙坚持挺过去。性格与信仰，有时会变成拯救自己的强大武器，这些人就是人生的勇者。胡亚美十分喜欢王冕的诗《墨梅》：“我家洗砚池头树，朵朵花开淡墨痕。不要人夸好颜色，只留清气满乾坤。”她的办公室墙上挂着的条幅是孟子的名句：“富贵不能淫，贫贱不能移，威武不能屈，此之谓大丈夫。”落款是“孟子章句　亚美摘以自励”。

著书立说　硕果累累

除了《实用儿科学》，胡亚美在晚年繁忙的工作之余，还主编了多种儿科专业方面的书籍。一方面，她考虑到儿科在全国范围内的治疗水平参差不齐，对当前的儿科临床治疗进行阶段性总结，有助于儿科事业更健康、快速的发展；另一方面，用深入浅出的方法去普及基本的儿科预防与治疗常识，有助于提高全国民众的整体医学素养，并直接影响到下一代的健康发展。

图 9–4　胡亚美主编的《新编儿科临床手册》

1991 年 8 月 1 日，胡亚美主编的《新编儿科临床手册》正式出版。这本书根据当代儿科的新发展，并结合胡亚美多年的临床经验，比较全面地介绍了儿科保健工作，如正常的小儿生长发育、小儿合理营养，重点阐述了 630 多种疾病的诊断依据和治疗方法以及危重情况的急救及处理方法等。在序言中，胡亚美谈到编写此书的目的：“主要是为广大基层儿科临床工作者及实习医师在工作中参考”“是一本以诊断和治疗为主的实用性手册”。该书出版后重印了九次，成为儿科临床医学的经典作品。

1992 年，胡亚美主编出版《婴幼儿保健全书》，旨在普及喂养婴幼儿的科学知识和防治小儿常见疾病的方法。全书共 31 章 540 个条目，包括小儿生长发育指标、营养需要、喂养方法，小儿内、外、传染、五官科等常见指导，以及有关小儿情绪行为异常和精神性疾病、急救和中毒等的预防、护理和简要治疗方法等家长必需、必知、必会的医疗保健内容。该书同样印刷了很多次。在这本书的序言中，胡亚美谈道："目前，我国大多数年轻夫妇只有一个孩子。独生子女的健康成长，不仅是父母的希望、家庭的幸福，也是国家和民族发展的要求。因此，宣传育儿知识，普及婴幼儿卫生保健常识，已成为我们儿科工作者的重要任务。"如果说《新编儿科临床手册》是为医务工作者编写的专业书籍，那么《婴幼儿保健全书》则包含着胡亚美对年轻父母们的贴心叮咛。

1999 年 8 月，由胡亚美、江载芳主编的《当代少儿家庭保健》丛书正式出版发行。这套书共十册，从清洁卫生、心理、生理、营养摄取、文娱体育、合理用药、生活起居、疾病防治、发育期及气候环境十个方面，对儿童身心的健康成长和保健问题做了生动而深入浅出的阐述，并配有大量漫画，增加了可读性。在前言中，编者们写道："健康"是个概括而又整体的概念，它并非单指无病，还包括强壮的体魄、健全的神经、充沛的精神、正常的心理和对疾病有强大的抵抗力、对环境变化的高度适应性等。因此，要想获得和保持健康，必须在日常生活中讲究卫生，包括卫生习惯、自然因素、生活制度、饮食营养、心理健康、身体锻炼、各器官的卫生保健和衣食住行等方面。

现在人们耳熟能详的正确育儿理念，其发展进程并不是一蹴而就的。如果没有当今儿科医务工作者对养育保健知识的大力宣传与科普工作，这些知识也不过是在书架上摆放着的、沾满灰尘的死知识而已。胡亚美及北京儿童医院的儿科专家们，用他们的专业理论与工作经验，为新时代的父母总结了大量准确、操作性强的育儿保健知识。

2000 年，由胡亚美、张金哲、江载芳主编的《儿科药物治疗学》出版。《儿科药物治疗学》是一部儿科医学和药学有机结合的书籍，系统介绍了各类药物在儿科临床及预防等诸方面的应用，并结合临床实际病例进行了具体说明。她们希望能借此提高医疗质量和治疗效果，避免药物滥用及药源事故的发生，以造福儿童健康。

胡亚美在担任上述各书的编者、主编等工作的同时，还担任着《中华医学杂志》《北京医学》《中国医学科学年鉴》等杂志及书籍的编委等职务。扬名立万，从来不是胡亚美著书的目的，让全国万千儿科同道能够紧跟医学前沿，不断提升医疗救治水平，不再迷茫自责与彷徨无力，让成千上万的家庭永远不被疾病所困扰、时时充满欢声笑语，才是她编写这些书籍的直接动力和根本目的。

大爱无疆　爱的勋章

总结胡亚美传奇和奉献的一生，人们总能注意到，她的工作履历跟新中国儿科医疗卫生事业的建设发展密不可分。她是中国儿科医疗卫生事业从落后到强大的直接见证者、亲历者，更是直接参与者。不论是一开始的“小大夫”，还是现在的学术泰斗，胡亚美的成就是她踏实而坚定的脚步一点点积累起来的。

1952 年，29 岁的胡亚美担任北京市第二儿童医院主治医师和医务副主任。主治医师是医师职称的一种，是医疗卫生队伍中的中级专业技术人员，也是医院服务的主体力量。胡亚美严谨而耐心的查房工作，正是在这种看似平凡却又重要的工作岗位中形成的。年中考评时，北京市卫生局给予她“小功一次”的奖励。这是北京市政府第一次对胡亚美的工作给予重要肯定，也激励着她以更大的责任心和热情投入医治患儿的工作中去。

1954 年年底，中苏协商决定，在 1955 年 6 月后苏军不再在旅顺口驻军，从中国全面撤军。1955 年，胡亚美担任北京市第二儿童医院内科副主任。3 月，作为模范医务工作者代表，胡亚美同全国著名的劳动模范、战斗英雄和各方面人士 30 多人向即将撤回苏联的驻旅顺口地区的苏军作报告，介绍我国五年来的医疗卫生、经济、文化等方面的建设情况和人民生活情况。

1977 年 10 月，此时的胡亚美已经开始致力于小儿白血病的科研工作。

她凭借出色的科研成果当选当年的北京市卫生科技先进个人，再一次成为人们学习的模范人物。此时的胡亚美已经年过半百，对于给予她的荣誉，内心并没有泛起太多的波澜，因为她知道，个人的荣誉比起自己所要医治的白血病患儿来说，太微不足道了。

1985 年 3 月，北京市妇联授予胡亚美“北京市三八红旗手标兵”的称号，以肯定她为妇女儿童事业的发展所作出的突出贡献。同年 4 月，胡亚美被全国总工会授予“全国优秀医务工作者称号”和“五一劳动奖章”。“五一劳动奖章”是中华全国总工会为了表彰在技术创新、管理创新和体制创新中取得显著成绩，为经济建设和社会发展作出突出贡献的先进个人所设立的奖项，它是中国工人阶级的最高奖项之一。胡亚美作为全国优秀的医学科研专家，无论从技术还是从管理水平来说，得到这个奖项是实至名归的。

为大力实施首都人才发展战略，表彰在首都经济社会发展中作出突出贡献的科学、技术、管理人才，1989 年 12 月，北京市开始在全市范围内评选有突出贡献的专家。经过推荐评选，胡亚美被评为北京市有突出贡献的专家，在全市有突出贡献科技管理专家表彰会上接受表彰。

1994 年 6 月 3 日，中国工程院在北京成立。同年 9 月，进行中国工程院增选院士工作，共涉及机械与运载工程学部、信息与电子工程学部等六大学部的院士增选工作。当年，国务院批准在中国工程院筹建医药与卫生工程学部，并遴选首批院士。经过有关方面的提名和筹备组全体成员的评审、讨论、协商和无记名投票，共选出 30 名首批院士，胡亚美便是其中之一。

张金哲在评论胡亚美做院士的时候，曾经说过这样一段话：“有人说，胡亚美做院士，她有什么发明创造？……胡亚美所谓新的成果，就是在我们这种一穷二白的条件下将患儿治活了，这就是成果。”也许在某些人看来，医生的本职工作就是挽救人的生命，在其他六个学部的院士成果面前，救死扶伤也许不能算是看得见、摸得到的成就。但是，那些曾经被死神所威胁，却又被胡亚美和她的科研团队所拯救的生命，在被治愈后所绽放出的生机与活力，难道不足以证明医学科研人员价值的含金量吗？

1999年7月1日，是中国共产党成立78周年的日子。这天的《北京支部生活》杂志发表了一篇文章《中共北京市委关于授予胡亚美等15名同志北京市优秀共产党员称号、东城区和平里街道安德里居民区党支部等15个党组织北京市先进基层党组织称号的决定》。文中高度赞扬了以胡亚美为代表的15名共产党员，并号召全市各级党组织和广大共产党员向这些优秀的共产党员学习。

胡亚美在1988—1993年曾担任中华医学会北京分会的会长，对北京医学会儿科分会的建设作出了较大贡献。2010年6月24日，由中华医学会北京分会主办的北京医学大会在京西宾馆隆重召开，为陈德昌、胡亚美等49名专家颁发了“北京医学会医学成就奖”奖杯和证书，以表彰他们为医疗卫生事业发展和学会建设所作出的突出贡献。

2012年10月，中国医师协会技术联盟、上海市儿童健康基金会和北京胡亚美儿童医学研究院在上海市儿童基金会、中国关心下一代工作委员会事业发展中心设立“胡亚美·六一天使基金”，这是为救助困难家庭的特殊病患儿童专门设立的非营利性公益医疗帮困专项基金。迄今为止，“胡亚美·六一天使基金”通过在全国各地实施儿童健康知识普及、疾病筛查、特困诊疗援助、用药及流行疾病预防等公益活动，让更多患儿得到了及时、有效、科学的诊断治疗。

2012年6月1日，胡亚美被北京儿童医院授予“终身成就奖”。这所她付出了大半生心血的医院，以这样特别的方式感激她对儿童医院的发展所做的大量工作，所有医院同仁都将永远记住她的贡献。同年9月16日，“感动未来”优秀儿科、儿保医师爱心圆梦公益行动表彰大会在中国妇女儿童博物馆举办，活动共评选出“终生成就奖”10名，胡亚美是其中之一。

“终生成就”，这四个字看似轻描淡写，实则分量十足。有人说一辈子只做一件事太枯燥，那是因为他们缺乏对这件事或这份工作的忠贞与热爱。胡亚美能做到，是因为她有心系人民的坚定信仰和对医学科研工作的执着追求。这一年年、一步步所取得的成绩，是她用大爱精神换取的荣誉勋章！

胡亚美的一生是无私奉献、顽强拼搏的一生，是不断探索、精彩纷呈的一生，更是功勋卓著、荣誉等身的一生。她用一生的身体力行和对儿科医学事业的矢志不渝诠释了共产党员的理想与信念，她用一生的救死扶伤和对精湛医术的孜孜追求捍卫了医药与卫生学部院士的职责与荣誉。为感谢胡亚美六十余年为儿科医疗卫生事业作出的贡献，中国工程院周济院长在胡亚美九十寿辰之际发来了贺信。

图 9–5　2012 年 9 月，胡亚美获得北京儿童医院“终身成就奖”

尊敬的胡亚美院士：

在您九十寿辰之际，我谨代表中国工程院向您致以衷心的祝贺和崇高的敬意！并借此机会，向您和您的家人表示最诚挚的祝福！

您是我国著名的儿科血液学专家，长期从事小儿内科疾病诊治研究工作，取得了丰硕的成果。50 年代研究制定了适合我国国情的小儿营养性贫血治疗和预防方案；60 年代悉心研究婴儿腹泻的病因、病理生理和临床诊治，制定并推广了合理的治疗方案，使该病的病死率由20%下降至 1%；70 年代末对组织细胞增生症 X、血小板减少性紫癜、各类溶血性贫血，特别是对小儿急性淋巴细胞白血病的诊治进行了研究，取得突破性进展，使五年无病存活率达 74.4%，达到国际先进水平，挽救了众多危重病儿的生命。您担任主编之一编著的《实用儿科学》曾获国家科技进步二等奖和国家新闻出版一等奖，作为一部经典的儿科医学大型工具书，被广泛使用，影响深远。

您热爱祖国、勇于创新、医德高尚、医术精湛，为保障广大儿童的生命健康作出了重要贡献。您提携后进、为人师表，为国家培养了大量高素质医学人才。您为我国医药卫生事业的发展积极建言献策，受到党和国家领导人的高度赞扬。您敬业奉献的高尚品德，严谨求实的治学态度和勇攀高峰的科学精神，是我国工程科技界的楷模和学习的榜样。

在此，衷心祝愿您生日快乐、健康长寿、阖家幸福！

中国工程院

二〇一四年四月二十七日

21 世纪第二个十年伊始，胡亚美由于身体原因，不得不离开了她终生热爱的儿科医学事业，离开了那些她心心念念的白血病患儿。虽然胡亚美不能够再为人民的利益去发光发热，但是党和国家不会因为她的休息而忘记她曾经做过的一切。

也许是上天怕她仍然牵挂着紧张而辛苦的儿科临床一线，便将她的记忆抹去大半，她甚至无法记得家人、同事、朋友的名字。但只要看到那本治愈患儿送给她的影集，胡亚美那慈祥的脸上便会露出温柔、欣慰的笑容……

结 语

每一位科学家的成长经历都同时代发展的需求息息相关。北京儿童医院在 20 世纪 50 年代是亚洲最大、中国最权威的儿童专科医院，在治疗我国儿童各种疑难杂症方面久负盛名。当时，白血病是儿童健康的最大杀手，治疗白血病的历史重任就成了北京儿童医院责无旁贷的社会责任。而作为北京儿童医院著名内科专家的胡亚美，在诸福棠院长的关怀下，勇敢地承担了这一历史重任。她克服各种不利因素，刻苦钻研、夜以继日、认真探索，终于在治疗儿童白血病的历史上留下了浓墨重彩的一笔。

追求进步

胡亚美出生在北京的一个富商家里，祖父是清朝官员，父亲利用祖父的影响力在张家口等地经商，母亲出生在地主家庭。当时胡家有住所 20 多处、良田近百亩，生活十分富足。民国时期，胡家虽然有所败落，但是依靠 400 多间房子和一家店铺，生活依然吃穿不愁。

胡亚美兄弟七人，她是家中独女，深受父母宠爱。虽然当时是封建社会，但是父母还是给了胡亚美上学的机会。中学期间，胡亚美深受传统文化影响，从小懂得“仁义礼智信”，同时受新文化思潮的影响，同情社会上的穷苦人家，经常在上学、放学的路上用自己的零花钱资助那些穷苦人。胡亚美这种“扶贫济困”的思想也深受父亲热心捐助行为的感召，潜移默化地影响着胡亚美无产阶级价值观的初步培养和形成。

大学期间，她接触到巴金的《家》《春》《秋》等新思潮书籍，并加入青年进步团体，与具有爱国思想的进步青年经常往来，逐渐形成了无产阶级价值观，并于1946年光荣地加入中国共产党，从此走上了无产阶级革命道路。走上工作岗位后，胡亚美始终牢记全心全意为人民服务的宗旨。

攻坚克难

“文化大革命”期间，胡亚美受到了很大的冲击。但是，她并没有被吓倒。在被要求打扫门诊楼的厕所期间，她用信心鼓励院内的小大夫，她还经常冒着被发现的风险，偷偷地在厕所给前来请教的大夫讲解医疗知识。

“文化大革命”结束后，胡亚美看到了一份关于北京城区小儿死亡原因的调查报告，报告显示恶性肿瘤居于小儿死亡原因的第一位，而小儿急性淋巴细胞白血病占恶性肿瘤的三分之一，这些数据深深地震撼了她。当时，白血病的治疗在中国医学界还是一个空白，为了让孩子们健康成长，她决意攻克小儿白血病。她冒着白血病死亡率高、治疗难度大、国内无任何参考资料等风险，向白血病发起攻关。

为了熟悉白血病的发病机理，胡亚美带领血液组团队查阅国际上的血液期刊和资料，借鉴国际白血病的治疗方案。但是，考虑到我国儿童与国外儿童身体状况不同，治疗方法和剂量不能照搬照抄，胡亚美就带领团队根据治疗效果逐渐摸索合适的治疗剂量和方法，并做好详细的治疗记录，形成一个数据指征大表，逐步摸索出针对中国儿童白血病的治疗方案和标准。

“文化大革命”期间，国家经济发展受到很大冲击。很多吃母乳的儿童出现营养不良，缺乏维生素 B_{12} 和叶酸，造成大细胞贫血症。胡亚美一改常规治疗效果不明显的方案，实行一次性注射500微克维生素 B_{12} 的方案，使无数孩子基本痊愈。胡亚美对血液系统疾病的敏感与专注，使她攻克了血液系统疾病中的一个又一个堡垒，为白血病治疗方案的逐步成熟和完善奠定了基础。

早在20世纪五六十年代，北京很多儿童患上了麻疹，并感染合并发生肺炎，时有患儿由于治疗不及时死亡病例发生，于是胡亚美在临床救治麻疹的过程中及时总结预防和治疗方案，并在医学期刊上发文介绍和推广自己的治疗经验，使全国各地的基层医院尽快掌握了治疗方法，大大降低了麻疹患儿的发生率和死亡率。

视患如亲

行医几十年，胡亚美始终把孩子放在心上，一切为了孩子，视患如亲，把儿童健康视为自己的终生事业。她常说："作为一个儿科大夫，最重要的是热爱病人，要有爱心，视病人如亲人。"

根据21世纪医学统计，白血病、肿瘤已成为儿童生命的第一杀手。我国有4亿多名儿童，每年有3万多名新发的血液病、恶性肿瘤患儿。在发达国家，儿童急性淋巴细胞白血病的五年以上无病生存率达75%，经北京儿童医院治疗的儿童急性淋巴细胞白血病患儿的五年以上无病生存率已达74.4%，达到国际先进水平。为此，胡亚美在参加全国人民代表大会时，多次提议建设北京儿童血液肿瘤中心，创造条件，不断提高医疗、科研水平和教育培训能力，带动全国在这一领域的发展，为更多的白血病和肿瘤患儿提供生存机会。她的提议得到了党和国家领导人的高度重视。

为了更好地掌握白血病治疗技术，胡亚美经常翻阅国际血液学术期刊到深夜，儿女们经常夜里两三点钟起夜时看到妈妈在灯下看书，而孩子和家务基本上由胡亚美的爱人解志一打理。有一次，家里的冰箱坏了很长时间，由于那段时间解志一比较忙，冰箱一直未来得及修理，胡亚美基本上和没有看见一样。突然有一天，胡亚美火急火燎地打电话叫人修冰箱，解志一很纳闷，不解胡亚美什么时候开始关心家务事了。原来有个白血病患儿家庭困难，为了节省孩子的住院费和食宿费，胡亚美把患儿及家长接到家里来住，修冰箱是为了方便给孩子存放食物。

外地来北京治疗白血病的孩子比较多，而且大多数家庭十分贫困，甚至连一个疗程的治疗费用都凑不齐。胡亚美觉得这些孩子很可怜，为了不让家长放弃治疗，经常用自己微薄的收入给患者垫付医药费，还直接给家长钱物以解决食宿问题。为了让白血病患者及家长树立信心，胡亚美在每年春节前都会举办白血病患者联谊会，为患者及家长提供一个可以相互交流、相互学习的机会。

兢兢业业

胡亚美的一生，是无私奉献的一生，是兢兢业业的一生。作为一名专攻白血病的专家，如何采取更佳治疗方案救治白血病患儿几乎挤占了胡亚美的全部时间。

有一次，胡亚美感冒了，为了赶在第二天查房时把遇到的疑问弄清楚，她一直伏案查阅国际血液期刊。夜里十一点钟，头痛难忍的胡亚美顺手把桌上的“感冒药”打开倒进了嘴里，一股难闻的气味让她立刻吐了出来，仔细一看，才发现刚才喝的是治脚气的脚气水。但是第二天一大早，胡亚美还是第一个来到病房，逐个查看孩子情况。

在担任院长期间，胡亚美六口之家一直居住在小三居里。办公桌几乎成了胡亚美的“私人财产”，桌上放的都是医学期刊和文献。解志一是军队的宣传干部，经常在家里加班，但是每次看到胡亚美在办公桌上看书，也不忍心打扰她，只好在缝纫机上看书写字，缝纫机也就成为解志一吃饭、看书的“根据地”。

教书育人

胡亚美深受诸福棠院长的影响，在教书育人方面也倾其所能，努力带好每一名学生。1952 年，诸福棠决定把自己创立的儿童医院交给国家，使胡亚美深受教育和启发，她默默下决心向诸院长学习。

胡亚美对学生的要求非常严格，常常以身作则，用自己的实际行动来潜移默化地影响学生。她要求医生在给孩子听诊时，一定要把听诊器在手心里暖热了，再去给孩子听诊；要求医生把患者及家长当作亲人来对待，学会站在患者的立场思考问题；她还经常用“公慈勤和”的院训向医护人员阐释儿童医院医生的职责和使命。在几十年的从医生涯中，胡亚美不仅是这样说的，也是这样做的，她通过身体力行，让学生们受到了最好的医德医风教育。

为了让更多的基层医生能够掌握儿童疾病的诊疗技术，胡亚美和诸福棠一起编写《实用儿科学》。一直到第八版的修订和出版，胡亚美都积极参与其中，把自己的儿科梦想传递给全国成千上万名儿科医生。

社会责任

胡亚美不仅是一名儿科专家，还是一名社会活动家。由于贡献突出，胡亚美成为我国第二位儿科医学界的院士，也是第一届至第九届北京市人民代表大会代表，第七、第八、第九届全国人民代表大会代表。她经常说："我要做一名合格的人大代表，做一名为人民爱提意见的人大代表，向政府反映人民群众的呼声，帮助政府解决人民群众的问题。"

20 世纪 60 年代初，胡亚美看到孩子多的家庭生活困难、经济拮据，孩子很难健康成长。通过认真阅读马寅初、马尔萨斯的人口论，她在全国人民代表大会上首次提出了"计划生育立法"的议案；从医学健康角度，提出"公共场所禁烟"和"安乐死"的议案；为了让更多的白血病患者得到救治，提出建立"儿童重大疾病保障体系"的议案。

附录一　胡亚美年表

1924年

4 月 27 日，出生在北京分司厅胡同的一个富商家庭，曾用名戴生。兄弟姐妹七人，她排行老二，有一个哥哥、四个弟弟和一个妹妹。

1927年

4 月 15 日，大弟胡亚东出生。

两岁的妹妹胡亚丽患病夭折。

1929年

下半年，经考试进入河北省立第三模范小学（今北京分司厅小学）。

十岁的大哥因患猩红热去世。

1930年

10 月 24 日，二弟胡亚元出生。

1932年

年中，三弟胡亚铨出生。

1935年

9 月，就读于北平崇慈中学。

1937年

从小就爱看文艺作品，安徒生的童话故事《卖火柴的小女孩》给她留下了深刻印象，同时也让她对社会弱者产生了深深的同情。

1 月 26 日，四弟胡亚鲁出生。

1938年

秋季，在私立慕贞女子中学校读高中。

1941年

9 月，在私立慕贞女子中学校毕业，被保送到燕京大学医预系。

1942年

2 月，太平洋战争爆发，燕京大学被迫关闭，从燕京大学医预系转入北京大学医学院医学系继续学业。

1943年

春季，三弟胡亚铨因患黑热病住进北平私立儿童医院，去探望弟弟时结识了北平私立儿童医院副院长吴瑞萍，后来她选择在这所医院进行毕业实习。

1946年

5 月，经北京大学医学院同学孙振洲介绍，成为预备党员，半年后转为正式党员。

1947年

7 月，毕业后到北平私立儿童医院工作（今北京儿童医院），成为诸福棠教授的得意门生。

1948年

7 月，与同在北平私立儿童医院工作的江载芳等人成立了地下党小组。

1949年

2 月，北平私立儿童医院地下党小组转入军管卫生部党组织，合并在医疗处支部。

秋天，中共北京市委公布地下党员名单。在北平私立儿童医院公开地下党员身份。

年末，担任北平私立儿童医院的住院总医师。

1950年

北平私立儿童医院与北京市立第二医院和妇幼保健院共同成立共产党支部，并开始建立工会组织及共产主义青年团组织。担任工会主席。

9 月，救助一个患粟粒性肺结核的孩子，主动承担孩子的全部医疗费。在后来的几十年中，这两个家庭建立了亲密无间的友情。

9 月，参加土改工作（湖南），任土改工作队支部书记。

1952年

6 月，任北京第二儿童医院主治医师、医务副主任。

在年中考评中，卫生局给予记“小功一次”奖励。

1953年

1 月，担任北京第二儿童医院医务副主任。

春节，与解勤学（解志一）结婚。

1954年

撰写的《小儿肺炎》论文发表在《中级医刊》第 12 号上。因当时小儿肺炎发病率和死亡率高，她在文章中提示儿科医师应该对小儿肺炎加以重视。

8 月 17 日，当选北京市第一届人大代表，出席北京市第一届人民代表大会。

10 月 30 日，女儿解虹出生。

1955年

1 月，担任北京第二儿童医院内科副主任。在诸福棠教授等人的指导下，开始对危害儿童的血液病进行研究。

3 月，作为模范医务工作者代表，同全国劳动模范、战斗英雄等三十多人向即将回国的驻旅顺口地区的苏军作报告，介绍我国五年来经济、文化等方面的建设情况和人民生活情况。

6 月 1 日，北京儿童医院建成。担任内科副主任。

7 月，母亲戴鸿珠因风湿性心脏病去世。

10 月 23 日，儿子解桥出生。

1956年

年中，北京儿童医院建立血液病病房和门诊，同时建立血液检查室。在北大医院秦振庭教授的指导下，对小细胞和大细胞性贫血进行研究，建立了营养性大细胞贫血用维生素 B_{12} 一针注射疗法，提高了该病诊治水平。

9 月，参加卫生部教育司会议。

1957年

10 月 28 日，撰写的科普文章《预防和护理孩子的呼吸道感染病》在《人民日报》上发表。

在秦振庭教授的指导下，对营养性小细胞和大细胞贫血进行研究。

1958年

秋季，北京市婴幼儿中流行病毒性肺炎，死亡率很高。带领医务人员经过临床研究找到病因，采用中西医结合的治疗方法，使病死率得到有效控制。

主持小儿中毒性消化不良研究课题，与儿研所医生合作，查出引起小儿腹泻的病因是致病性大肠杆菌，并制订了治疗方案。

1959年

5 月，任北京儿童医院内科主任。

撰写的《麻疹的预防》发表在《中级医刊》第 2 号上。当时麻疹在全国流行，合并肺炎和死亡率高。

在《中级医刊》第 6 号上发表文章《营养性小细胞性贫血的临床研究》，对临床医师实际工作起到了非常重要的指导作用。

1960年

1—3 月，在中国医科大学研究所进修血液病学。

2 月 26—29 日，在北京市文教卫召开的群英会上被评为先进个人（1981 年劳模普查中定为北京市劳动模范）。

9 月，兼任北京第二医学院（今首都医科大学）儿科系主任、教授。

在《中级医刊》第 1 号上发表文章《麻疹和麻疹并发肺炎的预防和治疗》。

1962年

在邓金鎏教授的指导下，带领江可明医生等组成婴儿腹泻攻关小组，对小儿消化不良及电解质紊乱进行研究，使中毒性消化不良病死率由新中国成立初期的约 20% 下降到 1%。发表文章《营养不良合并中毒性消化不良的体液疗法》，从理论上阐明疾病的发病机制。

1963年

当选北京市第五届人民代表大会代表。

修订《实用儿科学》，任主编之一。

1964年

被北京儿童医院推荐为技术突出的优秀人才。

在第六届全国儿科学术会上发表论文《营养性大细胞贫血、骨髓炎》。

1965年

6 月，参加胡各庄分团杨庄工作队，担任副队长。

1967年

8 月，受到“文化大革命”冲击，被派去打扫卫生。

1968年

冬季，恢复医疗工作，被下放到北京延庆大庄科乡劳动。

1970年

6 月，到北京儿童医院延庆医疗队学习和进行社会工作，任队长。

冬季，在下乡期间遇到拉练学生集体发病。当时专家们意见不一，但她始终坚持自己的意见，避免了因错误诊断对学生造成的伤害，体现了一个医生的职业道德。

1972年

修订《实用儿科学》第四版，任编辑组长。

1973年

1 月 5 日，任北京儿童医院内科主任。

3 月，参加中华医学会负责人谢华会见马来西亚医学会代表团活动。

6 月，参加邓颖超、谢静宜、康克清、申健会见智利社会党妇女联合会代表团活动。

1976年

年初，开始攻克白血病的研究工作。

夏天，主持小儿血液肿瘤国际研讨会，与国际白血病治疗组协作，推动中国小儿白血病诊治技术。

1977年

当选北京市第七届人民代表大会代表。

组织成立血液专业组。与课题组杨士元、隋采芹、诸美瞻等同志一道，借鉴国外少有的资料，利用仅有的几种抗癌药物开始试验性治疗。

10 月，当选北京市科技先进个人。

1978年

任北京第二医学院儿科系主任、教授。

1979年

参与编写《实用儿科学》第五版，编写了小儿消化不良、先天性心脏病及多发性神经炎三篇内容，至今仍在应用。

创办白血病康复儿童联谊会。

1980年

3 月，当选北京市第九届人民代表大会代表。

4 月 29 日，担任北京儿童医院副院长。

7 月 16 日，父亲胡昱民病逝于道济医院（今北京第六医院）。

“小儿急性白血病脑膜白血病的预防”获北京市科学技术委员会二等奖。

1981年

5 月，与诸福棠教授出席日本儿科学会第 83 届会议，汇报《组织细胞增生症 X 的临床观察》。

6月，国务院学位委员会召开第二次会议。通过学科评议组分组及成员名单，进入医学评议组名单。

1982年

10月15日，担任北京儿童医院院长。

10月，当选党的十二大代表。

白血病临床研究取得初步成果，患者可持续缓解三年。

冬季，医院暖气温度不高，担心住院孩子受冻，与时任党委书记郭玉莲亲自跑部门协调，改造管道。

1983年

参加世界卫生组织组织的赴日小儿急救技术考察。

赴日本川崎医大开展科技合作。

1984年

3月，当选中华医学会副会长。

8月9日，科普文章《谈小儿白血病》发表在《人民日报》上。

9月，赴西班牙参加第16届国际小儿肿瘤会议。

发表论文《正常儿童红细胞乙酰胆碱酯酶的测定》，阐述对儿童白血病的治疗认识，发现儿童红细胞 Ache 的活性与性别无关，提示中国 7～12 岁正常儿童的红细胞 Ache 活性达成人水平。

“血清铁总结合力的超微量”获北京市科学技术委员会三等奖。

1985年

1月，当选中国科协第三次全国代表大会代表。

3月，被北京市妇联授予“北京市三八红旗手标兵”称号。

4月，被全国总工会授予“全国优秀医务工作者”称号和五一劳动奖章。

6月，北京儿童医院庆祝建院三十周年。受彭真委托，向全院医护人员表示祝贺。

《实用儿科学》第五版完成。

1986年

6 月，在中国科协三届全委会一次会议上当选中国科协常委。

9 月，招收段源为博士研究生。这是胡亚美招收的第一届博士研究生。

1987年

1 月，呼吁扶持抗癌药的生产，建议受到国务院领导重视。经过她的不懈努力，使国内两家药厂投产相关药物。

2 月，为保护人民健康、提高强化食品质量，与江载芳、李同等七位专家向全社会共同发出呼吁书。

5 月，中共中央书记处在人民大会堂召开首都少年儿童工作者座谈会。在会上发言。

9 月，招收谢建军、刘继华两名博士研究生。这是胡亚美招收的第二届博士研究生。

10 月，赴泰国参加第一届国际热带病学会国际会议。

11 月，当选中国共产党第十三次全国代表大会代表。

发表论文《小儿恶性肿瘤治疗中的合并症——卡氏肺囊虫感染》，阐述小儿白血病治疗中的常易合并症应引起重视。

1988年

1 月，当选第九届北京市人民代表大会代表。

3 月，当选第七届全国人大代表。在人大北京代表联组会上，对专业职称评定工作提出意见。

7 月，当选中华医学会北京分会第十四届理事会常务理事、会长，任期五年。

9 月，招收郑胡镛等四名博士研究生，这是胡亚美招收的第三届博士生。

在国际抗癌协会于北京肿瘤研究所召开的亚泰医生学习班上授课。

1989年

2 月 16 日，担任北京儿童医院名誉院长。

3 月，北京代表团审议政府工作报告，针对政府工作报告中提到的计划生育问题在会上发言。她的发言得到时任总理李鹏的赞同。

7 月，同江载芳赴法国巴黎参加第 19 届国际儿科学学会会议。

9 月，赴印度参加亚洲女议员“人口与妇女地位会议”筹委会会议。

11 月，为表彰诸福棠老院长为中国儿科事业作出的贡献，医院为他制作了半身铜像。在诸福棠 90 岁寿辰之际，亲自陪他去看刚刚制作完成的铜像。

12 月，在全市有突出贡献科技管理专家表彰会上受到表彰，被北京市人民政府批准为突出贡献专家。

1990年

2 月，治疗儿童白血病效果显著，尤其是常见的急性淋巴白血病患儿经治疗五年不带病存活率达 53%。

3 月，在第七届全国人民代表大会第三次会议北京代表团审议李鹏总理关于国民经济和社会发展十年规划以及第八个五年计划纲要的报告会上，发言谈及计划生育问题，得到时任总理李鹏的赞同。

秋季，医院建立博士研究生培养点，成为博士生导师。

赴加拿大温哥华进行学术交流。

1991年

5 月，担任中国科协第四届全国委员会常委。

7 月，成为北京儿童医院首批享受国务院政府津贴的专家。

11 月，主编出版《新编儿科临床手册》。

12 月，作为中国癌症基金会儿童白血病专项基金筹委会主席，在一次捐款仪式上再次呼吁国内外各界贤达对这一工作给予支持、资助，并希望尽快解决儿童疑难重症的医疗保险问题，为更多患儿得到及时治疗提供强有力的社会保障。

受国际组织细胞协会邀请，作为亚洲唯一代表，参加在希腊雅典召开的国际组织细胞学会会议，报告了北京儿童医院 170 例组织细胞增生症的研究成果，震惊了与会代表，美、英等国专家表达了共同协作研究的意向。

1992年

9 月，赴巴西参加第 20 届国际儿科大会，并在会议上作报告，宣读我国治疗儿童白血病五年成活率已经达到 74.4%，仅次于美国和德国。

12 月，当选国务院学部委员会委员。

1993年

2 月 3 日，当选第八届全国人民代表大会代表。

10 月 6—9 日，在第十届全国儿科学术会上呼吁建立儿童医疗保险制度。

11 月，主编的《新编儿科临床手册》荣获首届金盾版优秀畅销书奖。

1994年

3 月，在第八届全国人民代表大会第二次会议小组会发言：对制造和销售假劣药品，不能只是罚款，应根据危害程度追究制售者的刑事责任；对地方保护制售假劣药品的，不能只批评，也应给予处罚。当前进口药品花外汇、价格高，应立足于国内生产，建议国家投资改造国有大中型药厂的设备，解决国产药品的销售渠道问题。要尽快制定医师法，杜绝巫医行医害人。希望政府对小儿白血病研究中心的建设予以关注和支持。

12 月，当选中国工程院院士。

指导研究生及主治医师赵全完成应用流式细胞术检查微量残留白血病，获北京市卫生局科技成果二等奖。

1995年

2 月，与吴瑞萍、江载芳主编的《实用儿科学》第六版修订完成并出版。《实用儿科学》是诸福棠院士于1943年历时五年编写完成的，是我国第一部系统的儿科学专著。《实用儿科学》共修订出版7次，1988年获第四届全国优秀科技图书一等奖，1993年获首届国家图书奖。1994年诸福棠院士因病逝世，为了纪念和缅怀他对我国儿科事业的巨大贡献，第六版更名为《诸福棠实用儿科学》。

3月，在第八届全国人民代表大会第三次会议小组上发言：现在边远地区农村三级医疗网几乎不存在了，村医的素质也很差，对计划免疫和传染病防治工作影响很大，应认真研究解决。对私人开业行医，要加强管理，建议尽快出台医师法。

5月，中国抗癌协会血液肿瘤专业委员会在北京成立，任副主任委员。

6月1日，参加北京市卫生局举办的以宣传母婴保健法为主要内容的庆“六一”大型宣传咨询活动。

6月12日，主持诸福棠铜像落成仪式。

6月，参加医院组织的党员下乡义诊活动。

9月4—15日，参加第四次世界妇女大会。

9月22日，获卫生部颁发的“第五届诸福棠奖”。

11月，在中国科技馆，作为北京科学家代表与33名优秀学生见面，勉励孩子们崇尚科学、努力学习。

主编《实用儿科临床手册》《婴幼儿保健全书》。

《小儿白血病远期疗效》获北京市科技进步奖一等奖。

1996年

参与主编的《诸福棠实用儿科学》第六版获北京市科技进步奖一等奖、卫生部科技进步奖一等奖和国家科技进步奖二等奖。

3月，在第八届全国人民代表大会第四次会议上提出三项议案，包括推广公共场合禁止吸烟、提高科教文卫工作者待遇以及安乐死立法等多方面问题。

3月，对卫生工作提出几点建议：第一，政府应加大对卫生事业的投入，使卫生系统更好地承担起治病保健任务；第二，理顺医疗价格体系，降低药费、增加诊疗费；第三，提高医务人员工资待遇，稳定队伍；第四，加强新闻舆论对医务工作和医务人员的正面报道，使社会理解、支持医务工作；第五，加强对药品生产、定价、销售的管理，制止牟取暴利行为；第六，加强科普工作，向群众普及医疗卫生知识；第七，实行贵重医疗仪器由科研机构等集中使用的办法，减少浪费，提高利用率。

5 月 15 日，《北京市公共场所禁止吸烟的规定》生效第一天，亲自参加街头宣传。她是呼吁人们戒烟的积极倡导者，多次在各种会议上呼吁公共场所禁烟。

10 月，主持召开小儿肿瘤学术研讨会，与来自澳大利亚、日本的小儿血液病专家讨论并制订小儿白血病等进一步治疗方案。

《小儿急淋白血病治疗和生存现状》获北京市科委技术成果一等奖。

1997年

8 月 8 日，组织举办第十届白血病康复儿童联谊会，130 多名康复的白血病患儿和家长欢聚一堂。为了帮助白血病患儿和家长建立信心、科学治疗，她创立了白血病儿童联谊活动。

9 月，参加中共中央组织部在京召开的部分专家学者座谈会，畅谈学习党的十五大精神体会。

年末，在北京主持小儿血液肿瘤国际研讨会，商讨与国际白血病治疗组协作，利用国际组织力量提高中国白血病的诊治水平。

赴美国哥伦比亚儿童医院做急性淋巴细胞白血病交流。

1998年

3 月，当选第九届全国人大代表。

6 月 24 日，其肖像被挂上卫生局党校的“院士墙”。

6 月，赴延庆山区为孩子义诊。

6 月，中国儿童白血病研究基金会成立，拿出 1000 元作为建立中国儿童白血病研究基金会的第一笔资金。

7 月，与中国营养学会第一任会长沈治平等专家在《人民日报》上发文，向家长建议：请给孩子喝牛奶。

10 月，参加在日本召开的国际小儿肿瘤会议，在会上做我国急性淋巴细胞白血病长期追踪报告。

1999年

3 月，在第九届全国人民代表大会第二次会议上，就建筑工程质量问题发表意见：加强执法监督是当务之急。

6 月 30 日，被中共北京市委授予“北京市优秀共产党员”称号。

6 月，北京儿童医院血液中心成立，被评为北京市首批重点学科。该院的血液病房由 1 个扩大到 4 个。

2000年

1 月 28 日，“首都医科大学儿科医学系”更名为“首都医科大学儿科医学院”，担任名誉院长。

2 月，在全国人大教科文卫委员会召开的全体委员会议上，听取卫生部关于《医疗事故处理办法》修改情况的汇报，并提出建设性意见。

4 月，主编的《儿科药物治疗学》出版。

5 月，参加在法国召开的有关基因诊断会议，参观巴黎及马赛医疗单位。

11 月，与其他科技、医学、宗教等各界人士联合发起的中国反邪教协会在京成立，并担任荣誉理事。

牵头承担“中国孕妇和儿童铁缺乏调查”大型全国性课题研究。

2001年

5 月，与林佳楣、薛明、王光美、李昭、林月琴等社会知名人士发起并倡议的中华慈善总会儿童白血病基金正式设立。

6 月，提出议案《为切实保护历史文化名城、古建筑、古迹名胜、自然风景，亟应立法》。

9 月，在第 23 届世界儿科大会上主持血液分会专题研讨活动。

参加女医师协会组织的赴北欧、澳大利亚、新西兰等国家和地区的交流活动。

2002年

5 月 24 日，医院为胡亚美、张金哲等“四老”举行从医 50 年庆祝大会。

6 月 15 日，参加中国保健科技学会召开的专家座谈会，当选中国保健科技学会副主任委员。

11 月 4 日，主持中日医学交流大会并做三个报告。

12 月，与江载芳主编的《诸福棠实用儿科学》第七版出版。

2003年

4 月，成为由五位院士挂帅成立的北京防治非典专家组成员之一。

5 月 31 日，时任总理温家宝到北京儿童医院视察非典救治情况时，向总理提出建设北京儿童血液肿瘤中心的意愿。总理表示赞同并多次批示，要求有关地方和部门“把北京儿童血液肿瘤中心建好，为全国儿童健康服务”。

6 月，写信给时任总理温家宝，正式提出建设血液肿瘤中心，以救治更多白血病患儿。申请得到批复，总理亲自为血液肿瘤中心题名。

7 月，16 位中国工程院院士应邀对北京防治非典应急预案进行研讨，是应邀的 16 位院士成员之一。

11 月，在泰国曼谷召开的第十一届亚洲儿科大会上荣获由亚洲儿科学会颁发的“亚洲儿科医师奖”。

2004年

1 月，在贵阳市举行的中国儿童少年安全健康成长计划理论、实践与对策专家研讨会上撰文指出，过度喂养、高热卡喂养、过早添加固体食物、过量食用西式快餐、运动不足阻碍了我国儿童的健康发展。

11 月，被中国关心下一代工作委员会专家委员会授予“第四届中国内藤国际育儿奖”。

2005年

9月10日，在首都医科大学召开的庆祝教师节大会上，荣获“首届吴阶平桃李奖”。

2006年

2月，在写给卫生部领导的信中提到，早在20世纪70至80年代我国已经开始生产巯嘌呤。近些年来却是“药物无货，患者投诉”，许多白血病患儿正处于维持治疗期间，每天都需服用该药。

4月11日，在第六届中国名医论坛上作主题报告《白血病的管理与生存质量》。

7月17日，在美国参加学术交流活动时发现自己患有乳腺肿瘤并回国治疗。

2007年

7月16日，在南京医科大学第二附属医院儿童医学中心主办的儿科高级专家论坛上提出，对于急性白血病治疗，化疗是最直接、最有效的方法，不提倡动不动就做骨髓移植。

7月27日，参加第一届中国肿瘤内科学大会，并在会上介绍儿童白血病的发展历史和现状。

2009年

8月6日，时任总理温家宝到其家中看望。

2010年

6月24日，荣获“北京医学会医学成就奖”。这是新中国成立以来，北京市医疗领域首次颁发医学成就奖。

11月4日，在湖南长沙举办的第五届宋庆龄儿科医学奖颁奖大会上，荣获宋庆龄儿科医学终身成就奖。

2012年

6 月 1 日，被北京儿童医院授予终身成就奖。

9 月 16 日，在中国妇女儿童博物馆举办的“感动未来”优秀儿科、儿保医师爱心圆梦公益行动表彰大会上，被授予“终生成就奖”。

2013年

因身体原因无法工作，甚至无法清楚记得旧友的名字，但只要看到那本治愈患儿送给她的照片影集，她的脸上就会出现往日的笑容。

2015年

12 月，获得中华医学会颁发的中华医学会百年纪念荣誉状，以感谢她在推动中国医学事业进步和献身人民健康事业中所作出的重大贡献。

2019年

10 月 3 日，在北京因病逝世，享年 95 岁。

附录二 胡亚美主要论著目录

论文

[1] 胡亚美. 小儿肺炎 [J]. 中级医刊，1954（12）：30-33.

[2] 胡亚美. 谈谈儿科领域中的几个新问题 [J]. 中级医刊，1957（12）：30-32.

[3] 胡亚美. 小儿曼陀罗中毒两例介绍 [J]. 中级医刊，1958（4）：26，51.

[4] 胡亚美. 麻疹的预防 [J]. 中级医刊，1959（2）：59-60.

[5] 胡亚美. 麻疹和麻疹并发肺炎的预防和治疗 [J]. 中级医刊，1960（1）：15-16.

[6] 胡亚美. 问题解答 [J]. 中级医刊，1964（1）：63-64.

[7] 胡亚美. 危及小儿生命的新生儿硬肿症 [J]. 父母必读，1983（11）：36.

[8] 胡亚美，张明群，匡培根，等. 正常儿童红细胞乙酰胆碱酯酶的测定 [J]. 北京医学，1984（2）：70-72.

[9] 匡培根，周新富，杨左廉，等. 屏气发作与红细胞乙酰胆碱酯酶 [J]. 中国人民解放军军医进修学院学报，1984（2）：123-126.

[10] 钟攸兰，王春兰，梁树权，等. 血清铁和总铁结合力的电热原子吸收超微量测定 [J]. 高等学校化学学报，1984（5）：643-645.

[11] Hu Y M，Zhang M Q，Kuang P G，et al. Studies of Qingyangshen（Root of Cynanchum Otophyllum）Ⅰ. Effect CF Qingyangshen on Copper and Zinc Metabolism [J]. Journal of Traditional Chinese Medicine，1985（2）：95–98.

[12] Kuang P G，Lang S R，Dai F L，et al. Studies of Ingyangshen（Root of Cynanchum Otophyllum）Ⅲ. Effect of Qingyangshen on Acetylcholine Concentration in Mouse Brain [J]. Journal of Traditional Chinese Medicine，1985（4）：267–270.

[13] 匡培根，周新富，杨左廉，等. 屏气发作与红细胞乙酰胆碱酯酶的关系（摘要）[J]. 解放军医学杂志，1985（1）：51.

[14] 胡亚美. 小儿恶性肿瘤治疗中的合并症——卡氏肺囊虫感染 [J]. 北京医学，1987（1）：42–43.

[15] 胡亚美，张明群，吴泸生，等. 幼儿屏气发作与缺铁 [J]. 北京医学，1987（4）：193–196.

[16] 寻常青，胡亚美. 组织细胞增生症 [J]. 国外医学（儿科学分册），1987（4）：202–205.

[17] 邱明，邓国仁，胡亚美. 造血细胞肿瘤的染色体易位与癌基因激活 [J]. 国外医学（输血及血液学分册），1988（4）：265–268.

[18] Shen W J，Han P，Huang S Q，et al. Central Nervous System Radiotherapy in Acute Leukemia [J]. Chinese Journal of Cancer Research，1989（2）：72–75.

[19] 申文江，韩鹏，黄素琴，等. 急性白血病的中枢放射治疗 [J]. 中国放射肿瘤学，1989（2）：12–14.

[20] 吴敏媛，胡亚美，杨士元，等. 371 例小儿急性淋巴细胞白血病并发中枢神经系统白血病 37 例报告 [J]. 中华儿科杂志，1989（3）：137–140，188–189.

[21] 诸美瞻，胡亚美. 22 例小儿睾丸白血病临床分析 [J]. 中华血液学杂志，1989，10（1）：5–7.

[22] 胡亚美. 组织细胞增生症 X [J]. 湖南医学，1990（S1）：36–38.

[23] 刘莲香，胡亚美. 临床医学生的科研追踪调查实践[J]. 中国高等医学教育，1990（1）：31-32，36，48.
[24] 秦红伟，胡亚美. 联合化疗对长期存活白血病儿童生长发育的影响[J]. 国外医学（儿科学分册），1991（4）：186-189.
[25] 徐赛英，贾立群，曾津津，等. 组织细胞增生症X 84例胸部X线表现[J]. 临床放射学杂志，1991（1）：40-44，64.
[26] 秦红伟，胡亚美. 化疗加放疗对急性淋巴细胞白血病患儿睾丸功能的影响[J]. 中华血液学杂志，1992，13（6）：296-299.
[27] 胡亚美. 全社会都来关心白血病儿童[J]. 山西白血病，1993（4）：283.
[28] 胡亚美. 团结起来，为发展首都医学事业做新贡献——胡亚美会长在中华医学会成立七十周年暨学会新楼建成庆祝大会上的讲话[J]. 北京医学，1993（2）：67-68.
[29] 胡亚美. 为提高白血病患儿的长期缓解率和生存质量而努力[J]. 中华儿科杂志，1993（5）：259-261.
[30] 胡亚美. 我国小儿急性白血病临床研究进展和今后努力方向[J]. 山西白血病，1993（3）：133-135.
[31] 臧晏，胡亚美. 对长期生存的急性白血病女性患者性腺功能的探讨[J]. 中华血液学杂志，1993，14（6）：307-308.
[32] 赵新民，胡亚美，邹道辐，等. 郎格罕细胞组织细胞增生症临床和实验研究[J]. 中华儿科杂志，1993（5）：266-268，317，321.
[33] 郑胡镛，胡亚美. 儿童急性淋巴细胞白血病的细胞遗传学研究[J]. 山西白血病，1993（4）：354-357.
[34] 胡亚美，胡仪吉. 我国儿科医学教育的历史和现状[J]. 中国高等医学教育，1994（1）：21-23，49.
[35] 李素霞，胡亚美，刘敬忠. 对急性B淋巴细胞白血病的克隆性、多样性及对化疗药物敏感性的探讨[J]. 实验血液学杂志，1994，2（4）：395-399.
[36] 石慧文，胡亚美，关立夫，等. Albright综合征1例报告[J]. 中国

实用儿科杂志，1994（4）：253.

[37] 石慧文，胡亚美，臧晏，等. 儿童特发性血小板增多症一例［J］. 中华血液学杂志，1994（3）：125.

[38] 石慧文，胡亚美，赵新民，等. 同胞姐弟患高雪氏病二例［J］. 中华医学遗传学杂志，1994（4）：252.

[39] 石慧文，胡亚美. 临床病例讨论：第83例——脾不肿大，白细胞值高，幼稚细胞增加［J］. 北京医学，1994，16（5）：297-298.

[40] 石慧文，赵新民，胡亚美，等. 急性淋巴细胞白血病诱导化疗前后骨髓、血象变化规律［J］. 实用儿科临床杂志，1994（2）：81-82.

[41] 吴敏媛，赵全，胡亚美. 205例儿童急性淋巴细胞白血病疗效分析［J］. 中华血液学杂志，1994（5）：248-250，278-279.

[42] 邮志奇，邹道韫，霍龙深，等. 郎格罕细胞组织细胞增生症（附电镜观察）［J］. 中国实用儿科杂志，1994（6）：361.

[43] 赵全，胡亚美. 应用流式细胞术检测微量残留白血病［J］. 中华儿科杂志，1994（6）：325-327，384.

[44] 方鹤松，王玉坤，陈箐，等. 吗丁啉治疗小儿厌食症［J］. 北京医学，1995（2）：85-88.

[45] 李素霞，胡亚美，刘敬忠. 对急性B淋巴细胞白血病残留病检测技术的改进及其临床应用［J］. 实验血液学杂志，1995（2）：173-179.

[46] 石慧文，胡亚美，臧晏，等. 不伴脾肿大的慢性粒细胞白血病一例［J］. 中华儿科杂志，1995（2）：87.

[47] 石慧文，胡亚美，赵新民，等. 儿童急性杂合性白血病18例报告［J］. 中华儿科杂志，1995（5）：315.

[48] 石慧文，臧晏，胡亚美，等. 酶制剂Ceredase替代治疗高雪氏病——附一例分析［J］. 中华医学遗传学杂志，1995（6）：375-376.

[49] 张永红，秦红伟，胡亚美，等. 中枢神经系统预防性治疗对急性淋巴细胞白血病儿童智力的影响［J］. 中华儿科杂志，1995（5）：264-266，317.

[50] 郑胡镛，胡亚美，赵全，等. 儿童急性淋巴细胞白血病细胞诱导前

后增殖性抗原的表达研究［J］. 实验血液学杂志，1995（3）：280–284.
［51］刘世颖，臧旻，赵敏，等. 儿童骨髓增生异常综合征54例临床分析［J］. 北京医学，1996（6）：359.
［52］石慧文，胡亚美，耿兰增，等. 去甲氧柔红霉素联合阿糖胞苷治疗儿童难治性急非淋白血病［J］. 北京医学，1996（4）：211–213.
［53］石慧文，赵新民，胡亚美，等. 儿童急性混合细胞白血病的临床与实验观察［J］. 中华血液学杂志，1996（1）：34–35.
［54］赵新民，潘华珍，方芳，等. 遗传性球形红细胞增多症临床和实验研究［J］. 中国小儿血液，1996（4）：186–188，193–194.
［55］郑胡镛，胡亚美，赵全，等. 用流式细胞仪对儿童急性淋巴细胞白血病细胞周期分布的研究［J］. 中华血液学杂志，1996（8）：46–47.
［56］郑胡镛，胡亚美，赵全. 用流式细胞术结合单克隆抗体CD71，Ki–67和PCNA研究儿童急性淋巴细胞白血病的细胞增殖（英文）［J］. 实验血液学杂志，1996（1）：77–81.
［57］郑胡镛，赵全，胡亚美. 骨髓涂片的细胞周期分布检测法［J］. 中华血液学杂志，1996（4）：46–47.
［58］陆华，胡亚美. 吴瑞萍教授业绩［J］. 中华儿科杂志，1997（6）：56–57.
［59］吴敏媛，耿兰增，张永红，等. 左旋门冬酰胺酶引起急性出血坏死性胰腺炎六例［J］. 中华血液学杂志，1997（7）：47–48.
［60］臧晏，胡亚美，周兰英. 以中枢神经系统白血病为首发症状的慢粒急淋变［J］. 白血病，1997（4）：36–37.
［61］胡亚美，丁宗一. 砥砺学术　迎接未来［J］. 中华儿科杂志，1998（7）：3–5.
［62］马晓莉，吴敏媛，胡亚美. 6–巯基嘌呤治疗儿童急性淋巴细胞白血病研究进展［J］. 中华儿科杂志，1998（6）：3–5.
［63］赵辉，臧晏，胡亚美. 86例难治性血小板减少性紫癜的治疗［J］. 中华儿科杂志，1998（6）：3–5.

[64] 赵新民，胡亚美，臧晏，等. 儿童急性髓系白血病临床研究 [J]. 中华血液学杂志，1998（1）：3-5.
[65] 刘继华，吕善根，朱平，等. 小儿急性淋巴细胞白血病的克隆多样性研究 [J]. 中国小儿血液，1999（5）：3-5.
[66] 臧晏，胡亚美，李家驹. 儿童急性淋巴细胞白血病终止化疗后继发肝癌四例 [J]. 中华血液学杂志，1999（7）：3-5.
[67] 赵敏，胡亚美. Ormond 综合征 1 例报告 [J]. 中国罕少病杂志，1999，6（3）：49-50.
[68] 赵敏，吴敏媛，胡亚美. 水痘 Reye's 综合征 1 例 [J]. 中国罕少疾病杂志，1999，6（4）：69-69.
[69] 郑胡镛，赵新民，耿兰增，等. 儿童急性淋巴细胞白血病骨髓细胞增殖活力与预后观察研究 [J]. 中华血液学杂志，1999（1）：3-5.
[70] 郑胡镛，赵新民，巩文玉，等. 急性淋巴细胞白血病细胞增殖和耐药及凋亡与临床关系的研究 [J]. 中华儿科杂志，1999（10）：3-5.
[71] 陈贤楠，耿荣，樊寻梅，等. 小儿危重白血病合并休克 47 例临床回顾分析 [J]. 中国实用儿科杂志，2000（10）：601-603.
[72] 段渊，胡亚美，崔建涛，等. HLA 抗原与儿童急性白血病的相关性研究 [J]. 中华血液学杂志，2000（2）：33-35.
[73] 段渊，胡亚美，崔建涛，等. 儿童急性白血病 p16 基因的缺失和突变及其意义 [J]. 中华儿科杂志，2000（5）：48-50.
[74] 段渊，胡亚美. 753 例急性淋巴细胞白血病临床疗效的回顾性分析 [J]. 中华儿科杂志，2000，38（7）：442-443.
[75] 胡亚美. 21 世纪儿童肿瘤防治展望 [J]. 中国肿瘤，2000（1）：50.
[76] 马晓莉，胡亚美，吴敏媛，等. 反相高效液相色谱法测定红细胞中 6- 巯嘌呤代谢产物的浓度 [J]. 药物分析杂志，2000（5）：296-299.
[77] 马晓莉，胡亚美. 化疗药物动力学最佳化与儿童急淋白血病 [J]. 国外医学（输血及血液学分册），2000，23（6）：312-315.
[78] 吴敏媛，刘继华，王彬，等. 三例以急性淋巴细胞白血病为起始表现的儿童慢性粒细胞白血病 [J]. 中华血液学杂志，2000（1）：

47–48.
[79] 吴敏媛，张永红，赵敏，等. 常染色体隐性遗传性多囊肾 10 例报告 [J]. 中国实用儿科杂志，2000（2）：124.
[80] 谢建军，胡亚美，臧晏. 儿童白血病分子遗传学研究进展及其临床意义 [J]. 中华儿科杂志，2000（9）：59–62.
[81] 谢建军，胡亚美. ARF–p53 分子通路与肿瘤抑制 [J]. 实用肿瘤杂志，2000（2）：138–142.
[82] 段渊，胡亚美，潘凯枫，等. 白血病患儿大剂量化疗后不同阶段免疫学状态的变化 [J]. 中华微生物学和免疫学杂志，2001（3）：36–38.
[83] 胡亚美，丁宗一. 从营养学与预防医学的角度认识干预儿童碘营养缺乏问题 [J]. 中华儿科杂志，2001（7）：5.
[84] 胡亚美. 第 16 版《尼尔逊儿科学》简介 [J]. 中国实用儿科杂志，2001（5）：297.
[85] 李志刚，吴敏媛，朱平，等. 白血病 29 种染色体畸变形成的融合基因分析 [J]. 中华儿科杂志，2001（11）：45–48.
[86] 马晓莉，胡亚美，吴敏媛，等. 6– 巯嘌呤细胞药理学研究对急性淋巴细胞白血病治疗的指导作用 [J]. 中华儿科杂志，2001（3）：35–38.
[87] 马晓莉，朱平，胡亚美. 移植物抗白血病效应及其诱导机制的研究进展 [J]. 国外医学（输血及血液学分册），2001，24（5）：443–444.
[88] 石慧文，韩杰，臧晏，等. 传染性单核细胞增多症并发 Evans 综合征一例 [J]. 中华医学杂志，2001（6）：67.
[89] 石慧文，胡亚美. 获得性低巨核细胞性血小板减少性紫癜 [J]. 国外医学（输血及血液学分册），2001，24（6）：519–523.
[90] 石慧文，吴敏媛，金玲，等. 左旋门冬酰胺酶诱发儿童急性胰腺炎的临床研究 [J]. 中国小儿血液，2001（3）：12–16.
[91] 臧晏，赵辉，施惠平，等. 酶制剂 Cerezyme 治疗戈谢病 14 例报告

[J]. 中华儿科杂志，2001（8）：55-57.
[92] 张永红，赵新民，耿兰增，等. 应用改良 LCH1 方案治疗郎格罕细胞组织细胞增生症疗效观察 [J]. 中国实用儿科杂志，2001（4）：209-211.
[93] 胡亚美. 建立小儿肿瘤白血病中心 [J]. 中国肿瘤，2002（1）：7.
[94] 李志刚，吴敏媛，胡亚美 . 以 IgH/TCR 重排为靶分子的 PCR 急淋白血病微小残留病检测的现状和进展 [J]. 国外医学（输血及血液学分册），2002，25（2）：167-170.
[95] 马晓莉，米平，胡亚美 . 巯嘌呤甲基转移酶基因的单核苷酸多态性与儿童急淋白血病 [J]. 国外医学（输血及血液学分册），2002，25（2）：108-110.
[96] 石慧文，吴敏媛，金玲，等. 左旋门冬酰胺酶诱发儿童急性胰腺炎 19 例分析 [J]. 中华儿科杂志，2002（11）：58-61.
[97] 谢建军，胡亚美，吕有勇. 泛素 - 蛋白酶体途径与恶性肿瘤关系的研究进展 [J]. 中国癌症杂志，2002（1）：76-78，98.
[98] 胡亚美，段渊. 较量从化疗后开始——儿童白血病化疗后中性粒细胞减少合并感染的对策 [J]. 中国处方药，2003（7）：48-52.
[99] 李志刚，吴敏媛，赵玮，等. 多重 RT-PCR 方法同时检测 29 种白血病融合基因 [J]. 中华血液学杂志，2003（5）：35-37.
[100] 马晓莉，朱平，胡亚美，等. 巯嘌呤甲基转移酶基因多态性分析方法探讨 [J]. 中国实验血液学杂志，2003（5）：458-463.
[101] 马晓莉，朱平，吴敏媛，等. 巯嘌呤甲基转移酶基因多态性位点与白血病巯嘌呤耐受性的关系 [J]. 中华儿科杂志，2003（12）：51-55，100.
[102] 桑艳梅，颜纯，朱逞，等. 组织相容性复合体——DMA、DMB 基因与 1 型糖尿病遗传易感相关性的研究 [J]. 中国糖尿病杂志，2003（3）：8-12.
[103] 桑艳梅，颜纯，朱逞，等. 组织相容性复合体——非经典基因与 1 型糖尿病临床状态相关性的研究 [J]. 中华儿科杂志，2003（4）：

24–27.
[104] 谢建军，胡亚美，吕有勇，等. 抗原处理相关转运因子在小儿急性白血病患者中的表达及其临床意义 [J]. 癌症，2003（10）：1062–1065.
[105] 杨双，石慧文，吴敏媛，等. 门冬酰胺酶治疗儿童淋巴系统恶性肿瘤的严重并发症 [J]. 实用儿科临床杂志，2003（6）：430–432.
[106] 胡亚美. 城市居民参与体育健身主要影响因素分析 [J]. 淮南师范学院学报，2004（4）：125–126.
[107] 李志刚，吴敏媛，李蓓，等. 同时伴有 tel/abl 融合基因和 IgH/TCR γ 基因重排的儿童急性粒单核细胞白血病一例 [J]. 中华血液学杂志，2004（7）：49–50.
[108] 刘英，朱平，胡亚美. 免疫球蛋白重链框架区的抗原九肽诱导特异性细胞毒 T 细胞增殖 [J]. 中华医学杂志，2004（2）：13–18.
[109] 刘英，朱平，胡亚美. 儿童急性 B 淋巴细胞白血病免疫球蛋白重链可变区基因的分子特征 [J]. 中华血液学杂志，2004（1）：11–15.
[110] 马晓莉，朱平，胡亚美，等. 北京地区汉族人巯嘌呤甲基转移酶基因多态性位点的研究 [J]. 中华血液学杂志，2004（6）：52–54.
[111] 马晓莉，朱平，胡亚美，等. 反相高效液相色谱法测定红细胞中巯嘌呤甲基转移酶的活性 [J]. 药物分析杂志，2004，24（5）：468–470.
[112] 石慧文，锡霞，胡亚美，等. 儿童骨原发性淋巴瘤一例 [J]. 中华医学杂志，2004（4）：86.
[113] 张蕊，李志刚，吴敏媛，等. 急性 B 淋巴细胞性白血病患儿外周血 T 淋巴细胞克隆谱系分析 [J]. 中华儿科杂志，2004（1）：68–71，83.
[114] 张永红，吴敏媛，耿兰增，等. 两种化疗方案治疗儿童急性非淋巴细胞白血病的疗效比较 [J]. 中国小儿血液，2004（3）：25–28.
[115] 郑胡镛，王欣，Amy J. Warren，等. 哺乳动物细胞对丝裂霉素诱导的 DNA 链间交联的修复 [J]. 中国肿瘤生物治疗杂志，2004（4）：285–290.

［116］胡亚美．坚持“儿童优先”，关注儿童健康：儿童健康与民族素质［J］．市场与人口分析，2005，11（3）：21–22.

［117］刘英，朱平，胡亚美．急性 B 淋巴细胞白血病免疫球蛋白重链可变区的细胞毒 T 淋巴细胞识别表位［J］．中华肿瘤杂志，2005（2）：45–49.

［118］刘英，朱平，胡亚美．免疫球蛋白重链框架区九肽诱导抗急性 B 淋巴细胞白血病的细胞毒 T 细胞应答［J］．中华血液学杂志，2005（5）：285–288.

［119］马晓莉，吴敏媛，胡亚美．婴儿急性白血病的生物学进展［J］．临床血液学杂志，2005（4）：247–250.

［120］桑艳梅，颜纯，朱逞，等．HLA–DQA1、DMA、DMB 基因与 1 型糖尿病的关联性研究［J］．首都医科大学学报，2005（5）：532–535.

［121］段彦龙，张永红，臧晏，等．酶替代治疗戈谢病 72 例［J］．中华儿科杂志，2006（9）：653–656.

［122］高超，李志刚，赵玮，等．利用实时定量 PCR 检测儿童急性淋巴细胞白血病的 E2A–PBX1 融合基因［J］．中华血液学杂志，2006（5）：346–347.

［123］胡亚美．胡亚美院士呼吁——建设北京儿童血液中心［J］．医药世界，2006（3）：44.

［124］胡亚美．为医学科学事业奉献终生［J］．首都医科大学学报，2006（4）：563.

［125］李志刚，赵玮，吴敏媛，等．E2A–PBX1 融合基因阳性的儿童急性淋巴细胞白血病携带变异型融合转录本［J］．中国实验血液学杂志，2006（3）：516–520.

［126］马晓莉，吴敏媛，胡亚美，等．巯嘌呤甲基转移酶基因多态性位点与酶活性的关系［J］．中华肿瘤杂志，2006（6）：456–459.

［127］马晓莉，朱平，胡亚美，等．变性高效液相色谱分析巯嘌呤甲基转移酶基因多态性位点［J］．中国药学杂志，2006（18）：1428–1430.

[128] 张瑞东，吴敏媛，张永红，等. 儿童急性淋巴细胞白血病化疗后T淋巴细胞重建的研究[J]. 中国小儿血液与肿瘤杂志，2006(3)：124-127.

[129] Liu Ying, Zhu Ping, Hu Ya-mei. Generation of cytotoxic T lymphocytes specific for B-cell acute lymphoblastic leukemia family-shared peptides derived from immunoglobulin heavy chain framework region [J]. Chin Med J (Engl), 2007, 120 (8): 652-657.

[130] 马晓莉，吴敏媛，张永红，等. 2岁以下婴幼儿急性淋巴细胞白血病41例[J]. 白血病·淋巴瘤，2008(6)：415-417.

[131] 张瑞东，刘怡，张永红，等. 儿童急性淋巴细胞白血病化疗后免疫系统重建的研究[J]. 临床儿科杂志，2008(8)：669-673.

[132] 吴心怡，张瑞东，刘华清，等. 白血病患儿父母焦虑抑郁的调查和干预[J]. 中国心理卫生杂志，2009，23(5)：311-315.

[133] 张蕊，李志刚，吴敏媛，等. 急性淋巴细胞白血病患儿化疗结束后T淋巴细胞克隆谱系分析[J]. 中国小儿血液与肿瘤杂志，2010，15(3)：122-126.

[134] 凝蕊，胡亚美. 保护孩子精神卫生[J]. 中国保健营养，2011(10)：76-78.

论著

[1] 诸福棠，邓金鍌，胡亚美. 实用儿科学(第2版)上卷[M]. 北京：人民卫生出版社，1965.

[2] 诸福棠，吴瑞萍，胡亚美. 实用儿科学(第4版)下卷[M]. 北京：人民卫生出版社，1980.

[3] 诸福棠，吴瑞萍，胡亚美. 实用儿科学(第5版)上下卷[M]. 北京：人民卫生出版社，1985.

[4] 齐家仪，许积德，沈锦，等. 小儿内科学(第2版)[M]. 北京：人民卫生出版社，1987.

[5] 胡亚美. 新编儿科临床手册 [M]. 北京：金盾出版社，1991.
[6] 胡亚美. 婴幼儿保健全书 [M]. 北京：北京出版社，1992.
[7] 胡亚美. 文娱体育与保健 [M]. 安徽：安徽少年儿童出版社，1995.
[8] 诸福棠，胡亚美，江载芳. 诸福棠实用儿科学（第 6 版）上下卷 [M]. 北京：人民卫生出版社，1996.
[9] 胡亚美. 怎样使宝宝根固苗壮：和妈妈谈胎婴儿营养 [M]. 北京：北京师范大学出版社，1997.
[10] 胡亚美. 英汉汉英医学分科词典 儿科学分册 [M]. 西安：世界图书出版社，1998.
[11] 胡亚美，江载芳，白汉玉，等. 发育期与保健 [M]. 合肥：安徽少年儿童出版社，1999.
[12] 胡亚美，江载芳，白汉玉，等. 合理用药与保健 [M]. 合肥：安徽少年儿童出版社，1999.
[13] 胡亚美，江载芳，白汉玉，等. 疾病防治与保健 [M]. 合肥：安徽少年儿童出版社，1999.
[14] 胡亚美，江载芳，白汉玉，等. 气候环境与保健 [M]. 合肥：安徽少年儿童出版社，1999.
[15] 胡亚美，江载芳，白汉玉，等. 生活起居与保健 [M]. 合肥：安徽少年儿童出版社，1999.
[16] 胡亚美，江载芳，白汉玉，等. 生理与保健 [M]. 合肥：安徽少年儿童出版社，1999.
[17] 胡亚美，江载芳，白汉玉，等. 心理与保健 [M]. 合肥：安徽少年儿童出版社，1999.
[18] 胡亚美，江载芳，白汉玉，等. 营养摄取与保健 [M]. 合肥：安徽少年儿童出版社，1999.
[19] 胡亚美，颜纯. 临床儿科诊疗关键 [M]. 南宁：广西科学技术出版社，1999.
[20] 胡亚美. 新编儿科临床分层（修订版）[M]. 北京：金盾出版社，1999.

[21] 胡亚美. 新编儿科临床手册 [M]. 北京：金盾出版社，1999.
[22] 胡亚美等主编. 当代少儿家庭保健 [M]. 合肥：安徽少年儿童出版社，1999.
[23] 巴德年，胡亚美，胡仪吉. 临床医学卷：儿科学 [M]. 哈尔滨：黑龙江科学技术出版社，2000.
[24] 胡亚美，张金哲，江载芳，等. 儿科药物治疗学 [M]. 北京：中国医药科技出版社，2000.
[25] 诸福棠，胡亚美，江载芳. 诸福棠实用儿科学（第7版）上下卷 [M]. 北京：人民卫生出版社，2002.
[26] 胡亚美，白汉玉. 少儿健康1000问 [M]. 合肥：安徽科学技术出版社，2003.

参考文献

[1] 胡亚美. 谈谈小儿急性白血病［N］. 人民日报，1984-08-09.

[2] 胡亚美，江载芳，李同，等. 为保护人民健康提高强化食品质量 八位专家教授向全社会发出的呼吁书［N］. 人民日报，1987-02-28.

[3] 朱潮. 中外医学教育史［M］. 上海：上海医科大学出版社，1988.

[4] 冯瑛冰. 白血病并非不治之症 北京儿童医院救活一大批病儿［N］. 人民日报，1990-02-04.

[5] 于飞. 卫生界人大代表与陈希同等市领导畅议卫生事业发展［N］. 北京日报，1991-04-23.

[6] 关春芳. 拳拳心·骨肉情——首都医务界救灾义诊纪实［N］. 北京晚报，1991-07-22.

[7] 张建民. 北京儿科专家呼吁儿科不该是"第三世界"［N］. 健康报，1991-12-03.

[8] 初卫华. 全国人大代表胡亚美访谈录［N］. 健康报，1992-03-26.

[9] 卢北峰. 白血病·儿童［N］. 北京青年报，1993-07-13.

[10] 蔡侗晨. 白血病患者的希望——康复及痊愈小儿白血病联欢会侧记［N］. 光明日报，1993-09-04.

[11] 赵冬. 儿科专家胡亚美呼吁：尽快建立健全大病医疗保险制度［N］. 健康咨询报，1994-05-26.

[12] 郝庆. 我国治疗儿童白血病达国际水平 [N]. 北京日报，1995-03-27.
[13] 艾笑. 中国血液肿瘤专业委员会成立 [N]. 人民日报，1995-05-15.
[14] 侯晓菊. 中国儿科事业的领头人——记北京儿童医院著名儿科教授胡亚美 [N]. 健康咨询报，1995-08-14.
[15] 钟卫宁. 爱是无私的奉献 [N]. 北京日报，1995-08-18.
[16] 舒眉. 白血病患儿的“奶奶” [N]. 中国报道杂志，1997-09-10.
[17] 开文. 老教师的心声“我钦佩胡亚美” [N]. 北京青年报，1997-10-22.
[18] 谢建军，胡亚美，臧晏. 儿童白血病分子遗传学研究进展及其临床意义 [J]. 中华儿科杂志，2000，38（9）：588.
[19] 周家望. 女院士“回娘家” [N]. 北京晚报，2000-03-02.
[20] 李学梅. 百余白血病患儿庆新生 [N]. 北京日报，2000-07-16.
[21] 赵永新. 让祖国的花朵更美丽——记北京儿童医院 [N]. 人民日报，2000-11-24.
[22] 臧晏. 院士的风采耕耘在灿烂的花季记——胡亚美教授献身儿科的岁月 [M]. 北京：首都医科大学附属北京儿童医院，2000.
[23] 陈洁. 燕京大学人物志第一辑——胡亚美 [M]. 北京：燕京研究院，2000.
[24] 莫非，孙力. 小儿白血病与装修有关吗？[N]. 北京晨报，2001-03-04.
[25] 王娜梅. 慈善总会设立儿童白血病基金 [N]. 人民日报，2001-05-29.
[26] 鲁来顺. 全国人大代表胡亚美提出：赶快立法保护历史文化名城 [N]. 北京晚报，2001-06-17.
[27] 孙玉山，周遏. 关心弱势群体　完善社保体系 [N]. 北京日报，2002-03-09.
[28] 孙妍. 人代会上何鲁丽、胡亚美休息间隙热烈讨论 [N]. 法制日报，2002-03-14.
[29] 李家杰. 高度重视少儿肿瘤防治——访中华医学会副会长、著名儿科专家胡亚美院士 [N]. 光明日报，2002-06-21.
[30] 杜金香. 德艺双馨　勇攀高峰——首都医科大学附属北京儿童医院小儿血液病学的研究与进展 [M]. 北京：中国人事出版社，2002.
[31] 贾晓宏. 81 岁老院士呼吁社会关注儿童白血病 [N]. 北京晚报，2004-02-24.
[32] 竹林. 锰铅污染易诱发儿童恶性肿瘤 [J]. 家庭育儿，2004（5）：46.

[33] 齐芳. 院士们的心愿 [N]. 光明日报，2004-06-05.

[34] 冯薇. 孩子们健康是我最大的快乐——访我国著名儿科专家、中国工程院院士胡亚美教授 [J]. 中国医院，2005，9（2）：67-70.

[35] 薛继军. 大医精诚（上册）——儿科专家胡亚美 [M]. 北京：商务印书馆，2005.

[36] 衣晓峰. 胡亚美院士认为小儿白血病患者不要动辄做骨髓移植 [N]. 健康报，2007-10-17.

[37] 莘隽. 胡亚美：眷顾人间的白衣天使 [J]. 中老年保健，2008（9）：56-58.

[38] 郑胡镛，侯晓菊. 白血病不可怕 [N]. 北京日报，2009-02-26.

[39] 高金声. 愿善良成为医学的灵魂 [N]. 健康报，2009-03-13.

[40] 颜秋雨. 第五届“宋庆龄儿科医学奖”颁发胡亚美、张金哲终身成就奖 [N]. 健康报，2010-11-05.

[41] 方芳. “70 岁”儿童医院晒出老物件儿 [N]. 北京日报，2012-05-28.

[42] 朱华兴. 我国农村三级医疗预防保健网的历史沿革和存在问题 [J]. 中国医药指南，2012，10（15）：393-394.

后记

历时一年半的时间，胡亚美院士的资料采集工作终于完成了，但面对这本传记，我们仍然感到还有很多遗憾。近几年，胡亚美院士的身体状况不太乐观，已经丧失了语言功能和社会交往功能，无法亲口告诉我们她几十年中发生的故事。但每当面对胡亚美院士、整理其资料时，我们无不被她追求人生信仰的态度所激励，被她直面困难、勇于攻坚的精神所折服，被她视患儿如亲人的高尚医德所感动，同时倍感采集工作意义的非凡性和责任的重大性。历史不能假设，但如果胡院士资料采集工作再早动手几年，那将是多么功德无量的事情啊。

2012 年 9 月，我们承接了胡亚美的资料采集项目，胡亚美所在单位——北京儿童医院给予了大力支持，党委书记沈颖亲自参加项目小组，院长倪鑫充分肯定了这个工作的重要意义。我们与胡亚美在同一单位工作，有些资料就保存在医院档案室，我们多次到档案室翻印照片、查找资料，医院办公室主任聂小莺、档案室刘京艳老师给予大力协助。老专家办公室秘书张芳跟随胡亚美多年，她细心保留了很多胡亚美的个人证书和奖牌，不仅帮助我们收集资料，还提供了很多线索。医院宣传中心录像室的谷建国、王阿竺从医院存档的上百盘录像带中查找出近十个小时的胡亚美影像资料，并完成了每一次的访谈录像和资料处理工作。杨建军提供了大量的胡亚美资料、照片。侯晓菊自1992年便开始做医院宣传工作，此前与胡亚美曾同在血液病房工作，保存了大量的新闻报道资料，现已收集到采集项目中来。

为了全面收集胡亚美院士的相关资料，除项目小组人员外，宣传中心退休干部朱建平、团委干部董连旭也主动加入资料采集工作，他们先后多次到图书馆和档案馆中查找、拷贝、整理资料。退休干部王金芳原来一直在医院图书馆工作，对资料整理工作经验丰富，她用了近两个月的时间，将所有资料分类、统计、入机。刘永作为小组骨干，承担了大量工作，从收集、扫描、整理、编印资料，到按照馆藏基地要求系统整理、分类、封装，凡事都亲力亲为，使资料交接工作顺利完成。

资料采集中另一个重要的工作就是访谈，我们先后十余次对包括胡亚美同事、学生、朋友、家人在内的14人做了访谈，大家从不同侧面讲述了胡亚美的人生经历。为做好访谈，宣传中心的项春梅、卢曦主动提供帮助，提前拟定好访谈内容，使访谈工作顺利进行。90多岁的郭玉莲是胡亚美做院长时期的党委书记，她简单回顾了与胡亚美共同解决医院暖气问题的经历；隋彩芹、刘世颖、吴敏媛、臧晏、李菊、甘绪慧、钟和、郑胡镛是胡亚美的同事和学生，她们分别介绍了与胡亚美一起研究、治疗儿童白血病的经历；江载芳与胡亚美都是地下党员，在北平私立儿童医院和新中国成立后的儿童医院共同为儿童健康事业不懈努力；刘小沁通过为孩子治病认识了胡亚美，从此成为朋友，她敬佩胡亚美的为人，称她为“希波克拉底誓言”的化身。张金哲院士和刘菊英大夫讲述了与胡亚美相识、共事的故事。

资料采集也离不开胡亚美家人给予的帮助。为保证采集工作的顺利进行，小组邀请胡亚美的女儿解虹参与到项目中，她不仅协调家人接受访谈，还多次带小组人员到家中收集胡亚美的照片、书稿等重要资料，并将200多个证书、奖牌和胡亚美使用过的物品捐献给馆藏基地。胡亚美的弟弟胡亚东、胡亚鲁为我们讲述了家庭情况和胡亚美青少年时期的成长经历。胡亚美家人的鼎力支持让我们非常感动，在此由衷地感谢他们。

在采集工作中，凡是我们采访过的单位都给予了大力支持，特别是北京市卫生局、北京市医院管理局提供的档案资料，为完善胡亚美工作和成长经历提供了依据。同时，特别感谢张金哲院士和章金莱（六小龄童）先生在百忙之中为传记撰写序言。

采集小组的人员大多有自己的工作岗位，采集资料只能利用工作之余或者节假日进行，在与本职工作冲突时，难免会产生一些畏难情绪。但每当我们整理一本本证书、一篇篇文稿时，都不禁对证书和文稿的主人公产生敬佩之情，大家感受到自己所做的资料采集，不仅仅是记录一个人物，更是为后人留下一部奋斗史、激励史，是一件功德无量的事情。

胡亚美院士的资料采集工作比最初想象的要难很多。一是特殊年代造成遗憾，很多重要的研究资料被丢弃或烧毁，只能通过以前的媒体和老人回忆的点滴中提取。二是胡亚美一心扑在工作上，所有事情都交给爱人管理，女儿解虹说“我爸爸就是妈妈的秘书”。2006 年 3 月，胡亚美的爱人因病去世，很多事情再也没人能够说清了。三是胡亚美的儿女长期在国外生活，女儿解虹在父亲摔伤住院后才回到北京陪伴母亲，在国外近二十年，对母亲和家庭的了解仅限于出国之前的那些事情。四是几乎没有任何关于胡亚美院士的传记文章，参考资料也只是概括讲述，缺乏细节。

面对诸多现实困难，由侯晓菊、沈颖、刘永、郑胡镛、谷建国、解虹等人组成的采集小组成员相互鼓励、相互支持。传记由侯晓菊、刘永主笔，历经诸多波折，几易其稿，力求精准客观描述胡亚美院士一生为中国儿童白血病事业付出的辛苦和汗水。由于能力有限，传记难免有错漏和不足之处，敬请斧正。

胡亚美采集小组

2014 年 6 月

老科学家学术成长资料采集工程丛书

已出版（178种）

《卷舒开合任天真：何泽慧传》
《从红壤到黄土：朱显谟传》
《山水人生：陈梦熊传》
《做一辈子研究生：林为干传》
《剑指苍穹：陈士橹传》

《情系山河：张光斗传》
《金霉素·牛棚·生物固氮：沈善炯传》
《胸怀大气：陶诗言传》
《本然化成：谢毓元传》
《一个共产党员的数学人生：谷超豪传》

《含章可贞：秦含章传》
《精业济群：彭司勋传》
《肝胆相照：吴孟超传》
《新青胜蓝惟所盼：陆婉珍传》
《核动力道路上的垦荒牛：彭士禄传》

《探赜索隐　止于至善：蔡启瑞传》
《碧空丹心：李敏华传》
《仁术宏愿：盛志勇传》
《踏遍青山矿业新：裴荣富传》
《求索军事医学之路：程天民传》

《一心向学：陈清如传》
《许身为国最难忘：陈能宽传》

《此生情怀寄树草：张宏达传》
《梦里麦田是金黄：庄巧生传》
《大音希声：应崇福传》
《寻找地层深处的光：田在艺传》
《举重若重：徐光宪传》

《魂牵心系原子梦：钱三强传》
《往事皆烟：朱尊权传》
《智者乐水：林秉南传》
《远望情怀：许学彦传》
《没有盲区的天空：王越传》

《行有则　知无涯：罗沛霖传》
《为了孩子的明天：张金哲传》
《梦想成真：张树政传》
《情系粱菽：卢良恕传》
《笺草释木六十年：王文采传》

《妙手生花：张涤生传》
《硅芯筑梦：王守武传》
《云卷云舒：黄士松传》
《让核技术接地气：陈子元传》
《论文写在大地上：徐锦堂传》

《铃记：张兴铃传》
《寻找沃土：赵其国传》

《钢锁苍龙　霸贯九州：方秦汉传》
《一丝一世界：郁铭芳传》
《宏才大略　科学人生：严东生传》
《虚怀若谷：黄维垣传》
《乐在图书山水间：常印佛传》
《碧水丹心：刘建康传》

《我的气象生涯：陈学溶百岁自述》
《赤子丹心　中华之光：王大珩传》
《根深方叶茂：唐有祺传》
《大爱化作田间行：余松烈传》
《格致桃李半公卿：沈克琦传》
《躬行出真知：王守觉传》
《草原之子：李博传》
《我的教育人生：申泮文百岁自述》
《阡陌舞者：曾德超传》
《妙手握奇珠：张丽珠传》
《追求卓越：郭慕孙传》
《走向奥维耶多：谢学锦传》
《绚丽多彩的光谱人生：黄本立传》

《此生只为麦穗忙：刘大钧传》
《航空报国　杏坛追梦：范绪箕传》
《聚变情怀终不改：李正武传》
《真善合美：蒋锡夔传》
《治水殆与禹同功：文伏波传》
《用生命谱写蓝色梦想：张炳炎传》
《远古生命的守望者：李星学传》
《探究河口　巡研海岸：陈吉余传》
《胰岛素探秘者：张友尚传》
《一个人与一个系科：于同隐传》
《究脑穷源探细胞：陈宜张传》
《星剑光芒射斗牛：赵伊君传》
《蓝天事业的垦荒人：屠基达传》

《善度事理的世纪师者：袁文伯传》
《“齿”生无悔：王翰章传》
《慢病毒疫苗的开拓者：沈荣显传》
《殚思求火种　深情寄木铎：黄祖洽传》
《合成之美：戴立信传》
《誓言无声铸重器：黄旭华传》
《水运人生：刘济舟传》
《在断了 A 弦的琴上奏出多复变最强音：陆启铿传》
《化作春泥：吴浩青传》
《低温王国拓荒人：洪朝生传》
《苍穹大业赤子心：梁思礼传》
《仁者医心：陈灏珠传》
《神乎其经：池志强传》
《种质资源总是情：董玉琛传》
《当油气遇见光明：翟光明传》
《微纳世界中国芯：李志坚传》
《至纯至强之光：高伯龙传》

《弄潮儿向涛头立：张乾二传》
《一爆惊世建荣功：王方定传》
《轮轨丹心：沈志云传》
《继承与创新：五二三任务与青蒿素研发》
《材料人生：涂铭旌传》
《寻梦衣被天下：梅自强传》
《海潮逐浪　镜水周回：童秉纲口述人生》

《淡泊致远　求真务实：郑维敏传》
《情系化学　返璞归真：徐晓白传》
《经纬乾坤：叶叔华传》
《山石磊落自成岩：王德滋传》
《但求深精新：陆熙炎传》
《聚焦星空：潘君骅传》
《采数学之美为吾美：周毓麟传》
《神经药理学王国的“夸父”：金国章传》
《情系生物膜：杨福愉传》
《敬事而信：熊远著传》

《逐梦“中国牌”心理学：周先庚传》
《情系花粉育株：胡含传》
《情系生态：孙儒泳传》
《此生惟愿济众生：韩济生传》
《谦以自牧：经福谦传》
《恬淡人生：夏培肃传》
《我的配角人生：钟世镇自述》
《大气人生：王文兴传》
《历尽磨难的闪光人生：傅依备传》
《思地虑粮六十载：朱兆良传》

《世事如棋　真心依旧：王世真传》
《大地情怀：刘更另传》
《一儒：石元春自传》
《玻璃丝通信终成真：赵梓森传》
《碧海青山：董海山传》
《心瓣探微：康振黄传》
《寄情水际砂石间：李庆忠传》
《美玉如斯　沉积人生：刘宝珺传》
《铸核控核两相宜：宋家树传》
《驯火育英才　调土绿神州：徐旭常传》

《追光：薛鸣球传》
《愿天下无甲肝：毛江森传》
《以澄净的心灵与远古对话：吴新智传》
《景行如人：徐如人传》
《通信科教　乐在其中：李乐民传》
《力学笃行：钱令希传》
《与肿瘤相识　与衰老同行：童坦君传》

《没有勋章的功臣：杨承宗传》

《百年耕耘：金善宝传》
《一腔报国志　湿法开金石：
　　陈家镛传》
《“卓”越人生：卓仁禧传》
《步行者：闻玉梅传》
《潜心控制的拓荒人：黄琳传》
《核以卫国：胡思得传》

《献身祖国大农业：戴松恩传》
《中国铁路电气化奠基人：曹建猷传》
《一生一事一方舟：顾方舟传》
《科迷烟云：胡皆汉传》
《寻找黑夜之眼：周立伟传》
《泽润大地：许厚泽传》

《锲而不舍　攀登不息：
　　於崇文传》
《摘取皇冠上的明珠：林浩然传》

《守护天使：胡亚美传》
《铮铮有声：保铮传》
《守望岐黄六十春：肖培根传》
《探赜泥沙　为国铸器：
　　窦国仁传》
《领航 AI　启智润心：张钹传》
《西太领航：胡敦欣传》

《科学人文总相宜：杨叔子传》

《耕海踏浪谱华章：文圣常传》
《守护女性生殖健康：肖碧莲传》
《心之历程：夏求明传》
《仰望星空：陆埮传》
《拥抱海洋：王颖传》
《爆轰人生：朱建士传》
《钱塘江工程科学家群体传》

《一位“总总师”的航天人生：
　　任新民传》
《扎根大地　仰望苍穹：
　　俞鸿儒传》
《锻造国防“千里眼”：毛二可传》
《地学“金钉子”：殷鸿福传》

《经年铸剑垂体瘤：史轶蘩传》
《氟缘笃志：陈庆云传》

《神刀铸魂：艾兴传》
《中国光学事业的基石：
　　王之江传》
《为水之昌明：刘昌明传》
《问效人生：钟群鹏传》
《再上一个高度：张恭庆传》
《高能汇聚　承载经纬：
　　孙承纬传》